獻給最愛的

伍偉民和采文

感激你們風雨同路

以敬以虔活在當下

傳道書析讀

吳慧芬 著

基道出版社

▼

聖經通識叢書

以敬以虔活在當下

傳道書析讀

Rediscovering the Bible

Book of Ecclesiastes

作者

吳慧芬 Goh, Elaine Wei-Fun

舊約系列主編

蔡定邦 Tsoi, Jonathan Ting-Pong

審閱

馬榮德

責任編輯

許寶瑩

裝幀設計

奇文雲海・設計顧問

■

出版／發行

基道出版社

香港沙田火炭坳背灣街 26 號富騰工業中心 1011 室

LOGOS PUBLISHERS

Unit 1011, Fo Tan Ind. Centre, 26 Au Pui Wan St., Shatin, Hong Kong

電話：(852) 2687-0331　傳真：(852) 2687-0281

網址：https://www.logos.com.hk

承印

陽光 (彩美) 印刷有限公司

●

3/2019 初版

Cat. No. LP1102

ISBN: 978-962-457-577-4

刷次	10	9	8	7	6	5	4	3	2	1
年份	2028	2027	2026	2025	2024	2023	2022	2021	2020	2019

聖經書卷析讀——舊約系列

無庸諱言，現代人閱讀這部成書於公元兩千年前後的聖經，實在困難不少：語言的隔閡，文化背景的差異，以至歷世歷代以來讀者對經文不同的解釋，凡此皆成為信徒讀經的障礙，更不要說非信徒了。恰如其名，基道出版社出版的「聖經通識叢書」的整體目的，正是為聖經讀者提供一種通識教育，讓閱讀這部經典的讀者，可以面對其中的困難，從中得到屬靈生命的餵養。筆者作為本叢書的舊約主編，在此重申整套叢書的理念，並且校正焦點，讓往後的出版更為讀者認識和接受。

「聖經通識」

甚麼叫「通識」？眾所周知，現代通識教育並不著重資料的灌輸，或者要求學員生吞活剝一些所謂標準答案；而是以多角度去剖析問題，從而建立批判思考，讓學員在這個後現代多元社會，可以明辨是非，不致人云亦云。那麼為何閱讀聖經需要通識的向度？聖經不是上帝所默示的嗎？是信徒生活行事為人的最高權威，又豈容批判？要解答這連串問題，並澄清當中的誤解，我們需要縱覽聖經研究的現況，並指出由此引申的問題和對應方法。

聖經研究現況

聖經研究經歷現代不同評鑒方法，現今可說是百花齊放，不同的研究方法各有追隨者。準確來說，聖經（歷史）評鑒只是一些工具，藉以窺見聖經文本背後不同的問題。過去聖經研究最重要的方法分別為來源評鑒法（source criticism）、形式評鑒法（form criticism）、編輯評鑒法（redaction criticism），這些方法大大增進我們對於聖經書卷的形成、以至它們背後世界的了解。但最為人詬病的，是它們都將聖經經文肢解成不同時期的殘篇，並且它們著重的都是經文背後的歷史，過於經文最後文本的神學信息。

聖經研究演變至近代，可説是回歸到文本這個最重要的解釋對象，而文本背後的歷史，不是不重要，但並非具有不可或缺的優先性，要讀者先去面對不可。這裏所説的文本，是指正典形成時的最後文本（final text）。不論這個形式的文本背後有多麼複雜的歷史，但都不是我們最首要關心的對象。正典的文本正是歷代信徒所信奉的聖經，具有絕對的權威，其他形式都只是假設。

叢書的理念

聖經通識叢書每一卷書的作者，都是以最後文本為優先、並且奉聖經為信仰權威的學者。他們熟悉上述的批判方法，但亦不會盲從傳統，而會對一些過分保守的看法提出適當的質疑。筆者相信惟有具備這種態度的作者，才能帶領信徒在閱讀聖經時培養一種批判的思考，去辨別不同的解釋，從而找出上帝對信徒生命的旨意。

整套叢書分作三個層次：第一個層次是「聖經鳥瞰」，處理一些聖經基本的問題，如聖經的正典，版本，不同書卷的編排、分類，以至基本的聖經史地資料等，黃錫木博士這方面的兩本著作（《聖經鳥瞰——基礎篇》和《聖經鳥瞰——進深篇》）為我們提供了清晰的大綱。第二個層次是「聖經書卷要領」，這是對每一組書卷的特寫，將每組別的特色和閱讀時的注意事項向讀者説明。舊約已出版的有《舊約先知書要領》，我們計劃有五經、歷史書和詩歌智慧書等要領。第三個層次是「聖經書卷析讀」，即每卷書的註釋。

承接上述對於聖經正典的理解，我們著重經文的整體，解釋的單元並不在於其中的一字一句，故此我們要求作者盡量不以一節為單位，而是以一整段具清晰脈絡、而又自成一體的經文作為釋經對象。在遇到一些重要的主題鑰字以至神學課題，我們會以旁邊的小方框附加資料或專欄作討論，並用短註處理一些較為棘手的經文；這種編排方式是為免妨礙讀者閱讀註釋時的流暢度而影響思路。現已出版的舊約書卷有：《在曠野中與上帝同行——民數記析讀》(2008)、《背約沉淪的循環軌迹——士師記析讀》(2009)、《愛的審判與生命的應許——耶利米書析讀》(2012)、《剛強壯膽回應上帝的應許——約書亞記析讀》(2013)。最後，除特別標明，本書所引經文均來自「和合本修訂版」(「和修版」)，並且析讀書卷的經文，無論是一段，或其中的短語及詞彙，皆以「標楷體」標示，以求易於參閱。

叢書的目標

聖經通識叢書的一貫重點，是以淺顯的文字，交代最新的學術研究討論，並以進深建立信徒為目標；期望在這個彎曲悖謬的世代，讓聖經的信息能夠光照信徒的生命，使我們得以長大成人，作上帝無瑕疵的兒女。

蔡定邦

聖經通識叢書舊約主編

序言

不少人覺得傳道書難讀，然而卻也有不少人為傳道書著迷。

初信主的時期，筆者其實讀不懂傳道書。那時覺得傳道書似乎很消極，其信息很灰暗。筆者當時感到困惑的是，盼望永生的基督徒和信靠上帝的立約子民，怎麼可能會一直感嘆生活「虛空」？

很多年以後，筆者開始喜歡讀傳道書，也接觸不少被傳道書吸引的基督徒。與他們一樣，筆者覺得傳道書很寫實，傳道者的感嘆也很誠懇。在人生的體驗當中，一些傳道書所記載的觀點的確能夠引起共鳴。

比如說傳道者對生活裏的「未必」之洞悉——傳道者觀看日光之下「快跑的未必能赢，強壯的未必戰勝，智慧的未必得糧食，聰明的未必得財富，有學問的未必得人喜悅，全在乎各人遇上的時候和機會」（九 11）。當基督徒真的付出努力卻一無所得，或在工作上表現突出卻不得上司賞識的時候，不免要同意傳道者所說的「未必」的想法。基督徒對生存有把握之餘，也需從傳道書聽取「未必」的生活智慧，因為真實生活就是這樣。

又比如說，傳道書對人「有所不知」的說法——「他不知道將來的事」（八 7）、「人不知道自己的定期」（九 12）、「你不知道會有甚麼災禍臨到地上」（十一 2）、「你不知道氣息如何進入孕婦的骨頭裏」（十一 5）、「你不知道哪一樣發旺」（十一 6）等等。即便基督徒在接受福音的前提之下對人生存有某種把握，但還是必須承認人始終是有限的，因為人的確是「有所不知」的。而承認人的有限同時不否認上帝的主權及其自我限制，並勸勉人活在當下，這正是智慧文學的特點。

因此傳道書的吸引之處，就是它對信仰的執著，以及對生活的誠實。

為甚麼筆者選擇研究傳道書？筆者的良師蕭俊良教授（Prof. Choon-Leong Seow）是研究智慧文學的出色學者。筆者在美國普林斯頓神學院（Princeton Theological Seminary）求學之年得到蕭教授的指導，特別在傳道書的研究中發現可更進一步探索的真理。那時筆者對傳道書已有濃厚的興趣，就以傳道書作為神學博士的研究範圍，過後也陸續發表研究與摘寫文章。本書是筆者第一本出版的解經書。筆者為此感恩，因有良師指引才有這些研究心得。

能夠在傳道書的領域進行研究，有賴馬來西亞神學院所提供的支持。講師的教學工作十分吃重，但是董事、院長與同工們經常加以鼓勵並提供意見，筆者才能在學術發表和文章出版方面有所貢獻。同時，筆者的學生經常在課堂上有活潑的互動與交流，大大豐富了筆者對聖經的應用和反思，因此筆者要謝謝他們。尤其要感謝其中兩位得力助手幫忙校對筆者的初稿——伍偉倫和楊旺勛，他們現今已是傳道人，期盼他們也在舊約的領域繼續深造。

筆者要感激「聖經通識叢書」舊約系列的主編蔡定邦博士和組稿編輯許寶瑩姊妹，因為他們願意給筆者這個新手一個嘗試的機會，撰寫這系列叢書的其中一本。從組稿開始並整個撰寫過程，他們一直提供很多寶貴的指引，寶瑩姊妹更費上不少心思審閱筆者的手稿。這是一個學習的過程以及嶄新的體驗，豐富了筆者的寫作經驗。

基督徒成長之旅，本來就是尋找上帝之旅；傳道書也可說是一本誠實不偽的「尋神記」。筆者期盼此書能夠造就基督徒，特別是造就在真理之路上不斷探索的基督徒。願傳道者成為我們探索信仰的智慧導師，教誨我們真誠地探索真理。願傳道書也成為我們的智慧導引，指引我們適時地活在當下。

吳慧芬

草於馬來西亞芙蓉草舍

2018 年 8 月 23 日

目錄

第一篇・卷上：生活無常，感嘆虛空！（一1～六9）

第二篇・傳道書卷上與卷下的思路橋樑（六10～七14）

第三篇・卷下：傳道者對活在變數中的勸說（七15～十二14）

專欄目錄

第一章
傳道書導論

- 傳道書的作者
- 傳道書的歷史背景
- 傳道書的寫作體裁
- 傳道書的中心信息
- 傳道書的內容簡述
- 傳道書大綱
- 傳道書參考書目

傳道書顧名思義，應該是傳揚上帝的道的一卷書。然而，若我們仔細翻閱此書，卻又發現它並不是如今天信徒所理解的那種傳道人諄諄善誘的「講道」，而作者似乎也不像一般信徒所認識的「傳道」人。反之，備受質疑的言論及顛覆性的思考，卻厚厚地籠罩著整卷書。

「傳道者」的原文與「呼喚」(qāhāl)這動詞或「集會」(haqqāhāl)這名詞有相同字根。所以它有「呼喚人聚集在一起聽宣講」的意思，而這些宣講的人便稱為 qōheleṯ。

書卷裏說話的人是「傳道者」。「**傳道者**」(*qōheleṯ*；一 1)這詞在希伯來聖經只出現在傳道書，共有七次。它原文的意思完全沒有如今天信徒所理解「傳道人」的意思。它帶有「集會中的主持人/在集會中說話的人」的意思。「七十士譯本」將這個詞譯作 *ekklēsiastēs*(意思是「召集者」)。馬丁路德的德文聖經將 *qōheleṯ* 譯作 *Der Prediger*，意思是「傳道者」，它很可能是第一本將 *qōheleṯ* 譯作有「傳道者」意思的聖經。後來的英文聖經有翻譯成 The Preacher(參 *ESV*, *ASV*, *RSV*)，亦有譯作 The Teacher(參 *NET*, *NIV*, *NRSV*)，或索性將原文音譯成 Qohelet / Kohelet(參 *NASV*, *TaNaK*；Kohelet 是德文譯法)。中文聖經則全都譯作「傳道者」。在傳道書裏這位說話的「傳道者」，每次都以主角的姿態出現。英文聖經大多將之以專有名詞表達，並加上定冠詞，目的可能是要表明書中說話的人與信徒一貫理解的「傳道人」不同。不過，須留意的是，希伯來聖經只有在十二章 8 節出現的「傳道者」加上定冠詞(*haqqôheleṯ*)。❶ 不過，在希伯來文的文法裏，定冠詞大多不是指涉一個專有名詞，而是表達一個關係代名詞。因此，傳道書的作者沒有將這詞看為專有名詞，所以單從定冠詞是看不出作者有獨特的身分。這只能表示這位「傳道者」可能是作者或書中內容的陳述者(narrator)。傳道書的希伯來文書名，跟「傳道者」原文相同，都是 *qōheleṯ*，有些聖經的英文譯本因此將此書直譯為 Qohelet 或 Kohelet 及 Ecclesiastes。

傳道書被公認為一本難明的書，它的內容引發不少疑團及爭議，讓學者費盡心思去詮釋。傳道者不時會在他的言論裏提出反問，使讀者隨著這些言論的探索，讓思緒飄到日光之下的雲霄外，深思之餘卻有點不知所措。讀者或許會反駁傳道者陳詞中的一些話，但同時又必須承認傳道者所說的不無道理。傳道者的言論反映出他對現實生活感到無助，但同時亦對生存帶有一種執著。

本書所討論的重點，就是傳道者對生存的執著；這種執著來自傳道者對意義的追尋。於傳道者而言，生活很可能會有變數，而傳道者就是要向那些活在變數中的人傳達一種生活智慧。

1.1 傳道書的作者

一直以來，傳道者的身分都備受爭議。傳道者在書卷首兩章是以君王身分出現，就如埃及智慧文學的措辭，以一名古代名人或君王來論述功績。但是，由第三章開始，傳道者卻換了角色，他像是在檢視日光之下普羅大眾所發生的事情，例如：社會出現的欺壓事件（四1，五8）、財富的得與失（五13～17，六1～2）、在政治生活中適者生存的事實（八2～6，十16～20）等等，然後將之記述下來。

傳道書裏的「傳道者」，是**一個文學角色**（a literary persona），而真實的作者應該是一位智慧教師。或許有人會認為這名智慧教師有意使讀者聯想起所羅門王，原因是作者曾稱這位傳道者「在耶路撒冷作王、大衛的兒子」（一1；另參12節）。他們又認為惟有所羅門才有極大的智慧、雄厚的財富，以及尊貴的地位和能力，對世事進行鋪天蓋地的探索；也惟有所羅門才有資格即使擁有了一切但依然感嘆虛空。只不過，所羅門作為傳道書作者的說法，較可能是基於傳統因素，而非歷史因素。所講的傳統因素，是他們相信所羅門王乃智慧傳統的「典範」，對以色列王室的存在具有代表性。若從歷史因素看，傳道書的語文和詞彙，已經距離所羅門的時代至少五百年。此外，傳道書對意義追尋的顛覆性內容，不像是源自所羅門輝煌時代所會思考的內容。再者，書中對政權的批判性言論，也不太可能是來自王室中人（參八2～9，十16～20）。筆者較接受作者只是一位匿名的智慧教師，用 Qohelet 作為筆名。這位智慧教師可能有意影射所羅門，以他為寫照，因為所羅門不只是以色列智慧傳統的代表，也象徵那些擁有世上一切財富、智慧，在社會裏受到尊重和有權柄卻依然感嘆虛空的人。

「文學角色」意思是指一個由作者在他的著作中虛構出來的人物／角色。

1.2 傳道書的歷史背景

傳道書出現的某些希伯來語法和語意較為特別，司賀爾斯（Antoon Schoors）提出傳道書有三十四處猶太人被擄歸回後時期的文字現象。❷ 這些語法表達反映它是被擄歸回後時期的文學作品：

- 傳道書出現亞蘭語詞源，例如：「定時」（*zəmān*；三 1）和「推磨」（*ṭaḥănā*^{h}；十二 4）。
- 兩個已經被學者廣泛地認同的波斯字眼，例如：「庭園」（*pārdēsîm*；二 5；）和「判罪」（*pīṯgām*；八 11）。
- 含有很多第一次出現但含義不明的詞彙，例如：作者用指示詞「這」（*zō*^{h}；參七 23）共六次，而非慣常的「這」（*zōʾṯ*；參創二十 5）；用「我」（*ʾănî*；參傳二 12）這第一身單數代名詞共二十九次，而不是「我」（*ʾānōḵî*；參創二十一 26）；還有關係詞「誰、哪個」（*ʾăšer*；參傳二 10；共八十九次）與「誰、哪個」（*še*；參傳一 7；共**六十八次**）同時交替出現。❸

> *若從 Bibleworks 的計算，še 共出現七十次，實際上只出現六十八次，因為六章 10 節及十章 3 節的兩次，是 Ketib 或者 Qere 的讀法，故有兩次不計在內。*

這些現象顯示，傳道書的語言和書寫格局出自被擄歸回後時期。這也是目前學者們的普遍共識，只不過學者們對成書日期的爭議依然徘徊在波斯時期到希臘的多利買時期之間，也就是公元前 500 年至 150 年之間。❹ 筆者較接受傳道書最可能是寫於波斯時期，筆者亦根據這時期的歷史背景來理解傳道書。現列出四項持此觀點的原因：

- 傳道書全書沒有希臘詞彙或類似希臘語法結構的句子，證明它不是寫於比波斯時期更遲的希臘時期。華伯瑞（R. N. Whybray）曾經提出希臘時期的成書論，但無法解釋為何傳道書缺少希臘的文學色彩。此外，卡羅爾・紐森（Carol Newsom）也指出，許多提倡傳道書有希臘書寫背景的立論，或列出被希臘哲學影響的用詞，都無法通過嚴謹的文字考察。如詹姆斯・庫格爾（James L. Kugel）所言，傳道書缺乏經文根據，來證明它擁有希臘的思維。❺ 由於書中缺乏希臘文學色彩，傳道書的書寫背景應該早過希臘時期。

- 傳道書使用兩個源自波斯的字眼，就是「庭園」(*pardēsîm*；二 5)和「判罪」(*pîṯgām*；八 11)。這顯示作者受波斯文化影響。❻ 此外，書中也出現大量跟波斯帝國社會處境相關的經濟術語和法律用詞。❼
- 「傳道者」(*qōheleṯ*)的希伯來字跟「瑣斐列」(*sōpereṯ*；拉二 55；尼七 57)及「玻黑列」(*pōkereṯ*；拉二 57；尼七 59)的語法格式相同。以斯拉記和尼希米記都是出自被擄歸回後時期，反映波斯文獻的書寫格式。❽
- 傳道書缺乏以色列民族主義的色彩，所以不可能來自波斯統治的最初與最後時期，因那時的民族色彩比較濃厚，政治意識也比較強烈。反之，傳道書較可能出自波斯統治期間的安定時期，因為那時是「猶太自我意識和民族感情的最低點」。❾

由此可見，傳道書的成書日期最有可能是公元前五世紀(即公元前 500～400 年間)。從傳道書一章 1 節提到「耶路撒冷」來看，傳道者以耶路撒冷城市的生活為書寫場景。

波斯帝國向殖民地擴展統治勢力，推行行省管治的政治體系，這可從傳道書五章 8 至 9 節所影射的官僚制度反映出來。在波斯波利斯(Persepolis)出土的五百塊泥板顯示，波斯官方檔案也出現多元語文的現象。這種多元語文背景，也解釋了為何傳道書出現多元語文的現象，摻雜了亞蘭文和波斯文的語境。

作為一個地方政府，耶路撒冷有猶大餘民受薪擔任公職。這個場景反映一章 1 節提到的耶路撒冷，以及傳道書多處提及的勢力人物(四 1)、掌權者(八 4)、王子及羣臣(十 16～17)。此外，傳道者也多處傳達具批判性的政治諷喻。書中一些內容也跟波斯統治之下的民生問題息息相關。

1.3 傳道書的寫作體裁

1.3.1 用詞與智慧文學相似

傳道書是一卷屬於智慧文學類的作品，因此有其特定的文學體裁形式

(genre)。傳道者是一位智慧教師，他四處尋索(一13、16～17，二3、9，七25，八16，十二9)，所尋的都是「智慧」。他經常使用一些與智慧有關的詞彙，顯示智慧的特徵。

- 「智慧」(*ḥokmāh*)。它作為名詞，在傳道書共出現二十八次。⑩
- 「智慧人」(*ḥākām*；或譯作「聰明」)。它作為名詞，共出現二十一次，單數有十六次，複數有五次；作為動詞則出現三次。⑪
- 「知識」(*daʿat*；「和修版」亦有譯作「智慧」)。它在傳道書共出現八次。⑫
- 傳道書經常出現「知道」(*yādāʿ*)，共三十六次。⑬
- 傳道書亦經常出現「尋找」(*māṣāʾ*)這動詞，共十七次。⑭

傳道者是一名智慧教師，他的權威來自他對人生的洞悉及生活的體會。這種因洞悉人生而產生的權威，有別於律法書和先知書那種看重神聖啟示的權威。更進一步看，在智慧傳統上，傳道書流露一種批判性的反思。傳道者看來在挑戰著傳統的智慧，因為他質疑智慧的絕對好處。然而，這並不意味著傳道者抗拒智慧，因為傳道者看智慧勝於愚昧(二13)，他也說過智慧勝於勇力(九16)，只不過，傳道者發現智慧本身是難以捉摸的(七23)，儘管他本身也處在智慧傳統裏。

傳道書集敘事和詩歌於一身，整體上屬於散文詩體裁，不過文學格局與常規有異。傳道書內除了充滿著濃厚的個人觀察與反思空間，也有典型的箴言短句(參一4～11，三2～8，六10～14，十1～3、8～20，十一7～十二7)。傳道書本身在文學形式上是一本多元彙集的書卷，因為它的內容集合了王室傳記、個人反思記錄、訓誨、軼事，和「禍或福」諺語格言。

希伯來聖經(*Tanakh*)將各書卷分為三部分，就是妥拉(*Torah*)、先知書(*Nevi'im*)，以及聖卷(*Ketuvim*)。傳道書被放在聖卷的部分。聖卷也分為三類書卷，就是詩歌書、節期書(亦稱為五小卷〔*Megilloth*〕)，以及歷史書。⑮傳道書是屬於節期書其中一卷。基督教的舊約聖經因根據「七十士譯本」的編排，把傳道書安置在詩歌智慧書之部分。事實上，猶太人的聖經是沒有智慧書類的。

1.3.2 傳道書與古代近東智慧文獻相似

傳道書跟其他古代近東的智慧文學有令人驚訝的相似度。⑯ 其中一些書卷，與傳道書的思想有相近之處，例如：《豎琴師之歌》(*The Harper's Songs*)跟傳道書的生活主題和生死感嘆相似。《豎琴師之歌》取名於刻在埃及墓穴牆壁上描繪豎琴師的石碑銘文，主題與死亡有關。歌頌一種灰暗的存在價值觀，可能是出自一種對古代王國沒落的意義探索。這首《豎琴師之歌》的內容有一個轉捩點，就是從悲鳴轉為鼓吹享受生活；這與傳道書幾處論及及時享樂的主題相似(參九 7～10，十一 1～10，十二 1～8)，同樣是從悲觀的論調轉換到樂觀的心境。《豎琴師之歌》其中有一段哀嘆從前的政權和國度已經不復再，彷彿從來不曾存在；⑰ 而傳道者哀嘆生命短暫，也與《豎琴師之歌》共鳴——他們永遠無人記念(二 16)!

另外，《雅尼訓誨集》(*The Instructions of Any*)跟傳道書一樣，有類似的實際生活哲學。有學者相信《雅尼訓誨集》出自公元前兩千年，其內容涉及類似傳道書的勸戒(參傳七 26)、宗教指引(參傳五 1～7)、醉酒警告(參傳十 17〔希伯來聖經是十 16〕、19)，關注窮人及被壓迫者(參傳四 1～3，五 8)等實用的訓誨。⑱ 更重要的是，這些訓誨含有質疑的口吻，這在古埃及文獻的背景可算是新的向度。《雅尼訓誨集》的結語也顯示，做兒子的抗議父親循循善誘的傳統教導；傳道書在結語也提到「我兒」，以父親的口吻勸戒人要聽從智慧人的言語(十二 9～14)。這兩卷智慧文獻的結語，皆描述一位擁有哲理的人士回顧自己所寫的訓誨，而且規勸人要有智慧地實踐所學到的智慧。這顯示，古時的訓誨文獻可能存有類似的特定結語形式。

還有一卷《智慧勸導集》(*The Counsels of Wisdom*)，它內容包括有關交友、善用言辭、慈善工作、健康關係、婚姻之道，以及持守虔誠等等的規範性指引。⑲ 作者是一位身為哲士的父親，寫給正預備接任成為哲士的兒子，其中一段這樣寫道：

你要提防粗心的言論，保守你的咀唇；
不要在獨自一人時亂起莊嚴的誓言，

你說的話，在瞬間會跟隨你。

你要自己克制你的發言。（131～134行）⑳

Beware of careless talk, guard your lips;

Do not utter solemn oaths while alone,

For what you say in a moment will follow you afterwards.

But exert yourself to restraint your speech. (line 131～134)

傳道書十章20節的勸戒似乎也含有相同的勸勉，使這兩卷智慧文獻彼此成為詮釋的借鑒：「你不可存念咒詛君王，在你內室也不可咒詛富戶；因為空中的鳥，會傳播這聲音。有翅膀的，也會述說這事。」（筆者譯）

由此可見，傳道書對人生的終極關懷，與古代近東的智慧文學的思想主題、認知論，以及文學技巧吻合。畢竟，智慧是一種指引人如何生活的技巧，智慧書也是實際教導人如何生活的文獻。傳道書就屬於類似的文獻，教導人有智慧地生活。

1.3.3 傳道書對「變數」的看法

傳道者感嘆虛空，因為生活裏存有很多「變數」。在數學的領域裏，「變數」是一個固定方程式裏可更換的數值，這個「變數」會改變方程式最後的結果。傳道書前半部提及不少生活的固定方程式與「變數」。傳道者看著一代去一代來（一4）、日夜交替（一5）、自然界事物按著規律循環不息地發生（一6～7）。這是一個固定方程式的生活，人活在其中並沒有驚喜可言。但是，從另一角度看，生活卻充滿變數，例如：有人很努力地工作，但到最後卻不是自享成果，而是留給沒有勞碌的人（二21）；公義之處出現奸惡（三16～17）；欺壓人的不一定沒有好日子過（四1～3）；人際關係出現許多變質（四章）；公義公平被掠奪（五8）；得了錢財不一定得滿足（五10～12）；財富不一定帶來福氣（五13～17）；禍患來臨不可避（六1～6）。這些現象，是在常規生活中可能發生的「變數」，在人預料未及的時候發生。「變數」反映了反常和無常的生活一直穿插在平常的日子裏。

與「變數」相對的，是生活裏的「定數」，而這「定數」是與上帝有關，例如：萬事已經有定期，天下萬務已有定時，這一切全在上帝掌握之中，而人是無法改變的（三 1～8）。這定數顯露著上帝主動、積極的引導及作為。例如：上帝造萬物，各按其時成為美好（三 11）；上帝所做的必存到永遠（三 14）；再者，上帝也審問人所做的事（十二 14）。「定數」之説及「神導」之論，是傳道者所論述生活的「定數」。曉得這些生活裏的「定數」，活在變數中的人可稍微釋懷，且隨遇而安。

此外，傳道者在書的後半部，對於人如何活在生活的變數之中作些建議。他勸人避免過於偏激（七 15～25）、避免作愚昧的事（七 26～八 1）、作官的要有適當的宮廷生存技巧（八 2～9）、要堅持過義人的生活方式（八 10～九 10）、選擇智慧之道（九 11～十 20）、要把握時機（十一 1～6），以及趁著年輕，要發揮行動力（十一 7～十二 7）。由此可見，傳道書後半部的內容是直接的生活指引，傳達著一種處世智慧，尤其是活在變數中的生活智慧。

1.4 傳道書的中心信息

傳道書的中心信息，主要是圍繞著人要如何務實和敬虔地活在一個既有變數亦有定數的世界裏，這中心信息伴著一回一回的無奈與感嘆。這種感嘆由「虛空」一詞盡顯出來。「虛空」（*hēḇel*）在傳道書共出現三十八次，這或許反映了整卷書彌漫著無奈感。不過，這種説法也不全然正確。

傳道書作為一卷智慧文學的作品，某程度上必會帶著教育元素。所以，若説傳道書也有提供生活指引都是恰當的。即使它建議世人樂而為之，也是源自建設性而非縱慾式的建議。我們可以作以下三方面的思考，來確定傳道書的中心信息是正面且勸喻人積極生活的。

一、上帝是活在人羣中間

「上帝」（*ʾĕlōhîm*）這個字眼在全書出現四十次。這詞彙提醒我們，傳道者很在乎有關「上帝」的主題。而且，傳道書所論述的上帝是一位動態的神，經文中提及有關「上帝」的動作，主要有兩個：

在原文裏，作者都以同樣一個動詞 *nāṯan* 表達。

- 作者多次提及上帝「**給**……」(*nāṯan*；一 13，二 26，三 10、11，五 18～19，六 2，八 15，九 9，十二 7)；
- 「做」(*ʿāśāh*；三 11、14，七 14、29，八 17，十一 5)。

上帝對世人並非不聞不問，祂也會審問人(三 17，十一 9)；祂也非冷漠，祂會因人行事的不智而生氣(五 6)。在世人所經營的勞碌當中，傳道者一直陳述上帝主導的作為。

二、「敬畏上帝」是傳道者信仰的終極關懷

「敬畏上帝」的概念在傳道書一共出現五次(三 14，五 7，七 18，八 12～13，十二 13)，反映智慧傳統對敬虔的關注(箴一 7，九 10)。此外，傳道者在五章 1 至 7 節有一段冗長的宗教論述，他呼籲人的宗教態度要認真，站在上帝面前不但要戰戰兢兢，並且要慎其言，不可隨便許願，凡許了的願必須還願。

三、以「例外透鏡」聚焦於人類生活

最後，傳道者以一個「例外透鏡」(lens of exception)聚焦於人類生活。「例外透鏡」是指從「未必」的角度來看事情的一種視角。例如：如果常規是指努力耕種的人必有收成，那麼傳道者會指出未必是這樣，因為過程中可能發生變數——天災可能毀壞了農作物、盜賊可能會來偷取，或者耕種的人未享其成就意外死去等等。換句話說，傳道者經常把焦點放在常規以外所可能發生的事；他持有一種「例外透鏡」的視角。這種觀點不一定悲觀，但很誠實。現列舉些例子：

- 在三章 10 至 11 節，傳道者說：「我觀看上帝給世人的擔子，使他們在其中勞苦：上帝造萬物，各按其時成為美好，又將永恆安放在世人心裏；然而上帝從始至終的作為，人不能測透。」這裏可看出傳道者的「例外透鏡」。他認為即便上帝將永恆放在世人心裏，也就是說世人在某種程度上有能力思考人生，不過世人卻不能完全測透所有的事，特別是上帝的作為。可見縱然世人有上帝賜下的意識，卻未必能夠明白上帝所做的事。

- 在六章 1 至 2 節，傳道者也說：有些人蒙上帝的恩眷得到財富、資產和尊榮，而且一無所缺，這看來令人羨慕。不過，傳道者跟著又說上帝使他不能享用——可能是他年老衰敗了，又可能他去世了，不能享用所得到的一切；諷刺的是，反而是外人享用他的財富、資產和尊榮。我們再次看見傳道者「例外透鏡」的視角，也就是說雖有財富和資產，未必一定享受人生。
- 傳道者說智慧勝於愚昧，但是他也提醒讀者，智慧並非時常都管用，因為智慧也有其限制（二 15～16，八 16～17；另參二 13；七 11～12、19）。傳道者提倡享樂的生活，但是他也聲明這種享樂是短暫的（二 24～26）。這些對比的陳詞，反映傳道者一種獨特的辯證修辭結構，有學者稱之為「對比辯證的結構」（dialectical structure of contrasts）。㉑ 這種修辭是在表明「是⋯⋯但是⋯⋯」（yes, but ...）。不過，這種對比並非矛盾或不一致。

換句話說，傳道者在尋索生活意義的過程中，刻意把兩個對比的言論處於一種張力的狀態當中，並刻意並列在一起，想尋索一種令人滿意的解釋。不過即使身為一位智者，他尚且不能理解許多事情的真諦，所以他感嘆虛空。感嘆虛空是因為生活裏出現「意義的崩解」（collapse of meaning），這種意義的崩解，與傳道者在全書中的感嘆結合。㉒

不過，我們必須留心，當傳道者感嘆虛空的時候，他並不是在那裏就完結。傳道者要表達的是，現實生活裏會出現非絕對的狀況。他其實在論述一個「兩者亦然」的處境（both ... and），而非採取「非此即彼」（either ... or）的選擇。傳道者的意思是，既然生活面對無可避免的虛空狀況，人更應該好好活著。傳道者透過重複使用 *yiṯrôn*（原文有「益處／好處」的意思，在傳道書共出現十次）及 *yōṯēr*（原文有「益處」的意思，在傳道書共出現七次之多）這兩個同義詞，引導讀者思考以正面態度處理事情。㉓

總而言之，「虛空」和「把握機會」便是貫穿傳道書整體信息的完整思路組合。㉔ 傳道者並不能解決這種活在虛空和把握機會之間的張力，他在思量如何實際地活在這種張力當中。傳道者不嘗試把上帝所彎曲的變直（一 15，七

13），因為生活本來就充滿諷刺和張力；而世人——即使是智者——不能完全理解。傳道者的觀點是實務的，他探索的底線是有意義地生存。因為這個目的，傳道者指引人在充滿變數的生活中，建設一種生活態度或者生活智慧，來重尋生活的意義。

1.5 傳道書的內容簡述

一章1至2節與十二章8至10節這兩段經文放置在整卷書的前後，形成了書卷的框架。除了書中三段經文（一1～2，七27，十二8～10）是以第三人稱單數，作者在整卷傳道書裏，都是以第一人稱單數來表達，以此描述生活多面向的智慧反思，包括生死存亡（參二16～17，七15～18）、社會亂序（三16，四1，五8）、人的關係（四13～16，七21），以及種種生活之感嘆（五13～17，八10～14，九11～12）。第三人稱和第一人稱的互換，未必反映書中有兩位作者。這反而反映了古代近東文學的寫作特色；在這時期的文獻，以第三人稱的文學表達方法是很普遍的，它也沒有跟全書產生不和諧。[25]

一章1節「在耶路撒冷作王、大衛的兒子、傳道者的言語」宣告一位耶路撒冷的君王、大衛的兒子所說的話，而「傳道者說：『虛空的虛空，全是虛空。』」分別在一章2節及十二章8節出現(一章2節重複出現「虛空的虛空」)，帶出前後呼應的感嘆。從這虛空的感嘆，傳道者借用自然界的迴繞不息，來指出他所謂的虛空（一2～11）。接著，傳道者用「虛空」、「捕風」的論調（一14，二11、17、26，四4、6，六9），來描繪四項個人體驗（智慧、物慾、愚昧、勞碌）和七項生活觀察（時機和事務、邪惡的存在、相對的好處、宗教的活動、壓迫的存在、財富的累積、短暫的人生）。

傳道者繼續觀察和反思，他轉移到傳統的智慧教誨（六10～七14），反映了傳道者受到智慧傳統所薰陶，他亦論述聰明與愚蠢的區分。這段經文在文學上像是站在一個戰略位置，成為銜接上文，將之前的普遍觀察，轉到接下來的實際勸說。另外，七章15節至十二章7節涵蓋傳道者對活在變數中之七項建議：

- 敬畏上帝的人要避免極端（七15～25）。

- 人需要避免愚昧，因為這使人走向滅亡（七 26～八 1）。
- 人必須遵守適當的宮廷行為禮節，以避免遭受不必要的禍害（八 2～9）。
- 義人的生活方式比惡人的生活方式還好（八 10～九 10），義人與惡人的對比刻劃，可透過一個交叉結構傳達出來。
- 回應生活的荒謬，傳道者建議一條智慧之道（九 11～十 20），這道包括辨認甚麼才是適當的時機（九 11～12）、思考智慧的價值（九 13～16）、反思智慧的箴言（九 17～十 3）、要謹慎（十 4～7）、接受職場的無常（十 8～11）、緊記智慧人對比愚昧人的箴言（十 12～15）、掌握治理智慧與正確態度（十 16～20）等等七個向度。
- 人必須懂得把握時機，乘機行動（十一 1～6）。
- 人要在年輕力壯之時，發揮青春力量，行該行的事（十一 7～十二 7）。

傳道書的結語（十二 8～14），跟主題「為何感嘆虛空？」（一 1～11）形成一個首尾呼應（*inclusio*），重拾「虛空的虛空」之感嘆（十二 8；另參一 2）。結語比主題在語氣上比較積極，傳道者邀請讀者與他一起探視深望不可解的虛空世界，他又總結說人在虛空的日子之中還是要敬畏上帝。

1.6 傳道書大綱

從本書大綱可見，傳道書一章 1 節之後可分成三部分：卷上：生活無常，感嘆虛空！（一 1～六 9）、傳道書上卷和下卷的思路橋樑（六 10～七 14），和卷下：傳道者對活在變數中的勸說（七 15～十二 14）。主體部分可劃分兩個單元（一 12～六 9，七 15～十二 7）來論述不同的主題。

（一）卷上：生活無常，感嘆虛空！（一 1～六 9）

1. 為何感嘆虛空？（一 1～11）
2. 傳道者活在變數中的個人體驗（一 12～二 26）
3. 傳道者活在變數中的生活觀察（三 1～六 9）

（二）傳道書上卷與下卷的思路橋樑（六 10～七 14）

1. 傳道者的智慧格言（六 10～七 14）

（三）卷下：傳道者對活在變數中的勸說（七 15～十二 14）

1. 勸說一：避免極端（七 15～22）
2. 勸說二：避免愚昧（七 23～八 1）
3. 勸說三：王室中適當的生存技巧（八 2～9）
4. 勸說四：論義人和惡人（八 10～九 10）
5. 勸說五：回應生活的荒謬（九 11～十 20）
6. 勸說六：把握時機（十一 1～6）
7. 勸說七：善用青春（十一 7～十二 7）
8. 結語（十二 8～14）

1.7 傳道書參考書目

1.7.1 專論書

Arnold, Bill T. and Bryan E. Beyer, eds. *Readings From the Ancient Near East: Primary Sources for Old Testament Study*. Grand Rapids, MI: Baker Academic, 2002.

Berlejung, A. and Hecke P. Van, eds. *The Language of Qohelet in Its Context: Essays in Honour of Prof. A. Schoors On the Occasion of His Seventieth Birthday*. Orientalia Lovaniensia Analecta 41. Leuven: Peeters Publishers, 2007.

Black, Anthony. *A World History of Ancient Political Thought*. Oxford: Oxford University Press, 2009.

Clifford, Richard, ed. *Wisdom Literature in Mesopotamia and Israel*. Society of Biblical Literature Symposium 36. Atlanta, GA: Society of Biblical Literature Press, 2007.

Cook, J. M. *The Persian Empire*. London: Book Club Associates; New York: Schocken Books, 1983.

Crenshaw, James L. *Old Testament Wisdom: An Introduction*. Louisville, KY: Westminster John Knox Press, 1998.

Estes, Daniel J. *Handbook on the Wisdom Books and Psalms: Job, Psalms, Proverbs, Ecclesiastes, Songs of Songs*. Grand Rapids, MI: Baker Academic, 2010.

Fredericks, Daniel C. *Coping With Transience: Ecclesiastes on Brevity in Life*. Sheffield: JSOT Press, 1993.

Garthwaite, Gene R. *The Persians*. Oxford: Blackwell Publishing, 2005.

Good, Edwin M. *Irony in the Old Testament*. Philadelphia, PA: Westminster Press, 1965.

Gordis, Robert. *Koheleth, The Man and His World: A Study of Ecclesiastes*. 3rd ed. Reprint. New York: Schocken Books,1995.

Loader, J. A. *Polar Structures in the Book of Qohelet*. Beiheft zur Zeitschrift für die alttestamentliche Wissenschaft 152. Berlin; New York: Walter de Gruyter, 1979.

Murphy, Roland. *The Tree of Life: An Exploration of Biblical Wisdom Literature*. Grand Rapids, MI: William B. Eerdmans, 2002.

Perdue, Leo G. *The Sword and the Stylus: An Introduction to Wisdom in the Age of Empires*. Grand Rapids, MI: William B. Eerdmans, 2008.

Schoors, Antoon. *The Preacher Sought to Find Pleasing Words: A Study of the Language of Qoheleth*. Orientalia Lovaniensia Analecta 41. Leuven: Peeters Publishers, 1992.

________. *The Preacher Sought to Find Pleasing Words: A Study of the Language of Qoheleth*. Part II. Orientalia Lovaniensia Analecta 143. Leuven: Peeters Publishers, 2004.

吳仲誠：《蒸汽人生：傳道書教我的生命智慧》。台北：校園書房，2018。

吳慧芬：《變數中的生活智慧：傳道書研讀》。新加坡：Genesis Books／芙蓉：馬來西亞神學院，2013。

呂日星：《傳道書中的弔詭》。台中：迦密文化，2007。

貝利．魏柏：《五彩繽紛——舊約五小卷：從文學、神學、歷史的眼光來讀雅歌、路得記、耶利米哀歌、傳道書與以斯帖記》。邵亭怡譯。台北：友友文化事業有限公司，2006。（= Webb, Barry G. *Five Festal Garments:*

Christian Reflections on the Song of Songs, Ruth, Lamentations, Ecclesiastes and Esther. Leicester, UK: Apollos, 2000.）

黃儀章：《活好我這生：從傳道書看精彩的人生》。香港：明道社，2009。

劉承業：《泡沫中的彩虹：從傳道書看由虛空到有意義》。香港：明道社，2004。

1.7.2 註釋書

Bartholomew, Craig G. *Ecclesiastes*. Baker Commentary on the Old Testament Wisdom and Psalms. Grand Rapids, MI: Baker Academic, 2009.

Barton, George Aaron. *A Critical and Exegetical Commentary on the Book of Ecclesiastes*. ICC 18C. Edinburgh: T & T Clark, 1908.

Brown, William P. *Ecclesiastes*. Interpretation: A Bible Commentary for Teaching and Preaching. Louisville, KY: John Knox Press, 2001.

Crenshaw, James L. *Ecclesiastes: A Commentary*. OTL. Philadelphia, PA: Westminster, 1987.

Delitzsch, Franz. *Commentary on the Song of Songs and Ecclesiastes*. Translated by M. G. Easton. Grand Rapids, MI: William B. Eerdmans, 1982.

Eaton, Michael A. *Ecclesiastes: An Introduction and Commentary*. Tyndale Old Testament Commentaries. Downers Grove, IL: InterVarsity Press, 1983.

Fox, Michael V. *Ecclesiastes*. The JPS Bible Commentary. Philadelphia, PA: The Jewish Publication Society, 2004.

_______. *A Time to Tear Down and A Time to Build Up: A Rereading of Ecclesiastes*. Grand Rapids, MI: William B. Eerdmans, 1999.

Krüger, Thomas. *Qoheleth*. Hermeneia. Translated by O. C. Dean Jr. Minneapolis, MN: Fortress Press, 2004.

Lohfink, Norbert. *Qoheleth*. Translated by Sean McEvenue. Minneapolis, MN: Fortress Press, 2003.

Longman, Tremper III. *The Book of Ecclesiastes*. NICOT. Grand Rapids, MI:

William B. Eerdmans Publishing, 1998.

Murphy, Roland. *Ecclesiastes*. WBC 23A. Dallas, TX: Word Books, 1992.

Perry, T. A. *Dialogues With Kohelet: The Book of Ecclesiastes: Translation and Commentary*. University Park, Pennsylvania, PA: Pennsylvania State University Press, 1993.

Seow, Choon-Leong. *Ecclesiastes: A New Translation with Introduction and Commentary*. AB. New York: Doubleday , 1997.

Whitley, Charles F. *Koheleth: His Language and Thought*. Beihefte zur Zeitschrift für die alttestamentliche Wissenschaft 148. Berlin; New York: Walter de Gruyter, 1979.

Whybray, R. N. *Ecclesiastes*. NCBC. Grand Rapids, MI: William B. Eerdmans, 1989.

吳獻章：《傳道書》。天道聖經註釋。香港：天道，2010。

李熾昌、周聯華：《傳道書、雅歌》。中文聖經註釋第十七卷。香港：基督教文藝出版社，1990。

黃儀章：《活出智慧人生：舊約智慧書信息研究》。香港：天道書樓，2004。

謝品然：《荒謬與真理：論傳道書之神學思想》。建道專刊 2：聖經與註釋系列二。香港：建道神學院，2000。

謝慧兒：《傳道書：試看人生》。明道研經叢書 21。香港：明道社，2005。

羅慶才：《傳道書反思：從荒謬到豐盛》。香港：浸信會出版社，2009。

1.7.3 專論文章

Fox, Michael V. "The Inner Structure of Qohelet's Thought." In *Qohelet in the Context of Wisdom*, 225～238. Edited by A. Schoors. Leuven: Leuven University Press, 1998.

______. "What Happens in Qohelet 4:13～16." *Journal of Hebrew Scriptures* 1 (1997).

______. "Frame-Narrative and Composition in the Book of Qohelet." *Hebrew Union*

College Annual 48 (1977): 83～106.

Garrett, Duane A. "Qoheleth on the Use and Abuse of Political Power." *Trinity Journal* 8 (1987): 159～177.

Jones, Scott C. "Qohelet's Courtly Wisdom: Ecclesiastes 8:1～9." *CBQ* 68 (2006): 211～228.

Kugel, James L. "Qohelet and Money." *CBQ* 51 no.1 (Jan 1989): 32～49.

Pinker, Aron. "Qoheleth 4,13～16." *Scandinavian Journal of the Old Testament*. 22 (2008): 176～194.

Seow, Choon-Leong. "Theology When Everything is Out of Control." *Interpretation* 55 (2001): 237～249.

______. "Linguistic Evidence and the Dating of Qohelet." *JBL* 115 no. 4 (1996): 643～666.

van der Toorn, Karel. "The Ancient Near Eastern Literary Dialogue as a Vehicle of Critical Reflection." In *Dispute Poems and Dialogues in the Ancient and Mediaeval Near East*. Edited by G.J. Reinink and H.L.J. Vanstiphout, 59～76. Leuven: Peeters Publishers, 1991.

Weisman, Ze'ev. "Elements of Political Satire in Koheleth 4,13～16; 9,13～16. *Zeitschrift für die alttestamentliche Wissenschaft* 111 (1999): 547～560.

朱崇儀：〈真實地面對死亡：傳道書的生死觀〉。載《解經——聖經經文的釋義與詮釋》，頁 65～82。曾慶豹、謝品彰編。新北：台灣基督教文藝出版社，2008。

黃薇：〈《傳道書》研究綜述及其問題〉載《跨越文本的邊界——李熾昌教授六秩壽慶文集》，頁 18～27。盧龍光編。香港：崇基學院神學院，2010。

1.7.4 聖經與辭典

Botterweck, G. Johannes, Helmer Ringgren and Heinz-Josef Fabry, eds. *Theological Dictionary of the Old Testament*. 15 vols. Translated by Douglas W. Stott, et al. Grand Rapids, MI: William B. Eerdmans, 1974.

Brown, Francis, Driver, S. R., and Briggs, Charles. *The New Brown-Driver-Briggs Hebrew and English Lexicon*. Peabody: Hendrickson, 1979, c1906.

Holladay, William L. *A Concise Hebrew and Aramaic Lexicon of the Old Testament*. Grand Rapids, MI: William B. Eerdmans, 1971.

Pearsall, Deborah M. ed. *Encyclopedia of Archaeology*. Amsterdam; London: Elsevier Academic Press, 2008.

Elliger, K., W. Rudolph . *Biblia Hebraica Stuttgartensia*. Stuttgart: Deutsche Bibelgesellschaft, 1968 ～ 1976.

短註

❶ 墨菲（Roland E. Murphy）認為即使十二章8節「傳道者」的原文是有定冠詞，看似與一章2節的「傳道者」不相同，但其實與七章27節的「傳道者」相對應。故此，十二章8節這帶定冠詞的「傳道者」，也不一定表示它是專指一個特別的名詞。有關他的觀點，可參 Roland Murphy, *Ecclesiastes*, WBC 23A (Dallas: Word, 1992), 114。

❷ 有關司賀爾斯（Antoon Schoors）對傳道書有三十四處被擄歸回後時期的文字現象的研究，可參 Antoon Schoors, *The Preacher Sought to Find Pleasing Words: A Study of the Language of Qoheleth* (Leuven: Peeters Publishers, 2004), 221～224。

❸ 參喬治・巴頓（George A. Barton）及蕭俊良的註評：George A. Barton, *A Critical and Exegetical Commentary on the Book of Ecclesiastes*, ICC 18C (Edinburgh: T & T Clark, 1908), 52 ～ 53；Choon-Leong Seow, *Ecclesiastes*, AB (New York: Doubleday, 1997), 17～18。

❹ 丹尼爾・弗雷德里克斯（Daniel C. Fredericks）屬於少數學者，建議傳道書成書日期在被擄前至被擄時期。參 Daniel C. Fredericks, *Qoheleth's Language: Re-Evaluating Its Nature and Date* (New York: Edwin

Mellen Press, 1988), 262～266。查理斯・惠特利（Charles F. Whitley）則把傳道書定位在公元前 152 至 145 年時期，參 Charles F. Whitley, *Koheleth: His Language and Thought* (Berlin / New York: Walter de Gruyter, 1979), 244。目前大多數學者認為，傳道書寫於公元前 300 至 200 年的希臘時期，然而這個立場至今依然沒有共識。

❺ 有關學者建議傳道書寫於波斯時期的討論，可參 R. N. Whybray, *Ecclesiastes*, NCBC (Grand Rapids, MI: William B. Eerdmans, 1989), 15。另參 James L. Kugel, "Qohelet and Money," *CBQ* 51 (1989): 32～49。Carol Newsom, "Job and Ecclesiastes," in *Old Testament Interpretation: Past, Present, and Future, Essays in Honor of Gene M. Tucker*, ed. James Luther Mays, David L. Petersen and Kent Harold Richards (Nashville: Abingdon Press, 1995), 177～194, 185。

❻ 弗朗次・德利奇（Franz Delitzsch）似乎是第一位將傳道書置於波斯時期的學者。有關他的討論，可參 Franz Delitzsch, *Commentary on the Song of Songs and Ecclesiastes*, trans. M. G. Easton (Grand Rapids, MI: William B. Eerdmans, 1982), 190。

❼ 若讀者想知多一點關於跟波斯帝國社會處境相關的大量經濟術語和法律用詞，可參 Seow, *Ecclesiastes*, 20～23；Choon-Leong Seow, "Linguistic Evidence and the Dating of Qohelet," *Journal of Biblical Literature* 115 no.4 (1996): 643～666。

❽ 有關傳道書反映波斯文獻的書寫格式，可參 Seow, *Ecclesiastes*, 20；亦參 Seow, "Linguistic Evidence and the Dating of Qohelet," 665～666。

❾ Kugel, "Qohelet and Money," 47～49.

❿ 有關「智慧」（*ḥoḵmāʰ*）這名詞在傳道書共出現的二十八次：一 13、16（x2）、17、18，二 3、9、12、13、21、26，七 10、11、12（x2）、19、23、25，八 1、16，九 10、13、

15、16(x2)、18，十 1、10。

⓫ 「智慧人」(*ḥākām*)作為名詞，共出現二十一次，單數有十六次(二 14、16〔x2〕、19，四 13，六 8，七 5、7、19，八 1、5、17，九 15，十 2、12，十二 9)，複數有五次(七 4，九 1、11、17，十二 11)；作為動詞則出現三次(二 15，七 16、23)。

⓬ 「知識」在傳道書共出現八次：一 16、17、18，二 21、26，七 12，九 10，十二 9。

⓭ 傳道書出現「知道」，共三十六次：一 17(x3)，二 14、19，三 12、14、21，四 13、17，六 5、8、10、12、七 22、25(x2)，八 1、5(x2)、7、12、16、17，九 1、5(x2)、11、12，十 14、15，十一 2、5(x2)、6、9。

⓮ 傳道書出現「尋找」這動詞，共十七次：三 11，七 14、24、26、27(x2)、28(x3)、29，八 17(x3)，九 10、15，十一 1，十二 10。

⓯ 希伯來聖經的聖卷包括十一卷書(將歷代志上下合併為一卷書)，這部分的書卷被分為三類編排，第一類是詩歌書：詩篇、約伯記、箴言；第二類是節期書(亦稱為五小卷)：路得記、雅歌、傳道書、耶利米哀歌、以斯帖記；第三類為歷史書：但以理書、以斯拉記、尼希米記(以斯拉記和尼希米記在希伯來聖經是合為一卷的)、歷代志上下。

⓰ 所謂「古代近東」是早期文明的發源地，即今中東一帶。筆者曾具體地陳列傳道書跟其他古代近東的智慧文學的關係；詳細討論，可參吳慧芬：《變數中的生活智慧：傳道書研讀》(新加坡：Genesis Books／芙蓉：馬來西亞神學院，2013)，頁 1～14。

⓱ 有關《豎琴師之歌》(*The Harper's Songs*)的文獻，可參 Miriam Lichtheim, *Ancient Egyptian Literature*, 3 vols (Berkeley, CA: University of California Press, 1973～1980), 1:196。

⓲ 《雅尼訓誨集》(*The Instructions of Any*)全文，可參 Lichtheim, *Ancient Egyptian Literature*, 2:135～146；

James B. Pritchard ed., *Ancient Near Eastern Texts Relating to the Old Testament*, 3rd ed. (Princeton: Princeton University Press, 1969), 420～421。

⑲ 《智慧勸導集》(*The Counsels of Wisdom*)全文內容，可參 Pritchard, *Ancient Near Eastern Texts Relating to the Old Testament*, 426 ～ 427，595 ～ 596；W. G. Lambert, *Babylonian Wisdom Literature* (Oxford: Clarendon, 1960), 96～107。

⑳ 筆者參考以下的英文譯本，而翻譯為中文：Lambert, *Babylonian Wisdom Literature*, 105。

㉑ Leland Ryken and Tremper Longman III eds, *A Complete Literary Guide to the Bible* (Grand Rapids, MI: Zondervan, 1993), 271.

㉒ 霍克斯(Michael V. Fox)建議「虛空」(***hĕḇĕl***)為傳道書的一個「整合邏輯」(organizing logic)。參 Michael V Fox, "The Inner Structure of Qohelet's Thought," in *Qohelet in the Context of Wisdom,* edited by A. Schoors (Leuven: University Press, 1998), 225～226。

㉓ ***yiṯrôn*** 與 ***yōṯēr*** 的原文主要都有「益處/好處/剩餘」的意義，「和修版」將 ***yiṯrôn*** 譯作「益處」(一 3，二 11，三 9，五 9、16，七 12)，亦有譯作「勝過」(二 13〔x2〕)。「和修版」將 ***yōṯēr*** 的原文譯作「益處」(六 8、11，七 11)、「過於」(七 16)、「再者」(十二 9)、「還有一點」(十二 12)、「更有」(二 15)。

㉔ 巴多羅買(Craig G. Bartholomew)融合了「虛空」和「把握機會」的並存張力。另外，婁德(J. A. Loader)稱這種張力為「兩極結構」(polar structure)的思維。愛德溫・古德(Edwin M. Good)則稱它為一種諷刺(irony)。可參閱以下釋經書：Craig G. Bartholomew, *Ecclesiastes,* Baker Commentary on the Old Testament Wisdom and Psalms, ed. Tremper Longman III (Grand Rapids, MI: Baker Academic, 2009), 81；J. A. Loader, *Polar Structures in the Book of Qohelet*, Beiheft zur Zeitschrift für die alttestamentliche Wissenschaft 152 (Berlin / New York: Walter de Gruyter, 1979), 29～116；Edwin M. Good, *Irony in the Old Testament* (Philadelphia, PA: Westminster, 1965), 168～195。

㉕ 有關作者以第一人稱單數或第三人稱單數的詳細分析，可參 Seow, *Ecclesiastes*, 38；Michael V. Fox, "Frame-Narrative and Composition in the Book of Qohelet," *Hebrew Union College Annual* 48 (1977), 83。

第一篇

卷上：生活無常，感嘆虛空！
（一1～六9）

整卷傳道書可分為兩大卷，就是卷上（一1～六9），以及卷下（七15～十二14）。卷上主要是傳道者描述他所觀察的虛空之事，同時持續地陳述他的感嘆。所以，卷上多以「虛空」、「捕風」和「有甚麼益處？」作為一種感嘆。卷下可見傳道者的語調明顯趨向指示及勸說過於虛空與捕風的感嘆。在這兩卷之間，有一段像是上、下卷內容的橋樑（六10～七14），將整卷傳道書連接一起。本析讀按此將全書分為三篇：卷上（一1～六9）、橋樑（六10～七14）、卷下（七15～十二14）。

第二章
為何感嘆虛空？（一 1 ～ 11）

- 全書序言
- 序言中的序言

這一段經文可以分為兩部分：傳道書的全書序言（一1）和序言中的序言（一2～11）。全書序言和序言中的序言將分別而論。全書序言是用第三人稱的方式介紹將要「說話」的人，就是：「在耶路撒冷作王、大衛的兒子、傳道者的言語」（一1），而序言中的序言則用第一人稱的方式，表明傳道者開始「說話」。這序言（一2～11）是全書的開場白，它論述傳道者的終極關懷——日光之下的無常生活，竟何令人存有一種虛空之感嘆！

2.1 全書序言（一1）

一章1節提到「大衛的兒子、傳道者的言語」，這種「X的兒子、Y的言語」標稱字句的格式，在智慧書卷經常出現，例如：箴言一章1節：「大衛的兒子，以色列王所羅門的箴言」；箴言三十章1節「雅基的兒子、瑪撒人亞古珥的言語」。在智慧傳統上，傳道書一章1節「在耶路撒冷作王、大衛的兒子、傳道者的言語」的標稱，令讀者自然把傳道者聯想為所羅門。

不過，我們也很快意識到，在耶路撒冷作過王的不只是所羅門一人，而且除了所羅門之外，大衛也還有其他兒子。若是如此，我們也很自然會問：如果不是所羅門，那麼身為耶路撒冷的王、又是大衛的兒子的「傳道者」會是誰？

2.1.1 傳道者是誰？

「傳道者」在全書共出現七次（一1、2、12，七27，十二8、9、10）。「傳道者」的希伯來文 *qōheleṯ* 演變自一個動詞 *qāhal*（意思是「召集」或「收集」），而 *qōheleṯ* 就是 *qāhal* 的陰性主動分詞作名詞用。這名詞是指那些進行某種職業的人或專業人士，因此它可譯作「召集者」或「收集者」。*qōheleṯ* 很有可能與以斯拉記及尼希米記的 *sōp̄ereṯ*（「瑣斐列」；拉二55；尼七57）及 *pōḵereṯ*（「玻黑列」；拉二57；尼七59）有關連。「瑣斐列」和「玻黑列」在中文譯本包括「和合本」、「和修版」及「新譯本」都是被音譯出來當人名用，不過李熾昌指出「瑣斐列」採用的陰性主動分詞形式，是「書記」或「文士」的職業。[1] 所以，筆者認為「瑣斐列」和「玻黑列」可能音譯了當時不同性質的職業，並不是一個真實的名字。

須留意的是，傳道書與以斯拉記和尼希米記都是在被擄歸回後時期寫成。當翻譯 *qōheleṯ* 之時，其實可以如音譯「瑣斐列」和「玻黑列」般，將 *qōheleṯ* 音譯為「庫何列」。不過，上文提及的中文譯本卻沒有這樣做，反而將原文意思意譯出來，譯成「傳道者」。顧名思義，*qōheleṯ* 的意思是「召集者」或「收集者」，因此傳道書作者的專業，可能是召集會眾來聆聽教誨的領會者及發言人，也可能是收集箴言與智慧文獻的教師。這樣看來，譯作「傳道者」也是無可厚非的。

按 1 節的描述，似乎這位「傳道者」很像是所羅門，究竟會不會是他呢？李熾昌認為，拉比傳統引述列王紀上八章 1 節來支持所羅門王作為「傳道者」的理論。❷ 根據列王紀上八章 1 節，所羅門「召集以色列的長老、各支派的領袖和以色列人的族長到耶路撒冷」中的「召集」（*yaqhēl*），與 *qōheleṯ* 是源自同一個動詞。所以拉比們認為，傳道書的「召集者」就是所羅門。

筆者在本書的導論部分簡述過有關「傳道者」與所羅門的關聯與爭議（參 1.1「傳道書的作者」，頁 3），筆者也陳明，所羅門就是「傳道者」的說法是基於傳統因素——所羅門王是智慧傳統的代表人物，而非歷史因素。這是因為傳道書所使用的文法和詞彙，相比所羅門所處的時代遲至少五百年。此外，書中內容對政權具有批判性言論，不像是來自王室中人（參八 2～9；十 16～20）。而且，傳道書對生活意義的追尋，還有其頗具顛覆性的思考內容，未能反映所羅門所具有的處境思考。最重要的是，傳道書沒有明確地指出所羅門就是「傳道者」。即便提到「傳道者」是「在耶路撒冷作王、大衛的兒子」，也可以指向任何一位在耶路撒冷作過君王的大衛「後裔」，因為「兒子」（*bēn*）在希伯來文也有「後裔」之意。

傳道書本身也明確地指出，「傳道者」是一名思量、考察並撰寫許多箴言的教師（十二 9）。雖然傳道者於首兩章以君王的身分出現，但其實這是仿效埃及智慧文學的措辭，以自傳式的文學手法來論述一名君王的功績。因此，傳道書前兩章，可說是具有埃及智慧文學色彩的王室自傳。但是，第三章開始到結尾，傳道者較像是個活在塵世中的智者，不斷思量與觀察，檢視日光之下的生活所發生的事，例如：不公義的事（三 16～17）；社會的壓迫（四 1，五 8）；

財富的得與失（五 13～17，六 1～2）；適者生存與政治生活（八 2～6，十 16～20）等等。

簡言之，傳道書的真實作者是一位智慧教師。傳道書裏的「傳道者」（*qōheleṯ*），是一個「文學人物」（有關「文學人物」的意思，可參 1.1「傳道書的作者」，頁 3）。他反映在被擄歸回後時期召集會眾前來聆聽教誨的發言人，或在被擄歸回後時期收集箴言與智慧文獻的教師。這名智慧教師，也似乎有意使讀者聯想到所羅門王這位智慧傳統的代表人物，因為惟有所羅門配得極大的智慧、雄厚的財富和王室的地位，去進行傳道書裏所反映鋪天蓋地之探索。似乎惟有所羅門才有資格說，自己即使擁有了一切，依然感嘆虛空。

2.1.2 王者之風？

傳道者在一章 12 節說自己「在耶路撒冷作過以色列的王」，在 16 節說自己「大有智慧」，勝過在他「以前所有統治耶路撒冷的人」。他又在二章 7 節論述自己的僕婢和牛羊，是勝過他「以前所有在耶路撒冷的人」，然後在 9 節他也說他「日漸昌盛」，勝過他「以前所有在耶路撒冷的人」。這些經文的描述，顯示傳道者是用第一人稱的語氣誇讚自己的優越。傳道者更進一步在一章 12 節至二章 11 節炫耀自身貴為一位王者所蘊含的驕橫與霸氣——他不僅擁有智慧，更建造宮殿與御花園，累積財富、宮廷男女與妃嬪，並且滿足物慾與享受快樂的生活。

然而，傳道者的王者之風似乎只停留在傳道書二章，因為在三章之後，傳道書不但沒有再提及他君王的身分，還顯示他並非君王。例如：五章 8 至 9 節提到窮人受欺壓，公義和公平被掠奪，還說明官上有官，官官相衞的腐敗行徑。此外，八章 2 至 4 節似乎是以一名智者的語氣，提醒另一名在朝廷裏工作的人要謹慎行事，因為「伴君如伴虎」，何況君王有無上的權柄？十章 16 至 20 節似乎明顯地帶出一番政治諷喻，以此來警惕不合適的君王與疏懶的羣臣實會斷送大好的江山。如果傳道者是一名君王，他怎麼會告誡人：「不可詛咒君王，連起意也不可」（十 20）？不但如此，他甚至告誡人「在臥室裏也不可詛咒富人」。他很清楚知道如此行是會承受結果的，因為沒有隱蔽的事不被傳開，連「空中的飛鳥必傳揚這聲音，有翅膀的必述說這事」。

一章 12 節至二章 26 節的王者自述，反映古代近東的自傳文學手筆，近似王室自傳。由於一章 12 節至二章 26 節有六次與「智慧」有所關聯（一 16〔x2〕、17、18，二 12、16），反映了它同時亦接近智慧文獻的一般主題。另外，「某某人的言語」這種語句表達，也反映智慧文學介紹智慧教師的常用格式，例如：箴言二十二章 17 節的「你要側耳聽智慧人的言語」；箴言三十章 1 節的「瑪撒人亞古珥的言語」和箴言三十一章 1 節的「瑪撒王利慕伊勒的言語」。

總結一章 1 節的理解，「在耶路撒冷作王、大衛的兒子、傳道者的言語」是全書的開場白，提及讀者熟悉的地方——耶路撒冷亦影射讀者熟悉的人物——所羅門，以及吸引讀者關注的事件——以色列的智慧傳統要傳達的信息。

2.2 序言中的序言（一 2～11）

分段大綱（一 2～11）

一、序言開場白（一 2）
二、序言反問句（一 3）
三、自然界的論述（一 4～7）
　1. 開首句（一 4）
　2. 自然界的運作（一 5～7）
四、萬事的論述（一 8～11）

2.2.1 序言開場白（一 2）

在 1 節所述「傳道者的言語」之後，作者隨即指出傳道者開始「說……」（一 2）。這裏以第三人稱稱呼傳道者，就如 1、2 節，七章 27 節，及十二章 8、9 及 10 節。傳道書中最廣為人知的經文，莫過於這一節了。此節在希伯來文只有短短八個字，卻重複了五次「虛空」（*hăḇēl*）一詞。「虛空」如此頻密地出現在這裏，成為序言部分（一 2～11）的開首宣告。「虛空」在傳道書的結論部分，也重複了三次(「虛空的虛空，全是虛空」；十二8)，成為結論。此外，「虛空」在全書共出現三十八次，包括六章4節被翻譯成「虛虛」、六章12節和七章15節被翻譯成「虛度」。這反映「虛空」這個字眼是傳道書的鑰字，貫穿全書，也是全書的主題指標所在。可見，2節是重要的開場白，傳道者嘗試引領聽眾進入他所構思的主題——因為對人生經歷的不解與無奈，使他感嘆「虛空」。傳道者嘗試讓聽眾跟著他的思緒，在傳道書的文學世界中，檢視人生的意義。

「虛空」到底是甚麼意思？

「虛空」(*hăḇēl*)到底是甚麼意思？本意上「虛空」指「氣息」，例如：以賽亞書五十七章13節說到「吹一口氣就都吹走」，就是這「一口氣」之意。「虛空」在希伯來聖經全書出現七十三次，單單在傳道書就出現三十八次。學者們提供多種不同的解釋來疏理對「虛空」一字的理解，而我們可歸納為以下六個面向的意思。下列的理解都與「氣息」的本意有關聯。不過，下列沒有一個解釋是每次「虛空」出現的時候都能通用的解釋。而且，「虛空」在傳道書出現的時候，是難以讓讀者確定它的準確意思的，因為它包含了可能超過一個面向的意思。

第一，「虛空」有輕飄飄或飄浮之意，指沒有實質之感。

就如氣息是輕盈的，它傳達的是一種虛浮的概念。傳道者說：「話語多，虛空也增多」(六11)，如果有人言之無物，他的言語可說是「虛空」的，因為其言語沒有分量。在五章7節，傳道者也說：「多夢多言，其中多有虛空」，這傳達一種言語的空洞之意(參伯二十一34)。

第二，「虛空」有「短暫」之意，就如氣息一樣，吹一口氣過後就消失。

就生活體驗而言，「虛空」指向短暫易逝的人生，就如六章12節和七章15節提到的「虛度的日子」。在「短暫」這個層面上，傳道者指出年少和年輕的日子是「虛空」的(十一10)。他也在二章18至19節傳達對短暫事物的「虛空」感嘆——他勞碌所得的，自己並不能夠長久擁有，反而留給他以後的人。此外，傳道者在二章1節提到的喜樂和享受是「虛空」的，也就是短暫的。五章10節說到銀子和財富不能使擁有的人滿足，可見它們也是「虛空」的。另外，箴言二十一章6節也提到，人所求的財物像浮雲一樣短暫。

第三，「虛空」給人一種「徒勞」或「白費心機」之感，傳達「到頭來一場空」的體驗。

人的生命存亡關乎一口氣，不過這口氣的存在卻經常被人忽略。傳道者感嘆虛空的時候，有時就如這種徒然的感覺，例如：他對智慧的看法——既然愚昧人與他遭遇相同，那麼他何必更有智慧？（二15）這傳達一種「毫無意義」（meaningless）的感嘆，也是許多英文翻譯常用的解釋。

第四，「虛空」亦作「諷刺」之解。

在四章16節說到民心易變，人們後來不喜歡治理過他們的領袖，這樣的情形也不斷發生。傳道者說這實在「虛空」——政治的現實很諷刺，有時令人嗤之以鼻，就像用鼻孔吹一口氣那樣，表達苦笑和不屑。

第五，「虛空」也有「無法理解」、「荒謬」或「祕不可知」的意思，就如「氣息」看不見也摸不著，來無影、去無蹤。

傳道者說人不能參透上帝由始至終的作為；他窮盡一生的智慧，卻同樣不能明白上帝的作為，因此他感嘆「虛空」（三11，八14～17）。人在世上勞碌以致得享美物，卻必須面對無可預知的後果，因此是「虛空」的（六2）。

第六，「虛空」也傳達一種「無可掌控」的意義。

當面對死亡，傳道者就傳達這種無力感——人不能逃避面對死亡的結局；所以他說，人並不比走獸強，因為無論是人或走獸都有一死，而這全是「虛空」（三19）。就如人不能掌握氣息，人不能掌控生命的存在與否，只能無助地承認並接受死亡的事實。

2節則濃縮並涵蓋了「虛空」的多方面的意義——如氣息般虛浮、短暫、徒勞、諷刺、荒謬和無法掌控。沒有一個中文詞彙，足以涵蓋希伯來文 *hebel* 這詞的所有理解。因此，目前最好的做法（雖然未必是最理想的做法），是沿用中文所翻譯的「虛空」一詞，而英文則代表性地譯作 vanity。作為傳道書的序，「虛空」的感嘆與重申，為全書注入傳道者的終極關注。傳道者縱觀他所體驗的人生，只能不斷重申「虛空」的結論。

「虛空的虛空」(*hăḇēl hăḇālîm*;一 2)是一種極致形態(superlative form)的表達。希伯來文連續引用單數和複數的重疊詞句,以表達「最」、「至」或者「十分」的意思;所以,「虛空的虛空」直譯是「虛空中的虛空」,顯示極之虛空之意。這種疊詞在希伯來聖經是普遍的文學表達,例如:「聖潔中的聖潔」(*qōḏeš haqqŏḏāšîm*;參出二十六 33;王上八 6;結四十一 4)來表達「至聖所」或者「至聖物」(參民四 4、19)。同樣,「歌中之歌」(*šîr haššîrîm*;歌一 1)意即「最美的歌」,所以稱為雅歌。而「諸王之王」(*meleḵ malḵayyā*;但二 37)是指最有權柄的王,「諸神之神」(*ʾĕlōhê hāʾĕlōhîm*;申十 17;詩一三六 2)和「萬主之主」(*ʾăḏōnê hāʾăḏōnîm*;詩一三六 3)是指最超越的上帝。這裏「虛空的虛空」亦陳明一種極之虛空的感嘆。蕭俊良指出「虛空」的希伯來文的單數附屬形式應該是 *heḇel*,不過這裏卻特殊地出現 *hăḇēl*,反映其被亞蘭化所影響。❸

傳道者在 2 節兩次宣告「極致虛空」,還加上「全是虛空」的覆蓋性口吻。這「虛空的虛空,虛空的虛空,全是虛空」的序,與十二章 8 節的結語「虛空的虛空,全是虛空」是前後呼應的。傳道者在十二章 8 節再次引申「極致虛空」的感嘆,來總結他在全書所論述的人生百態。他先在一章 2 至 11 節掀開「極致虛空」的序言,接著在一章 12 節至十二章 7 節,展開日光之下生活的探索之旅,來一一陳述令他感嘆「全是虛空」的事情。

作為一名智慧人,如果傳道者——深思人生的經驗,也看透世事的變化——對人生的總結是重複兩次說「虛空的虛空」,還加上「全是虛空」的話,那麼,他所看透的世事是甚麼?我們可從接下來的經節,展開這個探索之旅。

2.2.2 序言反問句(一 3)

傳道者的反問句「人一切的勞碌,就是他在日光之下的勞碌,有甚麼益處呢?」讓讀者在走進全書內容之前,思考「人」、「勞碌」、「日光之下」、「益處」這四個議題。

2.2.2.1「人」

傳道者以「一切的勞碌」來概括一個人的「工作」或「作為」所產生的艱辛、掙扎或困苦。這些勞碌都是源自於世人的日常作息。我們在傳道書會經常接觸「人」（*āḏām*）這個字眼，在創世記它是一個名字——亞當，不過在本意上，這是人類（或作「世人」）的統稱。這「世人」（*āḏām*）在傳道書一共出現四十九次，比「上帝」（*ʾĕlōhîm*）多了九次，這反映傳道者關注上帝的同時，也關注人的生活、遭遇、工作，還有他們的勞碌。世人一般上為了獲得生活之需，必須經歷艱辛和困苦的過程，而傳道者為此感到惆悵，質疑這些艱辛和困苦有何益處。

傳道書的「上帝」（*ʾĕlōhîm*）

「世人」（*āḏām*）在傳道書一共出現四十九次，比「上帝」（*ʾĕlōhîm*）多出了九次。即便如此，「上帝」的出現依然是頻密的。從作者論述上帝的經文看，傳道書似乎假設了全人類跟上帝是有關係的：上帝是人類的創造主（十二1）；上帝會審問人所做的一切，包括隱藏的事，不論是好事還是壞事（十二14）。傳道書裏對上帝和人類的統稱，反映普遍啟示的視野，這也解釋了為何傳道書沒有提及與耶威主義（Yahwism）有關的概念——立約、誡命、以色列、出埃及、應許之地等等的歷史回顧，這些都是以色列信仰特殊啟示的關鍵字眼。所以，我們閱讀傳道書的時候，會辨識到一種「另類」的信仰論述風格。例如：傳道書沒有出現「耶和華」，只出現「上帝」，反映了他的信仰對象不是以色列人獨有的。傳道者又以「人」而不是「以色列人」為他的關注對象，表示他期望讀者是跨民族的。傳道者所觀察的是「日光之下」而不是「應許之地」，表示他關注的地域很廣闊。而且，人所做的是「勞碌」而不是「守約」，表示不單是以色列人，甚至任何人都落在虛空之下。

2.2.2.2「勞碌」

傳道者開啟的話題，所談的是世人的「勞碌」，而且用質疑的口吻來問：世人的勞碌有甚麼益處？「勞碌」（*ʿāmāl*）是傳道者經常論述的主題，其動詞與名詞的形式在傳道書內一共出現三十五次。「勞碌」對「工作」或「作為」賦予一種負面的理解——這些「工作」或「作為」是艱辛的、困苦的或成為重擔的。現列出 *ʿāmāl* 在希伯來聖經的意思：

- 「困苦」（*ʿāmāl*）
  - 約瑟忘記了他的「困苦」（*ʿāmāl*；創四十一 51）；
  - 上帝的僕人的「勞苦」（*ʿāmāl*；賽五十三 11）；
- 在以色列民中間不見「禍患」（*ʿāmāl*；民二十三 21）；
- 惡人懷著「邪惡」（*ʿāmāl*；詩七 16；「和修版」譯為「毒害」）。

縱觀這些經文，不難發現當傳道書提及 *ʿāmāl* 時，都賦予強烈負面的意義。例如：二章 18 至 22 節一共十次（按希伯來聖經計算；「和修版」只出現八次）提到「勞碌」，它的動詞反映一個人用盡了身心靈的力量去獲得某些東西；而它的名詞傳達其艱辛、掙扎或困苦的過程。

2.2.2.3「日光之下」

「日光之下」泛指人所居住的世界，是太陽照耀到的所有地方。「日光之下」的表達，在傳道書是特殊的——它一共出現二十九次，但不見於希伯來聖經其他書卷。反而，「日光之下」這片語卻出現於公元前五世紀腓尼基人的古文獻，所指向的，並不在人「居住」的地方，而是指人生活中所接觸的範疇。因此簡單來說，「日光之下」就是日常生活的範疇。「日光之下」與「世人」的統稱，反映傳道書的公共視野。究竟誰活在日光之下？就是經文所說的「人」（*āḏām*）。「人」這個用詞，一直指向全人類（humanity），不是以色列人而已。所以，「日光之下」的片語，表達了一種人類生存的普遍性，簡單來說就是世人的生活範疇。在世人的生活範疇裏，勞碌則是無可避免的事實，它就是生活存亡的一部分。所以這裏說人一切的勞碌，「就是他在日光之下的勞碌」（3 節）。

「日光之下」

「日光之下」所產生的生活反思，是帶有公共向度的生活反思。基於對一章3節的理解，世人所處的生活範疇似乎被賦予一種負面的反思意義，因為傳道者反問：「人一切的勞碌，就是他在日光之下的勞碌，有甚麼益處呢？」不過，縱覽全書之後，我們會發現傳道者並不認為生活就因此毫無意義，他反而認為人在勞碌生活中應該懂得享樂，特別是因勞碌而得的快樂。而且，每每提及享樂，傳道者都提及上帝的賜予：「人最好是吃喝，在自己的勞碌中自得其樂；我看這也是出於上帝的手」（二24～25；另參三12～13，五19～20，八15，九7～8，十一8～10）。這種吃喝快樂的生活哲學，並非成為幫助人逃避失望的麻醉藥，而是強調有一位上帝是認可吃喝快樂的生活倫理。當然，這種吃喝快樂態度，也並非沒有困難和挑戰：它是短暫的，而且必須透過勞碌才有意義，更存有死亡的隨時性（三2，五15～16，六6，七2，九5～6），使人不免感嘆生活「虛空」——短暫、不能掌控之意。

2.2.2.4「益處」

「益處」（*yiṯrôn*）是傳道書的鑰字之一，在3節則是關鍵字。「益處」有「成果」、「功效」的意思。作為一種經濟術語，「益處」意即「淨賺」。用生活慣用語來說，「益處」就是「著數」。在這個基礎上，「益處」傳達人努力所達致的真正利益，或一項事務的根本好處。「益處」於傳道書一共出現十次，其中五次為正面之解，肯定「益處」是有價值的或者有好處的（二13〔x2〕，五9，七12，十10）。**二章13節**的希伯來文提到智慧的「益處」與光明的「益處」，前者勝過愚昧，後者勝於黑暗。換句話說，智慧與光明的價值是備受肯定的，它們的存在是有價值的。五章9節說明土地能夠給眾人帶來「益處」，這包括它使君王得到供應。七章12節肯定知識的「益處」，因為它成為智慧人的保障。而十章10節再次提及智慧，智慧的「益處」是能使人成功的。

二章13節「智慧勝過愚昧，如同光明勝過黑暗」中的「勝過」（yiṯrôn）在希伯來文與「益處」相同。

另五次傳道書中出現的「益處」，則帶有負面意義。其中三次是用反問句：「有甚麼益處呢？」（一3，三9，五16）以此間接否定一些事情的益處；有兩次則直接否定一些事情有「益處」的存在，這包括傳道者回顧他所經營的一切，和他勞碌所做的工（二 11），以及行法術之人的法術派不上用場（十 11）——它們「毫無益處！」

傳道書之內一共三次出現「有甚麼益處呢？」的修辭式提問（一 3，三 9，五 16）。修辭問題意指說話或書寫時刻意採用詢問的語氣，來陳明一個重點。修辭式提問基本上不是發問，而是透過反問，引導讀者確認一個定見。所以，「有甚麼益處呢？」其實是在陳明「沒有益處」。「沒有益處」是用以形容勞碌，原來人所勞碌的其實未必有好處。而這是 3 節的精義所在 ——傳道者質疑世人所做的一切，是否存有真正的價值。換句話說，這一節是傳道書的論題。傳道者感嘆世人在他們的勞碌當中沒有益處。

2.2.3 自然界的論述（一 4 ～ 7）

4 節以「一代……一代……」開首，傳道者依然述說著人的勞碌。不過，這一節是傳道者從人的勞碌轉移到自然界的勞碌之轉捩點。5 至 7 節整體上論述著自然界的運作，每一節皆表達「去」和「來」、「往」與「回」的平行概念。

2.2.3.1 開首句（一 4）

乍看之下，開首的「一代過去，一代又來」與「永遠長存」並列，似乎正面、積極地傳達代代相傳的意念。不過很快的，傳道者就以「卻」（4 節）的連接詞來說出他的重點 ——「地卻永遠長存」! 傳道者所強調的，原來不是代代相傳的正面教導，而是其對現實持續不變、毫無改進所發出的不滿的感嘆；這緊接著上一節說到世人勞碌但沒有益處的思路。在猶太人的概念，「一代」指四十年；四十年過去，四十年又來。上一個時代的人已經成為過去，目前這個時代將來也會過去，不過他們棲身的大地依然存在。以後，新的時代出現，這地依然存在。

電影拍攝手法之一的快速鏡頭，是把人來人往的人潮向前快轉投射，我們看見人潮和車流如影子般迅速的出現與消失，惟有鏡頭裏的街道、街燈或主角保持不動。從街道、街燈和主角的角度來看，他們是不變的，而他們的四周卻是一直在竄動和變化。「眾人皆忙我獨靜」——這給觀眾留下一種唏噓不已的感覺。看到這情景，3 節的反問句「有甚麼益處呢？」彷彿又在耳邊響起。

2.2.3.2 自然界的運作（一 5 ～ 7）

5 至 7 節的描繪也著實是這樣，每天太陽上升和西下，第二天它還是回到原點，而且是「急歸」——也就是急速地返回，給人一種匆忙倉促的感覺。風的吹轉亦是一樣，南轅北轍的風勢，最終還是繞回原路兜圈子。南風是從乾旱的南地刮來，是乾燥之風；北風則從地中海吹來，是帶雨水的涼風。蕭俊良指出，以色列的風勢按不同的季節與氣候，可能來自東南西北四面，不過這裏只提到南和北的風勢，可能為了配合剛剛說過的日出日落，也就是東和西的方向。❹ 至於江河，有不停流動的河水一直往海裏流去，海水蒸發後仍然回到江河的起點。因此，江河的意涵有「回到原點」之概念，承接太陽和風勢回到原點的思路。從世人在日光之下的勞碌說起，太陽、風和江河也是一樣勞碌，不過它們卻回到原點。

整體上來說，太陽、風與江河似乎日復一日迴繞不息，每一日看著它們轉變不休，但是長遠看來卻只是周而復始、保持現狀。太陽依然日出日落，風依然南刮北轉，江河依然重歸入海。它們基本上保持不變，就好像地與海；因為地永遠長存，海也永遠不滿。3 節的「有甚麼益處呢？」又在讀者的心裏幽幽作響。李熾昌解說，世代的更替遞迭沒有留下甚麼永恆不朽的改變，這說明大自然單調迴繞，卻一無所得。❺ 我們嘗試融入傳道者的描繪中，揣摩他的思緒。傳道者似乎在問：太陽、風和江河的迴繞規律，到底有甚麼目的？自然界的規律是否可以改變的？自然界生生不息的運作規律，豈是徒然？若不是徒然，4 節說到地永遠長存，這「永遠」豈不成為一個諷刺？！

2.2.4 萬事的論述（一 8 ～ 11）

8 至 11 節是以平行結構 ABA'B' 的形式表達：

A　眼見和耳聽的萬事：沒有盡頭（8 節）

B　已有的事，後必再有：沒有新事（9 節）

A' 口裏所説的一件事：早已有了（10 節）

B' 已過的事，將來的事：人不記念（11 節）

dāḇār 這名詞的原文有「話語」、「事情」、「工作」的意思。

「萬事」（*kol-haddəḇārîm*）中的「事」，原文字根是 *dāḇār*，而 *kol-haddəḇārîm* 可作「所有事務」或者「一切話語」之解。承接 4 至 7 節那「回到原點」的乏味和單調，傳道者概括性地指出「萬事令人厭倦」。傳道者從不斷迴繞的自然界説到一切事務——也就是自然界以外的事務，這些事務也使人感覺徒勞和困乏。「厭倦」（*yəḡēʿîm*）亦見於申命記二十五章 18 節和撒母耳記下十七章 2 節，意指肉身上的疲乏困倦，因此這裏也有身體疲乏之意。所以，「萬事」並非如 4 至 7 節所指的自然界，因為自然界的變化不會使人身體疲乏。「萬事」應該是指與人有關的事務，尤其是周而復始、令人疲累的事務。這些事務一再發生、沒有止息，以致不能一一盡數，所以説：「人不能説盡」（*lōʾ-yûḵal ʾîš ləḏabbēr*；可直譯為「人不能夠説」），其意思是即使要説，也説不完。作者又説，眼睛看過還會再看見，耳朵聽過還會再聽見，似乎人怎樣做，都不能使他飽足！

不過，「萬事令人厭倦」也可理解為「一切話語令人厭倦」，承接下文也直截了當指「人不能説盡」；也就是説，所有的言辭都不能道出這種厭倦的感覺。何況，當傳道書的其他經文出現 *dĕḇārîm* 的時候，多處是指「話語」（參一 1，五 2〔希伯來聖經是五章 1 節〕、6，六 11，七 21，九 17，十二 10 等）。簡言之，8 節可以理解為「所有事務令人厭倦」或者「一切話語令人厭倦」。

8 節「眼看，看不飽；耳聽，聽不足」（有關「看」的意思，可參考專欄「『看』到底是甚麼意思？」，頁 57）顯示，就如長存的大地、不滿的海水一樣，一切事物有來有去，卻也令人看不飽、聽不足。我們可更進一步地説，8 至 11 節的思路是與 4 至 7 節的思路相連的。首先，「日光之下」的詞組再次出現；再者，8 至 11 節重新提到「世代」（10 節），呼應 4 節的「一代過去，一代又來」。最後，8 至 11 節依然含有重複的概念，就是：已經發生的事，將來還會發生（9、11 節）。不過，兩段經文不同之處在於 4 至 7 節描述自然界，而 8 至 11

節則描述人類的歷史。

9 節「**已有的事**」(*ššehāyāh*)在希伯來聖經出現八次，在傳道書共出現六次（一 9，二 9，三 15，六 10，七 24，十二 9），另外兩次在詩篇出現（詩一二四 1、2）。「後必再有」(*šeyyihyeh*)在希伯來聖經出現五次，全都在傳道書裏（一 9，二 18，三 22，八 7，十 14）。這反映晚期希伯來文（Late Biblical Hebrew）語法使用的現象；可以說，「已有的事」與「後必再有」的說法，是傳道書的常用語，特別是在這一段經文裏。這兩個詞道出了傳道者那種厭煩的心情。第一節提到傳道者的身分是一位君王，那麼，一位君王已經看盡一個朝代過去、新一個朝代又來的迴繞。權力、地位、財富屬於當時的掌權者，掌權者因此可以為所欲為，改變政策，或者出兵遠征。一直到他的時代過去，新的掌權者崛起的時候，新的掌權者同樣可以為所欲為，改變之前的政策，或者又出兵遠征。等到年老的時候，這位君王已經看過幾次的政治風雲與權力鬥爭。已有的事，的確後必再有！我們聽到傳道者唏噓和厭煩的感嘆。

「已有的事」(ššehāyāh)與「後必再有」(šeyyihyeh)的原文都是由一個連接詞(š)及一個動詞(hāyāh)組成，前者是 qal-完成式陽性第三身單數動詞，後者是 qal-未完成式陽性第三身單數動詞。

「並無新事」

「並無新事」似乎否定了以賽亞書四十三章 19 節，先知的宣告：「看哪，我要行一件新事」的概念。其實傳道者的宣告與以賽亞先知的宣告互不衝突。在以賽亞書的經文處境裏，先知是在被擄巴比倫之生活場景下，宣告上帝要帶領祂的子民回歸家鄉。這是當時十分具體又令人興奮的消息，因此說上帝要成就一件新事。

在傳道書的語境裏，傳道者要表達的是「日光之下」迴繞不息之生活場景。在這重重複複的日子裏，事實上並無新事，因為這些事以前發生過，現在正在發生，以後也會發生。兩者的觀點與角度不同，以賽亞書聚焦在回歸事件上，而傳道書則放眼視界於歷史事件的重演。所以，以傳道者的觀點來理解的話，被擄與回歸的事件表達的是：悖逆與拯救、或沉淪與救贖是歷史迴繞之重演。

10節說到任何一件事若被看為新的，其實「在我們以前的世代早已有了」；所以，呼應9節剛剛說過的，沒有一件事能夠說是真的新事。「和修版」的翻譯，把傳道者的否定語氣表達得很傳神，他說：「有一件事人指著說：『看，這是新的！』它在我們以前的世代早已有了。」學者指出，「早已」（*kəḇār*）這個奇特的字眼，在希伯來聖經只見於傳道書（一10，二12、16，三15，四2，六10，九6、7）。流傳於猶太羣體的一種經外文獻「米示拿」（Mishnah），也經常使用這個字眼來表達「已經」的意思。這反映傳道書受到亞蘭文的影響，依此顯示傳道書是出自晚期希伯來文之作品。

「已過的事，無人記念；將來的事，後來的人也不記念。」（11節）這一節呼應9節的語氣與思路，不過9節強調事物重複發生，而11節強調事物不被記念。「無人記念」和「人也不記念」算是重複用語，強調人不記念所發生的事。歷史的功效只局限於其所在的時代；當時代成為過去，就不再那麼顯赫。後人可能不會完全忘記，但是那件事情——無論當時多麼震撼、多麼重要，也已經成為過去。它的影響力會慢慢地在人的記憶裏淡化。這「來與去」的概念，依然是貫穿4至11節的思路。

傳道書一開首就把世人的作息，跟自然界作比較，以將一種迴繞不息的描繪凸顯出來（2～11節），且生動並感觸地描述宇宙之下蒼生的活動。正因芸芸眾生日日作息似乎不斷重複，傳道者一再感嘆沒有新事！

信仰反省

我們都曾有欣賞風景的體驗。在清靜休閒的傍晚，坐在海邊的沙灘或路邊的長椅上，靜觀逐漸浮現又迅速消逝的晚霞。那種「夕陽無限好，只是近黃昏」之感，讓我們期待下一次欣賞黃昏的體驗。我們知道這美麗的一刻每一天都會發生，但也很快就失去，只遺留下這欣賞此情此景的過路人。猶如傳道者在一章4至7節的觀察與感嘆，我們發現每一天似乎都在變動，但也是每一天保持不變。這樣的生活反思，會令人多有感觸：「我們的生活作息會有甚麼意義呢？」這樣的生活反思，也會使人衍生一種釋然：庸庸碌碌地工作的人，會發現自己即使不存在，大地照樣自然運作，自然界依然迴繞不息；因此何必執著，又何苦將自己抓得太緊？

溫習及思考問題

1. 傳道書對感嘆虛空之描述，最能引起你產生共鳴的是哪一節？
2. 為甚麼一章2節重複了五次「虛空」？重複為了達致甚麼目的？你對「虛空」那六個面向的意思有何領會？你個人如何看這「虛空」？
3. 傳道書全書的論題是在哪一節？那一節的核心思想是甚麼？這與你的人生有何關連？
4. 傳道者所提出的「益處」之思考，反映他關注「勞碌」的意義。你是否同意傳道者所說，人在日光之下的「勞碌」是沒有益處的？
5. 世人的「勞碌」，有日出工作、日落休息的每日迴繞。這是否亦是傳道者所感嘆虛空的？
6. 傳道者說：「萬事令人厭倦，人不能說盡。眼看，看不飽；耳聽，聽不足。」所謂「說盡」是甚麼意思？在現實生活中會否有「看飽」的日子？
7. 你如何看「日光之下並無新事」？若是如此，你怎樣面對驚喜？你認為傳道者所感慨的是甚麼？

短註

❶ 有關李熾昌對「瑣斐列」的譯法，可參李熾昌、周聯華：《傳道書、雅歌》，中文聖經註釋第十七卷（香港：基督教文藝出版社，1990），頁31。

❷ 李熾昌等：《傳道書、雅歌》，頁31。

❸ 有關亞蘭化文字的探討，可參 Choon-Leong Seow, *Ecclesiastes*, AB (New York: Doubleday, 1997), 101。

❹ Seow, *Ecclesiastes*, 108.

❺ 李熾昌等：《傳道書、雅歌》，頁34。

第三章

傳道者活在變數中的個人體驗（一 12～二 26）

- 體驗智慧
- 體驗物慾
- 體驗愚昧
- 體驗勞碌

傳道書一章12節至二章26節是傳道者陳述自己活在變數中的四種個人體驗。他體驗智慧，也尋得知識，因此揣摩出一些人生道理（一12～18）；此外，他不禁止自己嘗試自己所喜歡的物慾享受（二1～11），他可說是活在富裕與昌盛中。傳道者接著也比較智慧與愚昧之間的生活差距，覺得智慧比愚昧略勝一籌（二12～17）。還有，傳道者也體驗日光之下的勞碌，而且是用智慧所經營的勞碌（二18～26）。這四段都以「虛空」或「捕風」作結語（一17〔只提到「捕風」〕，二11、17、26）。只不過，以上每一項的個人體驗，都沒有讓傳道者得以稱心如意，卻一再地使他質疑其價值，並再次感嘆虛空。

3.1 體驗智慧（一12～18）

傳道者在這段落中重申自己的身分（12節），然後很概括地陳述他的體驗（13～18節）。

分段大綱（一12～18）

一、傳道者重新介紹自己（一12）

二、傳道者體驗的方式（一13～14）

1. 專心……（一13）
2. 我見……（一14）

三、傳道者的體驗（一15～18）

1. 人無法操縱世事（一15）
2. 知識令人愁煩（一16～18）

3.1.1 傳道者重新介紹自己（一12）

與傳道書一章1至2節不同，這裏的「傳道者」之前有「我」字（*ʾănî*；參12節）。這裏使用第一人稱，為傳道者的個人體驗提供了可靠性。傳道者感嘆了自然界（一4～7）與世人範疇（一8～11）所呈現的勞碌作息，接著在這裏就聚焦在自己的身上。他從自己的經驗談起，陳述自己勞碌不息，但也同時在語氣表達上質疑「有甚麼益處」的概念。這裏再出現「耶路撒冷」與「以色列的王」（12節），引導讀者回想1節，亦呼應傳道書一章1節說過的傳道者是「在耶路撒冷作王」的那一位，表示說話者依然是同一位。

「我……作過」（*hāyîṯî*；12節）是完成式動詞，傳達自己過去已有的經歷；因此這是一種回顧。藉著這「作過」的事，傳道者回顧已經做過，也達到目的的人生體驗。在智慧傳統上，這種人生體驗帶有一種權威。智者們的人生洞悉，能提供以色列信仰羣體一種生活指引。智者們的訓誨因此正塑造以色列羣體的生活方式。更何況，傳道者引述的是自己在耶路撒冷「作過」以色列的王。借助君王身分的關係，傳道者在自己的教導權柄上奠定了一定的分量與權威。

3.1.2 傳道者體驗的方式（一13～14）

13節的「專心」（*wənāṯattî ʾeṯ-libbî*）及14節的「見」（*rāʾîṯî*）與12節的「作過」同是完成式動詞。「專心」與「見」承接著「作過」，表明傳道者有作王者身分的經歷，而同時他亦曾經經驗過一些人生的經歷。「專心」與「見」也道出了傳道者的兩個行動，表達了他體驗世事的方式。

3.1.2.1 專心……（一13）

「專心」（*wənāṯattî ʾeṯ-libbî*；13節）的原文是一短句，它可直譯為「我給我的心〔去做某些事〕」，其中的「給……」也是「專心」這短句中的完成式動詞，它亦出現於傳道書其他地方共三次（一17，八9、16；參3.1.3.2「知識令人愁煩（一16～18）」，頁52），都是指「專心」，而七章21節「人所說的話，你不要都放在心上」中的「你不要都放在心上」，直譯是「你不要給你的心」。在13節，「專心」是完成式動詞，而「探尋」、「考察」是不定詞（infinitive），因此，「專心」這短句是主句。傳道者以「專心」去探尋和考察，反映是認真與執著，驅使他去追尋與理解。

「智慧」是傳道書一章12至18節的關鍵字眼，是傳道者探尋、考察天下之事的工具。具體來說，「智慧」是如何定義呢？在傳道書中，以 *ḥḵm* 這字根出現的詞彙，共五十三次；分別作為形容詞「有智慧」或「聰明」（*ḥāḵām*），以及名詞「智慧」（*ḥoḵmāʰ*；參一16）。它所表達的意思很廣泛，可以包括：

- 主要表達一個人在工藝上和技術上的「技巧」和「專長」（參出二十八3，三十五25；王上七14；代上二十二15，二十八21；賽三3；耶九17～18）。因此，工匠（出三十一3～6）、紡線的婦人（出三十五25）、製造聖所器皿的工人（出三十六1～2）、金匠（耶十9）、舵手（結二十七8）、偶像製造者（賽四十20）等，都因他們有技巧和手藝，他們的論述都與「有智慧」相提並論。
- 希伯來文「智慧」也傳達一個人的行政能力（參創四十一33、39～40；但一20）。❶ 約瑟和但以理被稱為有「智慧」，是指與治理有關的行政能力。他們辦事有方，因此被委任高職。

概括而言，「智慧」是指擁有某種技巧或專長，這可能跟維持生計有關係。甚至，蟲類和動物因為有生存的直覺，也被稱為「聰明」（箴三十24）。「智慧」也涉及跟宗教事務有關聯的人，他們有時被賦予負面評價（參申四6；耶四22，八8～9；詩一〇七43）。同樣，跟王室有關的政治謀略和謀士（賽十九11～12，二十九14）、官長（撒下十五12），以及君王（王上十6；箴二十26；賽十13）所做的事務，正面來說都帶有「有智慧」的描述。一個人因不良意圖而行使某些計劃，本義上也與「智慧」有關聯。所以，撒母耳記下十三章3至5節對暗嫩的朋友約拿達的描述——建議暗嫩強暴所暗戀的妹子——在希伯來文亦是「智慧」（「和修版」譯作「狡猾」）。而傳道者是以「智慧」作工具，去「探尋」、去「考察」。

「探尋」（*dāraš*）在傳道書只出現一次，就是在這裏；「考察」（*tûr*），除了13節之外，在傳道書還出現兩次（二3，七25）。在二章3節，「和修版」譯作「探究」（二3）。民數記十三章2節説到探子窺探迦南，而士師記一章23節説到約瑟家窺探伯特利，也引用同樣的字眼；因此 *tûr* 這個詞也作「窺探」之解。綜合這些字眼的意思，「探尋」和「考察」是仔細偵察的一種説法。我們可以理解傳道者專心要做的，是為了搞清楚、弄明白某些東西。傳道者要搞清楚和弄明白的，是「天下所發生的一切事」。

「天下」（*taḥaṯ haššāmāyim*）這詞的原文是由一個介詞「在……之下」（*taḥaṯ*）與一個名詞「天」（*haššāmāyim*）組成，與「日光之下」的意義有些相似，表達世人生活的範疇。

「上帝」（*ʾĕlōhîm*）這字眼在傳道書第一次出現是在13節。這個字眼在傳道書一共出現四十次。❷「上帝」第一次在傳道書出現的語境，卻是處於醞釀濃厚的負面感嘆之中——就是在傳道者感嘆世人有沉重擔子與勞苦不堪的時候。傳道者指出：給世人這沉重的擔子的是「上帝」，是祂使世人在其中勞苦。對一位相信上帝的敬虔人士來説，傳道者對上帝的介紹實在令人不可思議，因為在信徒的眼中，上帝是厚賜美物且帶來盼望的。不過，若熟悉智慧文學的讀者或許已經曉得，傳道者所傳達的是一種反思性的智慧（reflective wisdom）。反思性的智慧是一種描述性的表達，間接地傳達智慧思想，而且經常以質疑作為主軸。這有別於箴言式的規範性的智慧（prescriptive wisdom）——以命令或禁令，直接地傳達一種正確選擇生活的智慧思想。而規範性的智慧通常以訓誨或勸勉為主軸。

作者又提到「擔子」（*ʿinyan*），這是傳道書獨有的名詞，共出現八次（「和修版」譯作「擔子」：一13，三10，四8；「和修版」譯作「勞苦」：二23、26；「和修版」譯作「事務」：五3〔希伯來聖經是五章2節〕；「和修版」譯作「經營」：五14〔希伯來聖經是五章13節〕；「和修版」譯作「發生的事」：八16）。這詞一般指向「勞苦」或「艱辛」的任務。13節加強這種勞苦或艱辛的程度，作「**沉重的擔子**」（*ʿinyan rāʿ*）。不但如此，「沉重的擔子」之前還加上「何等」（*hûʾ*）這助語詞。傳道者專心考察之後，他發現了一件事，就是：世人所做的，實在是艱辛與勞苦的任務。不過，使世人背負這種艱辛和勞苦的，卻是上帝！

「沉重」（rāʿ）原文的意思是「邪惡」；「擔子」（ʿinyan）原文的意思是「任務／經商」。

信仰反省：勞碌命？！

傳道者用他的智慧去探究世事，他觀察到世人有「沉重的擔子」，這令筆者反思良久。出賣勞力的工人是艱辛的一羣，他們汗流浹背只求生活。專業人士亦是工作辛勞的一族，多少白領階級的人必須帶著疲累的身軀回家？教會裏的帶職事奉者，工作之外也忠心地兼顧事奉；他們在星期天也是忙碌耕耘的。神職人員也是勞心勞力的一羣；雖說有禱告就有力量，但總是因事奉的要求而疲於奔命。總而言之，概括以上所述者的工作性質，勞工、專業人士和神職人員其實都在各自的工作領域中付出勞苦。他們認真工作、委身也盡力；當然他們也會面對艱辛。「他們在其中勞苦！」世人都嘗試把自己的工作做好，這是工作一族的自然現象。一般人不會想偷懶、不會假手於人。我們假設一般人也不精於取巧而是忠誠的幹活——大家不都背負著「沉重的擔子」？其實，筆者認為傳道者觀察很尖銳，也說得很有道理。因為，未到功成退休的那一日，我們每一個都會努力地、辛苦地工作，因此我們都背負著沉重的擔子。

3.1.2.2 我見……（一 14）

「見」（*rāʾāh*）在傳道書共出現四十七次，比「專心」還要多，反映了傳道者的體驗是基於他所「見」的，表示他是從他所見的去思考人生。傳道者指出他眼見的事，是「日光之下」的事，這一切的事都是「虛空」、「捕風」的。他所指「日光之下」，就是人所居住的世界，是太陽照耀到的所有地方（參 2.2.2.3「『日光之下』」，頁 36）。

rĕʿûṯ 及 raʿyôn 都有「追逐、渴想」的意思。

繼「虛空」之後，14 節出現「捕風」這詞彙。傳道者用「捕風」來加強虛空的主題論述。「捕風」（***rĕʿûṯ rûaḥ***）也是傳道書獨特的片語，在全書一共出現七次（一 14，二 11、17、26，四 4、6，六 9），意在描述猶如追逐影子那種徒勞無功的情景。「捕風」也以 *raʿyôn rûaḥ* 的片語出現於其他地方（一 17，四 16），傳達類似的概念。這裏「捕風」似乎成為「虛空」的疊詞，加增了「虛空」語義中一種白費心機之感。「我見日光之下所發生的一切事」重複了傳道者在 13 節說關於他「探尋、考察天下所發生的一切事」。按照 13 節所說，傳道者的探尋和考察是需要智慧的。這裏傳道者的「見」，反映上一節他探尋與考察的嘗試所達致的成果。因此，他這裏有「看哪」的感嘆語。

3.1.3 傳道者的體驗（一 15～18）

3.1.3.1 人無法操縱世事（一 15）

15 節「彎曲的，不能變直；缺乏的，不計其數」是一句智慧格言，反映當時所流行的名言。它看起來干擾了上文下理，實質是為了加強世事是虛空與捕風之說法。傳道者引述這句智慧格言為 12 至 14 節作個小結。「彎曲」（*ʿāwaṯ*）這動詞以不同形式在希伯來聖經共出現十一次，它在不同經卷裏帶有不同的意思，總共有七個：

- 指「彎曲」（傳一 15，七 13；參詩一四六 9）；
- 指「屈身」或「彎腰」（傳十二 3）；
- 指「扶助」（賽五十 4）；
- 指「偏離」公平（參伯八 3，三十四 12；「和修版」在十九章 6 節譯作「傾覆」）；
- 指「誣衊」（參詩一一九 78）；
- 指「顛倒」（哀三 36）；
- 指「歪曲」的量秤（摩八 5；「和修版」譯作「詭詐的天平」）。

15 節的「彎曲」（*məʿuwwāṯ*）是一個被動式分詞，表示「已被扭曲的事」。傳道者沒有直言上帝導致事物成為「彎曲」，但卻斷言彎曲的是不能「變直」。如果傳道者不是影射這「彎曲」之事是出於上帝（參七 13；另參詩一四六 9），那麼他就是描述「事情的發生已經無法改變」的如實看法。

至於「缺乏的，不計其數」，在句法上與「彎曲的，不能變直」形成平行句。在希伯來聖經裏，「缺乏」（*ḥesrôn*）只出現於傳道書，而且只出現一次，它的意思是「不足的」或「缺乏的」。這麼一來，「缺乏」與「益處」幾乎就成了反義詞。「不計其數」（*lōʾ-yûḵal ləhimmānôṯ*）直譯是「不能被算出來」；它的意思並非多得不可數，而是少得不足以計算。「計其數」（*lĕhimmānôṯ*；即「被算出來」）的字根，在但以理書是「指派」之意——君王指定但以理的飲食分量（但一5、10），以及指派太監長管理但以理和三個朋友（但一11），也就是說，「缺乏的，不計其數」亦可翻譯為「缺乏的，不足以指派」；意思是湊不足數目來做有意思、有目的的管理。

整句「彎曲的，不能變直；缺乏的，不計其數」因此要表達的大意是感嘆萬事的「不能」及「不足」，因為人不能改變事實。它的含義是：世上的事與人生景況既然已經發生了，人就無法操縱世事，只能順應其道去應付。

3.1.3.2 知識令人愁煩（一16～18）

傳道者在16節第一次表達說「我心裏說」，另有其他地方亦有與「我心裏說」相關的字眼，如二章1、3、15節和三章17至18節。這反映傳道者不斷思想的舉動，彷彿一個人跟自己的心在對話。傳道者又說「看哪」，這是另一句感嘆語（參14節），是刻意引人注意的助語詞。傳道者希望聽眾跟著他心所想的，一起來思考他所關注的課題。

傳道者甚關注人「心」的層面

16節「心」（*lēḇ*）的語義範圍很廣。就內在心靈層面而言，「心」可以是一個人的內心世界，有別於外在、看得見的表情或情緒。在思想意識層面，「心」可作「意志」或「決意」之解，而這也牽涉了「目的」與「良知」的範圍。在情感世界層面，「心」更涵蓋一個人正負兩面的情感流露，包括喜悅與絕望。「心」（*lēḇ*）這個字眼在傳道書共出現四十一次。傳道者常說他「專心」去探索（一13、17，七25，八9、16），換句話說他乃是全心投入——也就是把他的心都放在探索意義的事上。傳道者表達他心感喜悅和開心的事（二10），也說過他的心絕望（二20）。傳道者自己也多次表達「我心裏說」（一16，二1、3、15，三17～18），似乎傳道者多次與自己的心交談。這反映他因為一心探究而反覆思想的一種執著。

在這裏，傳道者心裏所揣摩的與「智慧」有關，因傳道者說自己大有智慧。傳道者也在16節第二次提到「心」:「我的心也多經歷智慧和知識的事」。除了「智慧」,傳道者也嘗試累積「知識」。話說回來,「和修版」翻譯「我大有智慧」是精準的,也修正了「和合本」的「我得了大智慧」;因為在原文裏,「大」(*hiḡdaltî*)和「有」(*wəhôsap̄tî*)都是使役主動字幹的動詞(*Hiphil* 動詞)而非形容詞(adjective)。傳道者說「我勝過……所有統治過耶路撒冷的人」。他這樣說未必暗示自己是所羅門。須留意傳道者其實是將自己的「智慧」與「統治過耶路撒冷的人」的智慧作比較,並指出他的智慧勝過所有耶路撒冷的先王(其中包括所羅門)。他這樣比較,是暗示他有王者般的風範,而他的智慧甚至勝過所有王,包括所羅門。這是智慧學派所盛行的一種撰寫王室自傳(royal autobiography)的文學手法,也是傳道書一至二章所反映的文學手法。傳道者刻意暗借所羅門的身分,因為所羅門是智慧學派的代表人物。

簡述學者對「智慧」的解釋

「智慧」的本質是「掌舵的藝術」(the art of steering),一種「應付的能力」(the ability to cope)。❸ 不過,智慧所展現的形式卻多種多樣。馮・拉德(Gerhard von Rad)建議一個廣泛的定義,他說「智慧」是關乎人的理解能力,這理解能力可以調整或決定人的行為。❹ 克蘭紹(James Crenshaw)則認為,「智慧」是一種尋找如何求存於世和掌控生活的探索,而經過這種探索所得的知識,可以世代流傳下去。❺ 克蘭紹的見解指出,一種共有的生活態度與目的,可以透過智慧文學的文體類型反映出來。因此,我們可以總結說,就廣義而言「智慧」是指一種生活的藝術。它是引導人明白生存意義的知識,同時也是引導人如何活出這個意義的指向。這種知識透過智慧文學的彙集,於不同時代流傳。

17節再次出現「專心」(*wāʾettənāʰ libbî*;這詞若與13節「專心」的原文 *wənāṯattî ʾeṯ-libbî* 相比,13節多了一個賓語指涉詞 *ʾeṯ-*,這整個詞的意思與17節相同)。傳道者多次以「專心」自述:「我……專心探尋、考察天下所發生的一切事」(13節)、「我……**一心要知道**,要考察,

七章25節:「一心要知道」(sabbôṯî ʾănî wəlibbî lāḏaʿaṯ)原文的意思是「我的心轉來轉去……」。

要尋求智慧和萬事的來由」(七 25)、「我專心考察日光之下所發生的一切事」(八 9)、「我專心想要明白智慧」(八 16)。「專心」的原文可直譯為「我給我的心〔去做某些事〕」(參 3.1.2.1「專心……〔一 13〕」，頁 47)，其意思是全心投入，反映了傳道者把他的心都豁出去，專注於探索具意義的事，傳道者想要明白智慧。此外，傳道者也說他「想要明白狂妄與愚昧」，其實這也是明白智慧的方法，只是傳道者用反面的方式表達之。換句話說，傳道者想藉著探明智慧的反面——「狂妄與愚昧」，借此獲得更多的智慧。「狂妄」(*hôlēlôṯ*；17 節，二 12，七 25，九 3，十 13)在希伯來聖經共出現五次(英文翻譯為 madness)，而十章 13 節是以單數(*hôlēlûṯ*)形式出現，這種表達形式未見於希伯來聖經其他書卷。「愚昧」(*śiḵlûṯ*；17 節，二 3、12、13，七 25，十 1、13)在希伯來聖經共出現七次。這裏的首字母卻是 *sin* (*ś*)，與其他六次所使用 *samek* (*s*)的 *siḵlûṯ* 不同，但是兩者意思卻一樣，意指愚蠢與無知。「狂妄」與「愚昧」在希伯來聖經只出現於傳道書。在這裏，傳道者兩次說想要明白智慧，「方知」這些努力純屬捕風捉影，傳道者自嘆白費心機了。

在 18 節，「智慧」與「愁煩」、「知識」與「憂傷」出乎意料地形成正比：多有智慧、多有愁煩；增加知識、增加憂傷！智慧的價值與好處，本來在智者眼中是美好的，例如：智者宣告敬畏耶和華是智慧的開端(箴一 7，九 10)，在箴言中的智者似乎對知識有正面的體會；然而，在傳道書，傳道者的看法卻不然。他一方面肯定智慧的好處，例如：

- 他說智慧勝過愚昧(二 13)；
- 智慧能保全人的生命(七 12)；
- 智慧使人比十個官長更有能力(七 19)；
- 智慧勝過勇力(九 16)；
- 智慧勝過打仗的兵器(九 18)；
- 還有智慧的益處在於使人成功(十 10)。

但是另一方面，傳道者也質疑智慧的價值。例如：

- 傳道者也以負面的態度評論智慧——智慧愈多、愁煩也多。再者，知識愈多、憂傷也增加（一17）；

- 傳道者質疑自己何必比愚昧人更有智慧（二15）；
- 他也認為智慧人和愚昧人一樣，日後都會被人遺忘（二16）；
- 傳道者為他的後人將掌管自己用智慧勞碌所得的而感到虛空（二19）；
- 他甚至反問：「智慧人比愚昧人有甚麼益處呢？」（六8）。

我們看到的，是傳道者所體驗到的智慧（一12～18），但他探求智慧所得的結論，居然是捕風（一17）、愁煩與憂傷（一18）！

智慧是否使人通曉事務、以致安心？知識是否使人活得更好、應付萬事？傳道者在12至18節所探尋的智慧，並非指生活技巧的智慧，而是嘗試看透天下事的智慧。根據前文的專欄提到學者所下的定義，馮．拉德認為智慧是一個人調整行為的理解能力，而克蘭紹認為智慧是一種求存於世和掌控生活的探索，所以智慧理當使人提高理解能力及生存的適應能力。不過，理解的事情多一些，並不代表一個人就變得快樂。比如說，少年人可能因考試成績優越而感到快樂，年輕人可能因為戀愛而振奮與雀躍；只是過來人或家長們都曉得，他們接下來所要面對的是考驗、打擊或挑戰。正因過去的經驗，年長的人較為熟練，也較能看透事情。但是這個經驗所累積的智慧，也使人增加思考的範圍去預備未來，因而帶來隱憂。至於知識方面，我們活在知識爆炸的時代，曉得知識帶來許多便利；不過知識也增加了許多生活瑣碎的關注——我們若出遠門，為了跟緊最新的資訊，我們會帶平板電腦或智慧手機之類的數碼工具，還要順道帶著充電器、充電寶和記憶筆等配件。上一個年代的生活，對比之下可簡單多了。又或者，一個人可能去健康檢驗，結果知道自己患上頑疾；尋求醫藥對策之後，必須面對幾個可行的治療方案來進行治療。如此看來，知識為生活帶來憂傷；因此，不知道反而是一種幸福。傳道者思忖智慧與知識的增多，帶來更多的愁煩與憂傷。這並非沒有道理。

3.2 體驗物慾（二1～11）

在1至11節，傳道者陳述自身活在變數之中的其中一項個人體驗：物質享受方面的體驗。尤其是1至10節的段落，以智慧為前提之下，傳道者描述其盡情享受人生。他嘗試從喜樂中得享受，也嘗試從美酒中得舒暢。他建造能夠令他稱心滿意的優質豪宅，累積了令人羨慕的產業、奴僕，與財富，生活也不失豪華、娛樂與氣派。總之，他沒有刻意克制自己不去得到他所喜愛的人生享受，因為他覺得在一切勞碌過後，這是他應該得到的。只不過，這些人生的享受至終都沒有使傳道者感到稱心滿意，反而讓他感嘆虛空與捕風。這與他之前所體驗的智慧相吻合（二11）。

分段大綱（二1～11）

一、盡情享受人生（二1～10）
  1. 盡情享樂、智慧引導（二1～3）
  2. 豪華建設、累積財富（二4～8）
  3. 享受人生、存留智慧（二9～10）
二、享受之後的感嘆（二11）

3.2.1 盡情享受人生（二1～10）

在1至10節，傳道者以王者層次的享樂來體驗人生，並嘗試從中獲取意義。這個段落可進一步分為ABA'的三小段：A：盡情享樂與智慧引導（二1～3）；B：豪華建設與累積財富（二4～8）；A'：享受人生與存留智慧（二9～10）。傳道者強調的重點乃是這個ABA'交叉結構的中間部分：B（二4～8），也就是傳道者描述自己如何努力擴張產業，陳列他所建設的豐功偉業。不過在擴張和建設的前後，皆有「享受人生」與「擁有智慧」的雙重強調（二1～3，二9～10），如下列：

A　盡情享樂、智慧引導（二1～3）

　　B　豪華建設、累積財富（二4～8）

A'　享受人生、存留智慧（二9～10）

3.2.1.1 盡情享樂、智慧引導（二1～3）

二章的首語是「我心裏說」，傳道者以第一人稱自述：「『來吧，讓我用喜樂試試你，使你享福！』看哪，這也是虛空。」（1節）。人的心本來就不會說話，故此「我心裏說」的表達乃是反映理性思考的一種自我的互動。「我心裏說」（*ʾāmartî ʾănî bəlibbî*）這同樣的片語亦出現於三章17及18節，直譯應該作「我在心裏說」，意思是「我心裏想」。這與一章16節的「我心裏說」（*ʾdibbartî ʾănî ʿim-libbî*）之動詞稍微不同，意思卻是一樣：傳道者在與他的「心」對話。下文1至3節的內容都可以看為傳道者與他的心對話。而且，傳道者在1節表達「讓我用喜樂試試你」（*ʾănassəḵāʰ ḇəśimḥāʰ*）在原文語法的表達，本有勸戒式（cohortative）之意，傳道者本意是勸戒他自己的心去試試喜樂。基於下文有「看見」的語義範疇，因此「試試」之動詞帶有「體驗」之意。❻ 因此，這裏傳道者其實在向他的心說：「讓我使你體驗喜樂」。

再者，「使你享福」（*rəʾēʰ ḇəṭôḇ*）以命令式語氣表達，原文直譯是「看看美善〔的事〕」。傳道者指示他的心去體驗美好的事。「看看」（*rəʾēʰ*）這動詞在傳道書一共出現四十七次，意思卻不僅限於眼看而已，也包括體驗與經歷，特別是體驗美好（或作「享福」；參二24，三13，五18，九9）。傳道者用「讓我用喜樂試試你」和「使你享福」的說話表達方式，是把「心」擬人化，並與之進行對話。

傳道者與他的心之間的對話，卻使傳道者很快就感嘆「虛空」（二1）。根據前一章針對「虛空」指出的幾方面意思，這裏的「虛空」有兩個可能意義。第一個可能性指的是短暫。傳道者覺得，個人所體驗的喜樂與享福是不能持久的，這導致他說：「看哪！喜樂和享福也是短暫的」。第二個「虛空」意思，可能是指在經歷喜樂過後的一種「徒勞」或「失落」之感。美好事物所帶來的體驗始終會過去，總是給人留下一種惆悵或失落的心情。所以傳道者感嘆說：「看哪，喜樂和享福也是徒勞的！」

在2節，傳道者把「嬉笑」和「享樂」兩者並列，並各自給予負面的評價。「嬉笑」（*śəḥōq*）亦作「喜笑」，在傳道者眼中，它卻是「狂妄」（*hālal*），這詞一般用法中本有稱讚或誇口的意思（參創十二15；詩六十九30），但在這裏以

hithpolel 的文法表達卻有「瘋狂」之意。撒母耳記上二十一章 14 節以同樣的字眼和文法，提到大衛在迦特王亞吉面前裝瘋；而嬉笑作為一種負面評價，亦可見於箴言十四章 13 節：「人在喜笑中，心也憂愁」。此外，2 節也提到「享樂」（*śimḥā*^{h}）一詞，其意帶有「歡樂」或「歡喜」之意（參士十六 23；亞八 19）。不過對傳道者而言，享樂卻被賦予「沒有用處」的貶義性質。因為他看為沒有用處。「這有甚麼用呢？」根本是以一個修辭式提問的形式出現，其用意乃是質疑享樂的用處。簡言之，傳道者在 1 至 2 節的思路是一氣呵成的——他感嘆喜樂和享福的短暫與徒勞，也質疑嬉笑和喜樂的用處。

「看」到底是甚麼意思？

「看」（*rāʾā*^{h}）的字根在傳道書一共出現四十七次，是全書出現次數最多的一個動詞，第一次出現於一章 8 節。❼ 它的意思不限於視覺，也包括生活的體驗或人生的經歷，特別是關於體驗美好（英文將原文直譯：see good）。例如：五章 18 節說到的「享受……好處」，字面意思是「看看美好〔的事物〕」（*wəlirʾôṯ ṭôḇā*^{h}）；九章 9 節說到「快活度日」（「新譯本」作「享受人生」），其實字面意思是「看看生命」（*rəʾē*^{h} *ḥayyîm*）；六章 6 節的負面方式說法：「不能享福」，字面意思是「不看美好〔的事物〕」（*wəṭôḇā*^{h}*lōʾ rāʾā*^{h}）；在七章 14 節，當傳道者說「順利時要喜樂；患難時當思考」，整個句子在原文其實是「在順利的日子，你要成為好；在艱難的日子，你要看！」意思是說，在美好的日子，人要享受其中，在患難或不幸的日子，人也要體驗這段時期所經歷的難處——因為這才是人生！因此，我們可以說，傳道者在七章 14 節乃是引導人在順境時享受當下，在逆境中也要體驗當下。

今天，我們可以說，「看」或專注在美好的事物是我們體驗生活的其中一個方式。傳媒與娛樂所努力達致的，就是盡量鋪張浩瀚的場面、出動帥哥與美女的演員陣容，為要抓住我們的視線。商場上琳琅滿目的擺設品，美不勝收的精品和禮品，盡可能吸引路過人的目光，停下來觀看！

「天下」（*taḥat haššāmayim*）一詞與傳道者所經常使用的「日光之下」一詞的字眼不同；不過意思相近，都是指人在世間的生活。「七十士譯本」則為了保持經文的一致性，將其統一譯為「日光之下」；不過此修改並非必要。

在3節，傳道者說：「我心以智慧引導我，我心裏探究，如何用酒使身體舒暢，如何抓住愚昧，直等我看明世人在**天下**短暫一生中，當行何事為美。」1至2節記述過，傳道者的心被擬人化後成為他的對話夥伴。在這節中，傳道者的心「行動」了，這心引導他在體驗人生及活出智慧兩者之間，保持一個平衡。當中，與「心」有關的動詞包括：「引導」、「探究」、「抓住」。這些動詞都反映刻意且是有目標的行動，顯示傳道者的心之行動乃是目的導向的。另一方面，經文提到享受美酒所帶來肉體上之「舒暢」。這「舒暢」（*māšak*）含有「盡情」之意。它可解作「掠奪/抓住」（參伯二十四22；「和修版」譯作「保全」）、「吸引」（耶三十一3）等等。傳道者嘗試在盡情享受生活與保持智慧之間取得平衡。他一方面想體驗美酒所帶來極盡的歡愉，但另一方面也不至於因此失去智慧。他最終的目的，乃是在短暫的生活當中，嘗試過著盡情享樂的歡愉生活，同時不致沉迷或失去理性的判斷。傳道者在智慧與愚昧之間盤旋，其中帶著節制，使正反兩面都揣摩得恰當；因為他的前提是「我心以智慧引導我」（3節）。這是不容易取得的平衡，能夠做得到是十分可貴的。或許這是多年的人生經歷和深度的生活反思，才能累積到的老練、穩重和成熟。

3.2.1.2 豪華建設、累積財富（二4～8）

傳道者又自述自己所成就的豪華建設和所累積的財富，他的語氣就如古代近東的君王一樣。這文法屬於一種古代近東的王室自傳。在4至8節之中，以「我」作為主語（subject）的動詞一共出現九次，單單在4節就有三次：「我大興土木〔即工程〕」、「〔我〕建造……」、「〔我〕栽……」。然後「〔我〕修造……」、「〔我〕栽種……」（5節），「〔我〕挖造……」（6節），「我買……」（7節），以及「我……積蓄……」、「〔我〕得……」（8節）。

此外，「為自己……」（*lî*）的字眼在4至8節也出現八次：「為自己建造房屋」、「〔為自己〕栽葡萄園」（4節）；「〔為自己〕修造庭院和公園」（5節）；「〔為自己〕挖造水池」(6節);「〔為自己〕買了僕婢」、「〔為自己養了〕牛羣羊羣」(7節);「為自己積蓄金銀」、「為自己得男女歌手」(8節)。再加上「做」或「造」(*ʿāśāʰ*)這動詞字根,在二章4至11節一共出現七次,反映傳道者在短短的五節經文當中,撮要地陳列其一生的成就。總而言之,整段經文都以「我」、「我做過」或者「我為自己」作為自述的中心,他在陳述之餘亦給人一種自誇和炫耀之感。而古代近東的智慧文學,其實不乏這種王室的自述。

在4至6節,傳道者自述其種種豪華的建設,而這些建設在古代農耕社會的背景之下,所反映的乃是其華麗與奢侈的排場。他「大興土木,為自己建造房屋」、「栽葡萄園」,「修造庭園和公園,在其中栽種各樣果樹」,並且「挖造水池,用以灌溉林中的幼樹。」當中的「葡萄園」可能是影射所羅門王的葡萄園(王上四25;歌七13,八11),所以經文嘗試以此連結王者之身分。5節的「公園」(*pārdēsîm*)源自古波斯文,屬於複數形態;其單數形式亦見於屬晚期作品的雅歌四章13節和尼希米記二章8節,都是指「園子」或「園林」。從5節用複數的表示園子或園林而言,這座公園面積肯定很大,而且,*pārdēsîm* 在波斯文可譯作「樂園」。❽ 4至6節對園子和水源的描述,可能令人想起創世記二章9、10節所描繪的伊甸園——園子長出各樣的樹,還有河水滋潤那園子;這裏的園子或許是伊甸園的縮影,表達一種豐盛蓬勃的景象。這種御花園所展現出的氣派,以現代人來說若非身為皇族或王者,就必定是擁有多間已經上市並帶來豐厚盈利的金融公司的總裁;這人還擁有幾個足球場面積的豪華別墅,內設有寬闊的空間和泳池可以供賓客舉辦派對的富豪!雖然這般富豪沒有君王的尊稱,但因其稱霸金融界或貿易市場,都足以讓其他小型公司紛紛向之俯首稱臣。

7節說到傳道者買了僕婢,也有「生在家中的僕婢」;後者原文是「家中的孩子」(*ḇənê-ḇayiṯ*),意思是其買來的僕婢所生下的孩子們,而這些孩子自然也成為家裏的僕婢。此外,傳道者說自己又有「許多牛羣羊羣」,勝過以前所有在耶路撒冷的人(參一16)。這再次影射所羅門王所擁有的牲畜,以及他影響力所達致的境地(參王上四23~24)。然後,8節說傳道者「為自己積蓄金銀,搜集各君王、各省分的財寶」,他「又為自己得男女歌手」。古代近東的王室碑文也經常提到男女歌手,這乃君王其中一種的成就。「世人所喜愛的物」

是指世人都希望得到的奢侈品，泛指價值不菲的美物，具體可指金、銀、珠寶、首飾和華冠美服等等。至於「一個又一個的妃嬪」（*šiddā^h^ wəšiddôṯ*）這片語的原文，是以一個單數名詞「妾」（*šiddā^h^*），然後加上一個連接詞（*wə*），再用複數名詞「許多妾」（*wəšiddôṯ*）組成的，所以它可直譯為「妾和許多妾」。這種文法結構在希伯來聖經只出現在這裏，因此意義不太明朗。不過，有學者指出 *šiddā^h^* 一詞可能從 *šdd* 的動詞變化出來的，而 *šdd* 的意思是「掠奪」，反映戰爭時所擄掠之人，因此可作「妾」或者「妃嬪」。[9] 所以，「和修版」譯作「一個又一個的妃嬪」是相當不錯的翻譯。

7 至 8 節列出傳道者所累積的僕婢、牛羊、產業與妃嬪，有 ABB'A' 的思路結構，可排序如下：

A　僕人婢女（7 節上）

　　B　牛羣羊羣（7 節下）

　　B'　金銀財寶（8 節上）

A'　歌手妃嬪（8 節下）

整體而言，這兩節經文鋪陳傳道者所擁有的財富，這些財富被許多養在家裏的人所圍繞。

3.2.1.3 享受人生、存留智慧（二 9～10）

傳道者在這裏暫停展現自己的成就，但依然描述自己「日漸昌盛」，且「勝過我以前所有在耶路撒冷的人」。「勝過我以前所有在耶路撒冷的人」曾在一章 16 節和二章 7 節出現，重複的意義在於強調其意思，傳道者嘗試強調一種優越的姿態。再者，傳道者享受人生是以智慧自居的。就如二章 1 至 3 節他論到「我心以智慧引導我」（3 節），這裏他再次對此作出呼應，他說：「我的智慧仍然存留」（二 9）。智慧再次以擬人化的形式出現，因為「存留」直譯是「與我同站」（*ʿāmḏā^h^ llî*）。「與人同站」在一些經文中是「侍奉」之意（參創十八 22；民十六 9；申一 38；耶三十五 19）。換句話說，傳道者在這裏說的是智慧與他同站，也就是智慧「侍奉」他，使他得心應手。因著有智慧在身邊的緣故，他可盡情體驗物慾，為所欲為卻不失分寸。他在享樂與縱情兩者之間，因有智慧相伴而得以拿捏恰當，他沒有沉淪自滅或無法自拔。

「凡我眼所求的，我沒有克制它」與「我心所樂的，我沒有不享受」(10 節)在原文是交叉平行的兩句子結構：「凡我眼所求的我沒有克制；我沒有不享受我心所樂的」。在這一節，「眼」所代表的視覺感官與「心」所代表的感覺情緒，其實涵蓋了二章 1 至 8 節所論述的美好事物與人生享受所帶來的快感與喜悅。接著，傳道者提出一個享受人生合理的原因：他勞碌！他說：「因我的心要為一切的勞碌快樂。」他再說：「這是我從一切勞碌中所得的報償。」何以一個君王竟也勞碌？《吉加墨史詩》(*Epic of Gilgamesh*)的引言部分，也把吉加墨一生的成就與他的勞碌並列，就如傳道書這裏所記的。❿ 換句話說，吉加墨和傳道者的成就是與他們的勞碌並行的。

10 節提到「所得的報償」(*ḥēleq*)在傳道書共出現八次(10 節，二 21，三 22，五 17、18〔「和修版」是五 18、19〕，九 6、9，十一 2)。在傳道書的思路中，*ḥēleq* 是指人手上所擁有、在今生可以享受的東西。此外，*ḥēleq* 也是因人的勞碌所得，所以「和修版」譯作「所得的報償」(「和合本」翻譯為「分」)。當一個人死了，*ḥēleq* 也就沒有了(九 6)，因為人不再有「分」。

傳道者說到「所得的報償」或者「分」的時候，一般上態度是肯定而積極的。人們勞碌之後，就應享有自己所應該得到的一部分。「和修版」用「得到的報償」取代了「和合本」用的「分」這字眼。這直接解釋了 *ḥēleq* 的本意，就是自己應該得到的福分。傳道者認為 *ḥēleq* 是上帝所賜的部分人生體驗，人可以按著自己的付出而得到一種享受。只不過，每個人所得的 *ḥēleq* 不一樣，未必人人都是藉著公平的原則而獲得。不過有一點是可以肯定的，傳道書中的 *ḥēleq* 常常與「勞碌」有直接關係。換句話說，人必須親自勞碌，才有屬於自己應得的東西。例如：傳道書五章 18 至 19 節所說的 *ḥēleq* 是與享受、喜樂和吃喝有連帶關係的。人要勞碌，才得以享受他應得的福分。

3.2.2 享受之後的感嘆(二 11)

二章 1 至 10 節是傳道者體驗物慾的自我描述。他毫不保留地詳述他對美好人生的追求，當中不乏滿足感官刺激與追求物質的慾望。不過，他很快就有「虛空」的感嘆。在這裏，他絕不含糊地感嘆說：「我回顧我手所經營的一切和我勞碌所做的工。看哪，全是虛空，全是捕風；在日光之下毫無益處。」(11節)傳道者在這裏的感嘆，重複了「虛空」(一2、14)、「捕風」(一14)、「在日光之下毫無益處」(一3)這些字眼。這是老調重彈，顯示傳道者還沒有停止其感嘆人生的進程。其不同之處，在於他現在是否以較具體的形式表達。若回顧他所付出過的一切勞碌，即便是建設性的工作，或使他取得輝煌的成就，都令他不禁感到失落與徒然。原來人所勞碌的其實未必有好處。這真是諷刺！

回到一章3節所提及的論題：傳道者質疑世人所做的一切，並無真正的價值。換句話說，傳道者感嘆世人在他們的勞碌當中並沒有益處。「益處」是傳道者一直質疑的概念，它指的是「額外的好處」，是在「分」之外的所得。傳道者似乎認為，人只能享受所得的「分」(應得的報償)，卻不能得到「益處」(額外的賺取)。如此看來，世人在日光之下的福分，是有限的、短暫的、當下的。除此以外，人生其實沒有多餘的好處。

信仰反省：「那又如何？」(So What?)

不少人有像傳道者那種「那又如何？」的失落感。猶記得筆者在大學畢業，拿到學士學位的振奮經歷。雖然修讀的過程是一種漫長的經營，當中不失勞碌與苦惱，但是畢業那天所體驗的成就感非筆墨所能形容。不久，日子逐漸平靜下來，筆者看著畢業當天所拍的相片，心裏那種「那又如何？」(So What?)的感覺不知從何處驀然而生。

傳道者的聲音令人產生共鳴：「後來，我回顧我手所經營的一切和我勞碌所做的工。看哪，全是虛空，全是捕風；在日光之下毫無益處。」(二11)筆者想追問：真的沒有益處嗎？學位資歷難道沒有為人得到比較好的工作待遇？筆者重尋有關「虛空」的可能意思，在這裏「虛空」應該是指一種融合了對短暫事物所產生的失落感。美好事物並非沒有益處，只是人不能永遠擁有它，也不能掌控它。或許傳道者的感嘆不僅是對於勞碌所得之感嘆，更是一種被造物在極限頂峯中，赫然發現自己那永遠無法超越造物主的悲情，人生只能在某種框架之中，卻無法超越之。

3.3 體驗愚昧（二 12 ~ 17）

根據筆者所建議的大綱，一章 12 節至二章 26 節呈現傳道者活在變數中的四項個人體驗。上文也已經說過，傳道書二章的三段經文，承接一章 12 至 18 節傳道者所體驗的智慧，持續地論述他所體驗的人生。二章 1 至 11 節已經討論傳道者所體驗的物質享受，這裏則聚焦於智慧與愚昧的生活方式之選擇（二 12 ~ 17）。結合下文傳道者所體驗的勞碌（二 18 ~ 26），傳道書二章這三段經文均以「虛空」和「捕風」的感嘆作為結語（二 11、17、26）。

分段大綱（二 12 ~ 17）

一、衡量智慧與愚昧的異同（二 12 ~ 16）

二、為智慧感嘆虛空和捕風（二 17）

3.3.1 衡量智慧與愚昧的異同（二 12 ~ 16）

12 至 16 節出現 ABB'A' 的交叉結構，主要是表達傳道者如何徘徊在智慧生活與愚昧生活之間的抉擇，仔細地酌量智慧與愚昧的異同。結果是，因為智慧人與愚昧人的遭遇一樣，讓傳道者不禁感觸：「可嘆！」

A　回顧智慧與愚昧的選擇（12 節）

　　B　智慧人與愚昧人不同（13 節）

　　B'　智慧人與愚昧人一樣（14 節上）

A'　質疑智慧與愚昧的價值（14 下 ~ 16 節）

傳道者「轉過來」（*pānāʰ*；「和修版」譯為「轉而……」），顯示他思量範疇的轉換，因此亦作「轉念」。「轉念」是傳道者的風格，表示他在一個持續性的思考進程中，其思維縱橫交錯又心意不定。傳道者從勞碌的課題，轉過來「看」（*rāʾāʰ*）有關智慧與愚昧。他所專注的是智慧文學裏經常出現的三個概念：「智慧」（*ḥoḵmāʰ*）、「狂妄」（*hôlēlôṯ*）和「愚昧」（*siḵlûṯ*）。「狂妄」在希伯來聖經其他地方是指「不理智」或者「癲狂的行為」（參撒上二十一 13；耶二十五

16）。「狂妄」和「愚昧」經常並列出現（參七25，十13），因此本意上是同義詞。所以，12至16節基本上所對比的只是智慧與愚昧。

蕭俊良建議，12節「在王以後來的人又如何呢？不過做先前所做的就是了」理當解為：「在我以後的人是誰呢？他能夠掌管先前所做的嗎？」⓫「和修版」的翻譯反映出，多數人對經文的理解存有作者就是王的概念，是因為順著一章12節至二章11節的思路。不過，蕭俊良指出二章12節以第三人稱出現的「那王」（*hammeleḵ*）是奇怪的，因為傳道者一直都以第一人稱的「我」自居。所以，經文的意思應該是「在我以後」而不是「在王以後」。不過，筆者認為經文重點仍在於傳道者以一個修辭式提問，來營造智慧與愚昧之間的對比關係。

智慧與愚昧在本質上是不同的，因此智慧人與愚昧人之間也有分別，前者是光明，後者是黑暗（13～14節上）。但是很快地，智慧人與愚昧人又被一視同仁——他們都有相同的遭遇。「但我知道」的出現是指傳道者要否定之前所說的。所以，「但我知道」其實是下文的轉接語，為要指出智慧人與愚昧人其實都有相同的遭遇（14節下）。傳道者用另一個修辭式提問來反問自己：「那麼我何必更有智慧呢？」傳道者似乎在「智慧」與「愚昧」之間，嘗試體驗一下「愚昧」，反正成為「愚昧」的人與目前擁有「智慧」的他，並沒有分別。正如預料之中，「虛空」的感嘆又在傳道者的心裏迴響起來（15節；參一2）！這裏的「虛空」是指「荒謬」，也就是指無可理喻、不能理解。同時，「虛空」在這裏也可以是「無可掌控」，因為他即便擁有智慧，也不能掌控自己的遭遇，使之與愚昧人的結局有所分別。

傳道者在16節提起一章11節所說過的「無人記念」，不過現在同時間使用在智慧人和愚昧人身上，因為他們都「無人記念」。「死亡」是人生的結局，無論是成功還是失敗，「死亡」總括人的一生。這也令傳道者困擾，因為在死亡面前，智慧人與愚昧人的結局是一樣的。死亡結束了人一生的智慧（或愚昧）。傳道者並非質疑智慧本身的價值，而是在愚昧的對比之下，他思忖智慧似乎無法優勝一籌。智慧與愚昧雖有功能上的不同，但智慧人與愚昧人卻遭遇相同的下場——他們不但一樣會被遺忘，也一樣會死亡。傳道者尖銳地指出世人無可否認的一件事——在死亡面前，人人皆平等！

傳道者眼中的「死亡」

「死亡」(*môṯ*)的課題常出現於傳道書，共十五次之多，第一次出現是在二章16節(三2、19〔x2〕，四2〔x2〕，七1、17、26，八8，九3、4、5〔x2〕，十1)。有時，死亡被傳道者賦予負面的評價，例如：智慧人也必須跟愚昧人一樣死去(二16)；他反問：「何必未到期而死呢？」(七17)；他說有一種婦人比死還苦毒(七26)；他說活著的狗勝過死了的獅子(九4)，以及死了的人毫無所知(九5)。但有時，死亡卻被傳道者賦予正面的肯定，例如生有時、死有時的洞悉(三2)；死人勝過活人的評價(四2)；以及人死去的日子勝過出生的日子的評語(七1)。還有一些時候，「死」只是傳道者的一種生活觀察與描述(八8，九3，十1)。在二章16節和三章19節，死亡被視為一種世人難逃的命運——智慧人與愚昧人也面對死亡(二16)，世人與走獸也一樣會有面臨死亡的一天(三19)。

「死亡」在傳道書既有正負兩面的描述，那麼傳道者對「死亡」的看法究竟是甚麼？我們可以說，傳道者採取一種中庸的死亡觀。他對死亡的看法既不悲觀、也不樂觀。死亡本來就是世人生活的一部分，是每個人的人生終點。但這終點到來之前，世人卻可有所作為、或有所不為；這取決於一個人如何實踐出生活智慧。所以，傳道者對死亡的觀點，是一種如實(realistic)的觀點。

3.3.2 為智慧感嘆虛空和捕風(二17)

17節開始時出現一個連接詞「於是」(*wə*)，導致這節成為一個小結。於是傳道者說：「我恨惡生命。」這與剛才提起的「死亡」概念相吻合，顯示傳道者在思路上連鎖的思考效應。這「恨惡生命」顛覆了智慧傳統對生命的熱愛與追求，特別是箴言的教導是叫人追求智慧，以致得到美好及蒙福的生活。但是，傳道者的思維觸及了傳統智慧學派所排斥的課題——死亡。傳道者認為：因著「死亡」的真實存在，導致智慧的價值變得有限。在死亡的絕對挑戰之下，智慧變得相對、無助，甚至束手無策。⓬「日光之下」的範疇，變成一個令傳道者「煩惱」的範疇。「煩惱」(*raʿ ʿālay*)原文為「對我有禍」。人生在世，居然沒有使一名智慧人熱愛生命，反而使他感覺身陷禍患。面對在日光之下所發生的事，傳道者又老調重彈：「全是虛空，全是捕風」(參一2、14)。這裏

「虛空」的意思結合了荒謬（不合理或不可理喻）與諷刺（因為智慧與愚昧看來一樣）的意義。

3.4 體驗勞碌（二18～26）

為了使讀者的思路清晰，這裏必須再次贅述一章12節至二章26節是傳道者活在變數中的四項個人體驗。一章12至18節描述傳道者所體驗的智慧，二章1至11節討論過傳道者所體驗的享福人生，二章12至17節也略談傳道者考慮過愚昧的體驗，這裏的焦點乃是傳道者所體驗的勞碌（二18～26）。傳道書二章這三段經文，都有「虛空」和「捕風」的感嘆作為結語（二11、17、26）。二章18至26節稍微不同之處，在於傳道者引進了上帝的主導性（二24～26）。即便他感嘆虛空和捕風，「上帝的手」使傳道者所論述的不失其目的和指引。

分段大綱（二18～26）

一、世人的勞碌（二18～23）

二、上帝在主導（二24～26）

3.4.1 世人的勞碌（二18～23）

「勞碌」（動詞是 *ʿāmēl*；名詞是 *ʿāmāl*）的概念，在傳道書最早出現在一章3節（參2.2.2.2「『勞碌』」，頁35）。「勞碌」是傳道者經常論述的主題，在傳道書內一共出現三十五次。在工作的前提之下，「勞碌」通常意指「艱辛、困苦或重擔」。當傳道書提及「勞碌」時，都帶有負面的含義。18至23節一共十次提到「勞碌」（「和修版」只出現八次）；在短短的六節經文，除了23節，每節都兩次提到「勞碌」（「和修版」在19和20節只各有一次）。「勞碌」反映一個人勞心勞力、汲汲營營去獲得某些東西，其過程充滿了艱辛、掙扎或困苦。傳道者在二章10節提及「勞碌」時，似乎有點積極的口吻——他說他的心要為一切的勞碌快樂；他也說，享受人生是他從一切勞碌中所得的報償。不過他在二章 11 節回顧他的勞碌之時，卻又感嘆虛空、捕風，認為毫無益處。

18 至 26 節再次回到「勞碌」的課題，傳道者斷然地說：「我恨惡一切的勞碌，就是我在日光之下所勞碌的」，因為當死亡臨到他的時候，他勞碌所得的必須留給他以後的人（18 節），他以後的人將要掌管他用智慧和自己親手勞碌所得的；不過以後的人未必有智慧去掌管這些他所得的一切（19 節）。「掌管」（*šālaṭ*；或作「治理」）這個動詞在傳道書共出現四次（二 19，五 18，六 2，八 9），也見於晚期成書的希伯來聖經其他書卷（參尼五 15；斯九 1；詩一一九 133）。在傳道書中，它也以名詞形式出現，意思是「官長」（*šallîṭ*；或「掌權者」的意思；參七 19，八 8，十 5）。傳道者引用「官長」而非「君王」（*meleḵ*）的字眼，反映被擄後或歸回之後的歷史時期。傳道者引用這個與治理有關的字眼，自然也讓讀者聯想到所羅門王。傳道者提出有關繼承人的未知數，影射所羅門的繼承人未必像所羅門那麼有智慧。對傳道者來說，這乃「虛空」，是一種無法控制、深感徒然和充滿諷刺的局面。其原因是與死亡有關的——傳道者無法永遠擁有自己辛辛苦苦所經營的成果，也無法有把握把自己辛辛苦苦所經營的成果，交給一個像他那樣有智慧的人去打理。

20 至 21 節再次重複了類似 18 至 19 節的內容與思路。動詞「轉想」（*sāḇaḇ*）在傳道書共出現七次（一 6〔x3〕，二 20，七 25，九 14，十二 5），有「轉去又轉來／迴繞」的意思。二章 20 節用這詞，同時亦提到「心就絕望」，喻指傳道者的心轉來轉去，他的心其實在反覆思想。這詞與另外一個傳道書的慣用語「轉念」（*pānah*；參二 11、12；另參 3.3.1「衡量智慧與愚昧的異同」〔二 12～16〕，頁 64）屬同義詞。傳道者心想，他所得來的一切——美好事物、人生享受、眾多產業、富裕生活——是他用智慧、知識和靈巧所得來的。「靈巧」（*ḵišrôn*；21 節；可解作「成就」或「成功」）這字眼在希伯來聖經只出現於傳道書共三次（二 21，四 4，五 10〔「和修版」五 11〕）。21 節譯為「靈巧」，四章 4 節譯為「成就」，五章 11 節譯為「益處」。若理解為「靈巧」之意，它指向一個人的技巧（skill），若理解為「成就」，它是指一個人的成功（success）。無論是技巧還是成就，它乃是指傳道者的本事。換句話說，傳道者憑著自己所擁有的智慧、知識與成就而有所收成。這一切成果是他憑著能力去追逐求取的，因此得來不易。但是這些成果卻成為從來沒有勞碌之人的「產業」（ḥēleq）。若按照 ḥēleq 的本意去理解其意思，乃是「產業」或作「分」、「應得的報償」之意（參 3.2.1.3「享受人生、存留智慧」〔二 9～10〕；頁 61）。沒有勞碌的人本來就不應該擁有「應得的報償」。如此看來，傳道者一經相比之下，覺得沒有勞碌的人可好多了。他自己汲汲營營去勞碌才能得到的報償，自己尚且無法長久享用，還給了本不應該得到報償的人。這實在是諷刺，也極為之不合理。因此，傳道者再次感嘆虛空，還刻意加上「絕望」（20 節）、「大大不幸」（21 節）的形容詞，加強他心裏充滿的虛空之感。

傳道者接著在 22 至 23 節自問：「又得著了甚麼呢？」借此，對自己過去的勞碌——憂慮、勞苦、愁煩，還有汲汲營營的工作，提出了質疑。在 21 至 23 節，傳道者用了三次「因為」（kî）這連接詞，分別在 21、22 及 23 節的開首，也就是說，傳道者基於三個原因，對勞碌工作提出質疑，第一，因為自己勞碌的成果留給沒有勞碌的人（21 節）；第二，因為自己勞碌累心卻一無所得（二 22）；第三，因為勞碌，自己勞心勞力還不能心安入眠（22 節）。23 節的「心」再次被擬人化，「連夜間心也不得休息」直譯為「連夜間他的心也不能躺下」。傳道者只能再次感嘆虛空（23 節）——那實在是失控、徒然和諷刺！總而言之，死亡似乎消解了一個人勞碌工作的價值。

3.4.2 上帝在主導（二 24～26）

24 節「難道一個人有吃有喝，且在勞碌中享福，**不是福氣嗎**？」直譯是「一個人有吃有喝，且在勞碌中看見好的生活，不好嗎？」一直以來，學者對詮釋這節經文都存在爭議，因為希伯來文沒有「難道」這一詞，但「和修版」加譯了這詞。這並不表示「和修版」譯多了，反而是將希伯來文法裏的省略式（elliptical）表達中略過了的意思譯出來。因此，它可以被理解成：「一個人比較好的是有吃有喝，在勞碌中享受生命」，或者「世人除非又吃又喝，否則不能享受生活」。「和修版」加上「難道」是一個比較理想的解讀。筆者則稍作修改：「一個人有吃有喝，且在勞碌中享福，難道不好嗎？」這一節經文裏，傳道

「不是福氣嗎」這句子中的「不是」（ʾên）原文是有「豈不」的意思。

者以「難道不好」(ʾên-ṭôḇ)成為轉捩點，提出一個比較正面和積極的看法。這是一種勸勉的文法，反映智者的勸說語氣(同樣的勸勉亦見於三章12、22節和八章15節)。此外，經文原有兩個「好」(ṭôḇ)字，有刻意的修辭作用，就如三章12節兩次的「好」(ṭôḇ)也是一樣。

作為一種文法的表達，當聖經作者形容「上帝的手」(24節下)時，乃代表上帝有所作為，或傳達上帝是一位有所行動的上帝。傳道者「看」(或作「認為」)人的吃喝及人在勞碌中所體驗的「好」，是來自「上帝的手」。這對許多辛勤工作、勞碌經營的人來說，何嘗不是一種提醒和肯定？上帝促使世人在勞碌中吃喝和享受生活(看「好」的事物)！所以，辛勤工作的人需要懂得活在當下，因為上帝不單要世人勞碌，也要世人懂得品嘗人生之中美好的事情，包括體驗食物的滿足和經歷幸福的生活。

25至26節的論述，是延伸24節「上帝的手」。「手」在傳道書共出現十三次，只有其中兩次是指「上帝的手」(參九1)。

「上帝的手」

一般而言，「手」除了指人的肢體之外，也有「行動」的含義。例如：

- 希伯來聖經提到上帝「大能的手」，帶領以色列出埃及(出十三3、14、16)，並使地上萬民知道和敬畏耶和華(書四24)。
- 先知書經常提到「耶和華的手」，帶出拯救以色列民(賽五十九1，六十六14)或擊打外邦的行動(賽十九16，二十五10)。

在傳道書裏，上帝亦是一位行動的上帝，傳道者使用不少動詞來形容這位滿有行動的上帝，例如上帝「給」(*nāṯan*；一13，三10)、上帝「造」(*ʿāśāh*；三11、14)、上帝「使」某些事情發生(*yəḇaqqēš*；三15)、上帝「審判」(*yišpōṭ*；三17)等等。所以，二章24節出現「上帝的手」，亦表示上帝有主導權與有所行動。約伯看到自己的遭遇，也說過：「在這一切當中，有誰不知道這是耶和華的手做成的呢？」(伯十二9)。另外，出埃及記十八章10節提到以色列脫離「埃及人的手」和「法老的手」，有脫離埃及人控制之意。因此二章24節「上帝的手」也有上帝掌控的意思，而25至26節的論述，是依循24節「上帝的手」之思路展開而來的。

25節重複「吃」、「享福」的話題，而傳道者再次用一種優越的自述和反問：「誰能勝過我呢？」。26節再次傳達上帝的主導性作為——對於「上帝所喜愛的人」可直譯為「在上帝面前成為好的人」（參七26；參7.2「避免愚昧〔七26～29〕」對七章26節的分析，頁168～169），上帝「給」智慧、知識和喜樂；對於罪人，上帝也「給」勞苦。結果，勞苦的人將他所儲藏、所堆積的，歸給上帝所喜愛的人。這裏存有傳道者自嘲的弦外之音，因為「傳道者」（*qōheleṯ*）本來的意思乃是「收集者」（參2.1.1「傳道者是誰？」，頁28～29）；而26節說到勞苦的人把所儲藏、所累積的歸給別人。這與傳道者在二章18至23節所感嘆的思路是一致的——傳道者就是在抗議自己把勞碌所得到的都歸給別人。這麼一來，這裏的「罪人」豈不是影射傳道者自己？難怪，傳道者繼續感嘆道：「這也是虛空，也是捕風。」

信仰反省

筆者相信傳道者在二章18至26節對勞碌的體驗，會引起勞碌做工者的共鳴。

首先，我們汲汲營營為工作疲於奔命，有時甚至不眠不休。勞碌過後我們發現所累積的成果，卻讓沒有參與的人享用。他們沒有為此勞碌過，不曉得過程中種種辛酸的付出，因此也不懂得珍惜這些勞碌的成果。傳道者為此三次感嘆「虛空」（二19、21、23），他也認為是「大大不幸」（二21）！尤其是感到自己天天憂慮愁煩，在夜間心也不安，造成失眠。因此，我們在勞碌中到底得著甚麼呢？這是傳道者的提問（二22），其實也是我們勞碌一族的提問。筆者不久前認識了幾位資深的牧者，他們以前讀神學的時候，為神學院做開荒的工作，包括斬樹藤、開荒路等的辛苦工作。後來，筆者在這所神學院上課，幾年後也在這所神學院執教。我們聽了他們的分享，才明白「前人種樹後人涼」的說法。如果我們沒有見面，就沒有人提起他們作過的努力；而他們所付出過的汗水勞碌，就會隨著時間慢慢地被遺忘。筆者因此也明白傳道者在這裏想要表達的感嘆——前輩在日光之下所勞碌的一切工作，遺留給未曾勞碌的人做「產業」（二21）。

很多宣教士和傳道人可是辛辛苦苦地在一遍荒山上開墾和耕耘呢！這些努力的結果留給了他人，以致一些宣教士可能會問自己其實得到了甚麼。不過我們也要留意，傳道者在感嘆之際，沒有一味地消沉和絕望。因為接下來經文就說，人可在勞碌中有吃有喝、享受美好的事，而且這是出於「上帝的手」（二 14）。這猶如在我們日常的枯竭勞碌生活中注入了一股清泉。

對！勞碌做工之餘，我們可以享受美食佳餚，也可以享受所建立的信任、友誼與團隊的關係。這些都是美好的事物，也會留下美好的回憶，我們因此需要在勞碌中去享受每一天的生活。筆者也因此得到激勵，反正自己目前也是勞碌事奉，也知道當下的努力會留給後人，然後也會像傳道者那樣感嘆自己「又得著了甚麼呢？」不過，當下也有一些值得筆者去掌握和享受的美事。所以，即便在日日勞碌、夜間失眠的事奉期間，筆者享受家庭之樂，與學生建立美好的關係，與朋友享受美食，並努力運動作為緊張生活的調劑。感謝上帝，這乃「出於上帝的手」。

溫習及思考問題

1. 「智慧」(*ḥoḵmāh*)的意思包括甚麼層面？用今天普遍的理解，一個人有「智慧」是指甚麼意思？
2. 傳道者在體驗智慧(一 12～18)的事項上，用了甚麼動詞來傳達他追求「智慧」？這些動詞反映他哪方面的努力？
3. 傳道者說，給世人這沉重的擔子的是「上帝」，是祂使世人在其中勞苦。你有甚麼想法？
4. 箴言中的智者似乎對智慧和知識有正面的體會；然而，在傳道書，傳道者的看法似乎不同。何以見得？為甚麼傳道者的看法不同？
5. 傳達者在他的體驗物慾（二 1～11）方面，為何人生的享受至終都沒有使傳道者稱心滿意，反而讓他感嘆虛空與捕風？
6. 「享福」原文直譯是「看看美善〔的事〕」。這如何顛覆了我們對「享福」的理解？今天日常有甚麼事，其實就是「享福」？
7. 在七章 14 節，傳道者說「順利時要喜樂；患難時當思考」，這是甚麼意思？
8. 傳道者指出，無論是智慧人還是愚昧人，在死亡面前，人人皆平等（二 12～17）。你同意嗎？為甚麼？
9. 傳道者體驗勞碌（二 18～26）之後，提問：「又得著了甚麼呢？」為甚麼他這麼說？

10. 從傳道者對勞碌的看法和理解，我們如何可以從勞碌的生活得到一些慰藉？

短註

❶ 參 Francis Brown, S. R. Driver & Charles Briggs, *New Brown-Driver-Briggs Hebrew and English Lexicon* (Peabody: Hendrickson, 1979, c1906), s.v. "*ḥāḵām*" and "*ḥoḵmāʰ*"。這辭典在下文簡稱為 BDB。

❷ 根據原文，傳道書出現「上帝」這詞的有：一 13，二 24、26，三 10、11、13、14（x2）、15、17、18，四 17，五 1（x2）、3、5、6、17、18（x2）、19，六 2（x2），七 13、14、18、26、29，八 2、12、13、15、17、九 1、7，十一 5、9，十二 7、13、14。

❸ James L. Crenshaw, *Old Testament Wisdom: An Introduction* (Louisville, KY: Westminster John Knox Press, 1998), 9.

❹ Gerhard von Rad, *Wisdom in Israel* (Nashville: Abingdon Press, 1972), 8.

❺ Crenshaw, *Old Testament Wisdom*, 1, 3.

❻ 有關二章 1 節的語法結構，可參 Seow Choon-Leong, *Ecclesiastes*, AB (New York: Donbleday, 1997), 126。

❼ 「看」（*rāʾāʰ*）的字根在傳道書出現的四十七次，根據原文，經文包括：一 8、10、14、16，二 1、3、12、13、24（x2），三 10、13、16、18、22（x2），四 1、3、4、7、15，五 7、12、17（x2），六 1、5、6，七 11、13、14、15、27、29，八 9、10、16（x2）、17，九 9、11、13，十 5、7，十一 4、7，十二 3。

❽ *pardēsîm* 在波斯文可譯作「樂園」的討論，可參李熾昌、周聯華：《傳道書、雅歌》，中文聖經註釋第

十七卷（香港：基督教文藝出版社，1990），頁 44。

❾ 蕭俊良引用依・以斯拉（Ibn Ezra）和甘司柏格（Christian David Ginsburg）的立場，認為「一個又一個的妃嬪」這句片語是指「寶箱」（chests）而非「妃嬪」（concubines）。參 Seow, *Ecclesiastes,* 131。

❿ Seow, *Ecclesiastes*, 133.

⓫ Seow, *Ecclesiastes*, 128, 134.

⓬ 李熾昌等：《傳道書、雅歌》，頁 50。

第四章

傳道者活在變數中的生活觀察（三1～六9）

- 觀察時機和事務
- 觀察奸惡的存在
- 觀察何謂「好」
- 觀察宗教的活動
- 觀察壓迫的存在
- 觀察人對財富的態度
- 觀察不懂享福的人生

這一章篇幅較長，內容共涵蓋了傳道者的七項生活觀察，這些生活觀察與生活的變數是息息相關的。在三章 1 至 15 節，傳道者觀察到萬事有定期和定時；即便生活有層出不窮的變數，但上帝所掌管的時機卻代表一種常數的存在（或稱為「定數」）。接著，傳道者在三章 16 至 22 節中觀察到生活中是存在邪惡的，而這些邪惡是發生在一個應該有公平和公義的地方。這情況引發傳道者把人類的遭遇和走獸比較。在四章 1 至 16 節，傳道者發現在日光之下，人所謂的「好」往往不是絕對的。傳道者仔細地比較一些生活的運作模式，認為很多時候「好」是有其相對意義的。宗教生活也逃不過傳道者的細膩觀察，五章 1 至 7 節就濃縮地記載了世人的宗教態度，其中包括傳道者的一些勸勉。在五章 8 至 9 節，傳道者繼續觀察到生活中發生無可避免的欺壓，不過他認為恰當的治理可抵制腐敗的官僚制度。接著，五章 10 至 20 節涉及了財富的課題；傳道者感嘆世人對財富態度的不當。不過，他引進了上帝對財富的主導性，以及人對財富的造就性。最後，傳道者在六章 1 至 9 節感嘆人生的短暫，也思忖為何長壽的人不懂得因福樂而知足。

4.1 觀察時機和事務（三 1 ～ 15）

1 至 15 節可分為四個段落：人生在世，好、壞事務必有其定期與定時（三 1 ～ 8）；上帝卻使萬物各按其時成為美好，雖世人無法測透上帝如何使之成為美好（三 9 ～ 11）。雖然如此，人們吃喝與勞碌卻需要平衡，因為享福是上帝的賞賜（三 12 ～ 13）。傳道者也領悟到上帝主導人世間事物的過去與未來，它們的迴繞與時機也在上帝的手中（三 14 ～ 15）。簡言之，生活中雖有層出不窮的變數，但這些變數是有定期和定時的。因為上帝掌管著定期和定時，這就成為常數（或成為「定數」），使人心能夠安定下來。這也使傳道者的語調轉變為積極和正面。

分段大綱(三 1～15)

一、凡事有定期與定時(三 1～8)

1. 宣告(三 1)

2. 生活際遇之對比(三 2～8)

二、萬物按時成為美好(三 9～11)

三、吃喝是勞碌的賞賜(三 12～13)

四、上帝主導世上萬事(三 14～15)

4.1.1 凡事有定期與定時(三 1～8)

4.1.1.1 宣告(三 1)

傳道者在 1 節宣告:「凡事都有定期,天下每一事務都有定時。」傳道者筆鋒一轉,在這裏彷彿說起教來,有別於上文「虛空」、「捕風」之感嘆。

1 節「定期」(*zəmān*)和「定時」(*ʿēṯ*)的時間觀,是 1 至 8 節的主軸,尤其是「定時」(*ʿēṯ*),它在 2 至 8 節短短七節裏居然出現了二十八次,每一節都一致地出現四次。不過,「定期」和「定時」兩者之間的差異到底在哪裏呢?翻譯為「定期」的 *zəmān*,根據 Brown-Driver-Briggs 希伯來文辭典,「定期」是指「具體的時間」(appointed time)❶,而根據 Holladay 希伯來文及亞蘭文詞典,「定期」是指「特定的時間」(specific time)。❷ 這字眼只出現於晚期成書的希伯來聖經書卷(參拉十 14;尼二 6,十 35,十三 31;斯九 27、31),意思都是「指定的日期」。「定期」一詞也常出現於亞蘭文寫法(*zimnāʾ*)的經文,例如:**在但以理書二至七章的範圍內**。這反映傳道書使用了晚期希伯來文常用的詞彙。另外,翻譯為「定時」的 *ʿēṯ* 泛指「時間」,不過也是指「適合的時間」(appropriate time)或者「時機」(right time)(參九 11)。這字眼則廣泛地出現在希伯來聖經之中,一共出現二百九十六次之多,而當

> *參考經文:但以理書二章 16 節、三章 7 節(指在定了吹角的時間;「和修版」沒有將這詞譯出來)、六章 11 節(指但以理定了時間一天三次祈禱;「和修版」沒有譯出來,參「和修版」六 10)、七章 12 節。*

中出現次數最多的則是傳道書，共四十次。

五章8節（即希伯來聖經五章7節）「和修版」沒有將「事務」譯出來：「不要因此驚奇」可直譯為「不要因此驚奇那事務」。

對於世人在日光之下的生活，他宣告一種對世事和時機的洞悉。這裏所理解的「事務」（*ḥēpeṣ*），在三章17節、**五章8節**和八章6節同樣理解為「事務」。不過，在五章4節（即希伯來聖經五章3節）、十二章1節及十二章10節，它則指「令人喜悅的事」（在八章3節是動詞「喜悅」）。另外，「凡事」和「每一」（*ləkol*）原文是由介詞「關於……」（*lə*）加單數名詞「所有、一切」（*kōl*）組成，意思是「凡所有」、「凡一切」或「凡每一」。1節就如「和修版」應作「凡事都有定期，天下每一事務都有定時。」接著，傳道書以一系列的生活際遇之對比，來概括其所說的「一切事務」（2～8節）。

4.1.1.2 生活際遇之對比（三2～8）

「平行」的意思是詩行之間於內容或文意方面，出現一種和諧或者對應的情況，因而產生有規律、富感染力的詩意。而「反義平行」是詩行之間出現相反或者對比的對稱情況。

三章2至8節是一首由十四行**「反義平行」**（antithetic parallelism）的詩句所組成的詩，每一行詩句有一組生活際遇之對比，因此2至8節共有十四組的對比。這些反義平行的對比，道出了一種張力（tension），也就是正（例如：生存、歡笑、跳舞和喜愛）及反（例如：死亡、哭泣、哀慟和恨惡）兩面的張力。這一系列的對比有一定的對照常規，顯示平衡的相對秩序，例如：2至3節顯示「正反」、「正反」和「反正」、「反正」的相對結構。4至5節則是「反正」、「反正」和「正反」、「正反」的相對結構。然後，6至7節又回到如2至3節的「正反」、「正反」和「反正」、「反正」的結構秩序。最後一節（即8節，第十三、十四行）的對照，總結前面十二行的規律，因而有別於其他組合，顯示「正反」、「反正」的交叉結構。❸

此外，2至7節的對比概念全部使用不定詞附屬形（infinitive construct），除了最後一組對比的「戰爭」與「和平」是名詞（8節），以作為全詩的總結。大致上，下文的篇幅在文法上有一致性，與上文的規律是吻合的，這種文學造詣起著修辭作用。廣義而言，即使是處在變數多端的個別生活之中，世人的生活依然有一定的規律(rhythm)。宏觀之下看人生會看到定數(「定期」與「定時」)，從個別經歷看，卻看到變數(例如：生與死)。這是一種「人生」的宏觀與「生活」的狹觀之對照。在個人所體驗的生命歷程裏，變數會使一個人的生活出現亂序。傳道者引導我們從一個更遼闊的視野來看一生(不只是看生活)，好讓我們洞悉一個「亂中有序」的信念。

「和修版」只以一個句號為2至8節劃出一個完整思想的單元，也就是說，這七節經文的十四組對比，不是零散或片段性的思緒。它概括了人一生會發生的一切事務，例如：生與死的對比其實代表了人的一生；栽種與拔出代表人的付出與收成的完整迴繞。哭與笑、哀慟與跳舞、喜愛與恨惡等則涵蓋了人活著的時候所擁有的情緒狀態；尋找與失落、保存與拋棄的對比，泛指人生的獲得與失去之際遇。學者對「丟石頭」與「撿石頭」的理解不一，不過多數接受猶太的米大示(Midrash)之詮釋，認為是指男女歡合，可作「同房有時」與「分房有時」之解，這預設了下半句「懷抱」與「不抱」各有定時之說。❹「撕裂」與「縫補」反映古代以色列人在哀傷悲痛時撕裂衣服、平伏過後縫補所撕裂的衣服之情形。❺ 雖然這十四組對比的字眼並非訴盡了人生所有的經歷，不過具有人生不同層面經歷的代表性。因為，1節一開始已經宣告了接下來要說的是「一切事務」。

所以，2至8節泛指人一生的際遇——生命的開始與結束、生活的喜樂與哀傷、工作的得著與失去、每日的動靜與喜惡、時代的戰爭與和平等等。當中的際遇各有特定的時間(「定期」)和適當的時機(「定時」)，就如1節所宣告的。不過，這些際遇的重大區別是上帝與世人各自所扮演的角色。上帝掌控了這些際遇的定期和時機，而世人只能在這些事發生時適時地回應。傳道者在定期和定時方面之洞悉，以及他具體的描述方式，使1至8節成為傳道書中最為人所熟悉，亦最引人入勝的一首詩。

4.1.2 萬物按時成為美好(三9～11)

傳道者以一貫的反問句，作為下一段意義追尋的開始：「這樣，做事的人在他所勞碌的事上得到甚麼益處呢？」（9 節）。有關「益處」，傳道者已在一章 3 節、二章 11 節及 13 節追尋過，它指的是「真正的好處」。（參 2.2.2.4「『益處』」，頁 37）傳道者質疑「益處」是否真的存在，這裏亦然。不過，這裏不用「世人」（*ʾāḏām*）的字眼（參一 3；另參 2.2.2.1「『人』」，頁 35），而用「做事的人」（*hāʿôśeʰ*）。很可能「做事的人」有其修辭目的，為要配合 11 節所指明的「造萬物」（*ʿāśāʰ*；可直譯「做事」）的上帝。其實，「世人」和這裏「做事的人」可作為同一理解，因為三章 2 至 8 節已經列下世人所做之事，包括栽種與拔出、拆毀與建造等等；9 節也直接說這就是他們的「勞碌」。傳道者問：既然一切事務都有「定期」和「定時」，人看來都是不能改變自然規律，只能聽天由命；那麼，這一切事務所牽涉的勞碌，是否徒然呢？

針對 9 節的反問句，傳道者在 10 至 11 節以自問自答的方式回應。在此，傳道者又以他所看見的作論證，他說：「我觀看……」（*rāʾîṯî*）。「觀看/見」（*rāʾāʰ*）再次出現（參一 14，二 13；另參 3.1.2.2「我見……〔一 14〕」，頁 50），前文提及這是傳道書共出現四十七次的動詞，這裏以第一人稱形式出現，顯示這是傳道者本身的主觀觀點，也反映出傳道者的觀看與思考不斷地進行。換句話說，傳道者嘗試提供一個解釋。他觀看「上帝給世人的擔子」，覺得上帝使世人在其中勞苦（10 節）。這一節經文重複了一章 13 節的內容：「上帝給世人何等沉重的擔子，使他們在其中勞苦」。「擔子」（*ʿinyān*）在一章 13 節、四章 8 節和八章 16 節都出現（參 3.1.2.1「專心……〔一 13〕」，頁 47），「擔子」有時也譯作「勞苦」（二 23、26），「事務」（五 3）和「經營」（五 14）。總意來說，「擔子」是指世人忙碌與勞動的作為，以致成為一種負擔。

看來，上帝的目的就是要世人為世上的事忙碌與勞苦，而這些忙碌與勞苦的事務組成了一個人一生所做的事。但是，忙碌與勞苦依然建基於定期和定時的基礎上，這些勞苦均有其時機，因為接下來說到「上帝造萬物，各按其時成為美好」（11 節上）。形容詞「美好」（*yāp̄eʰ*）也在五章 18 節中出現。在希伯來聖經中，它一般意思為「美貌」或「英俊」，例如：撒萊（創十二 14）、約瑟（創三十九 6）、大衛（撒上十六 12）和押沙龍（撒下十四 25）等。同樣的形容詞也可指樹枝的枝條秀美（結三十一 3、9）、果子的華美（耶十一 16），以及動物的肥美(耶四十六20)。惟獨傳道書三章11節和五章18節,*yāp̄eh* 義涵「美好」、「適合」、「恰當」的綜合性意義。「各按其時成為美好」亦符合三章1至8節所說的時機,人生際遇的正反兩面各有適合的時間。

接著傳道者說上帝「又將永恆安放在世人心裏」,只是「上帝從始至終的作為,人不能測透」(11節下)。這一節的關鍵字是「永恆」(*hāʿōlām*),而它對理解11節的意義是具有爭議與影響的,因此學者也眾說紛紜。在傳道書,「永恆」(*ōlām*)意思可作「永遠」(參一4、10,二16,三14,九6,十二5)。換句話說,它是指一種超越時間概念的範疇。「永恆」或「永遠」既是屬於上帝國度的無限境界,世人的心如何能承載「永恆」這種境界?而且,如果世人真的有了「永恆」的意識,為何接下來說人不能測透上帝從始至終的作為呢?或許,這就是讓傳道者百思不得其解的諷刺之事——上帝使人在有定期和定時的時間框架裏勞苦,上帝也給人「永恆」的可能性。只不過,即使擁有「永恆」在心裏,世人依然不能理解上帝如何有所作為,或何時有所不為!11節更斷言,這些事情不只超越了人的掌控能力,也超越了人的理解能力。

4.1.3 吃喝是勞碌的賞賜(三12~13)

接下來12節及14節都以「我知道」(*yādaʿtî*)作為句子的開始,與10節相同,都以第一人稱動詞來表達傳道者的觀察與反思。因此,我們不難看見一位不斷觀察世事與反覆思考的智者,他以文字記錄了他耿耿於懷的世事。這裏,他似乎有所領悟說自己「知道」,彷彿是想通了一些事。他想通的事包括「人除了終身喜樂納福,沒有一件幸福的事」。這個句子中的連接詞「除了」(*kî ʾim*)很重要,因為它左右了這節經文的理解方向。傳道者在9節質疑「益處」的存在。基於這基礎,在12節他認為世人基本上沒有一件「幸福」的事——直譯應該是「沒有好的〔事〕」(*ʾên ṭôḇ*),「除非」他們在一生之中懂得享受喜樂,以及「做好的事」(*ʿăśāh ṭôḇ*)。「和修版」把「做好的事」翻譯為「納福」,反映樂善好施的立場,這也無可厚非。不過,「好的事」在廣義上也包括一些使自己身心靈有益和舒暢的事。「好」(*ṭôḇ*)在這一節出現兩次,立場卻是相對的——「沒有一件好的事」(*ên ṭôḇ*)對比「除非他們做好的事」(*ʿăśāh ṭôḇ*），這在原文中其實是一種文字遊戲（word play）。這個文字遊戲間接地傳達人生的選擇必然有難以分辨的情況，好與不好之間有時是相互對立的。

此外，傳道者所洞悉的範疇也包括「人人吃喝，在他的一切勞碌中享福，這也是上帝的賞賜」（13 節）。「在他的一切勞碌中享福」直譯應該是「在他的一切勞碌中看好的事」。12 節是「做好的事」（*ʿăśāʰ ṭôḇ*），也就是做正確的選擇為自己帶來好處。這一節則是「看好的事」（*rāʾāʰ ṭôḇ*），指體驗人生或者享受生活，「和修版」譯為「享福」是很貼切的。當「吃喝」與享受生活的概念同時出現，代表兩者有直接性的關聯。因此，「吃喝」在這裏不只是為了生存，而是一種享受生活的選擇。享受生活是基於勞碌的前提下進行的，這是有別於享用不義之財或不勞而獲所帶來的享受。因此，基於勞碌前提的吃喝與享福，才能算是來自「上帝的賞賜」（*mattaṯ ʾĕlōhîm*；原文可直譯為「上帝的禮物」）。這一節的內容與二章 24 節是一致的：「難道一個人有吃有喝，且在勞碌中享福，不是福氣嗎？我看這也是出於上帝的手」（參 3.3.1「衡量智慧與愚昧的異同〔二 12～16〕」，頁 64）。

信仰反省

上一代的人生活較為清苦，那時很多人吃喝的目的在於填飽肚子。但幾十年之後的今天，人們對吃喝的態度可以說已從生存（基本需要）到享受（體驗美食）了。當我們瀏覽朋友的面書，很常發現他們所發貼的佳餚美食的影像，種類應有盡有、美不勝收。傳道者在三章 13 節對吃喝的態度，也是從享受生活的角度來評論的。他說「吃喝」是「享福」，意即吃喝就是體驗人生，包括享受美食。古時的人們在田間勞動過後，能夠親自享受所得的出產，是一件美好的事。今天，當我們工作後，按月獲得一份薪金，把所獲得的用在「好」（*ṭôḇ*）的事上，就是享福或體驗人生。傳道者說，人在勞碌中有吃喝和體驗美事，是「上帝的賞賜」。我們不如思索一下傳道者所說的：如果我們只懂得勞碌工作，卻不會體驗生活中各樣美好的事物，會不會不知不覺地糟蹋了上帝的禮物？

4.1.4 上帝主導世上萬事(三 14～15)

就如 12 節，14 節也以「我知道」(*yāḏaʿtî*)作為句子的開始，這裏顯示傳道者有持續性的領悟。「上帝所做的」(*yaʿăśeh hāʾĕlōhîm*)這短句很特別，因為 12 節提到世人應該「做」的，就是在勞碌中體驗「美事」。傳道者之前叫人「做」應該做的，在這裏說明上帝也「做」，只是上帝所做的事是存到「永遠」的。這與人所做的不同，因為人只能夠在「定期」和「定時」的時間框架裏進行。而且，人是無法改變上帝所做的事，無論是「增添」或「減少」。上帝沒有給人這種屬於永恆領域的能力，只將永恆的意識存放在人的心裏(參 11 節)。人知道自己與上帝有別時，就懂得在上帝面前「存敬畏的心」(14 節)。「敬畏」(*yārēʾ*)上帝的概念，全書共出現五次(14 節，五 7，七 18，八 12～13，十二 13)，第一次出現於 14 節。筆者認為，所謂「敬畏」上帝，是對上帝的臨在、主權、行事方式存有一種高度的敏銳。因此，上帝保留不讓世人知道祂行動的時機，也不讓世人左右祂做事的方法——包括這裏說到的「增添」和「減少」。有了這種上帝與世人之間的界限差別之概念，世人在上帝的面前才得以抱持敬畏的心。

令人無法測透的上帝

傳道書所提及的上帝，是充滿行動與主權的上帝(有關傳道書的「上帝」，可另參專欄「傳道書的『上帝』〔*ʾĕlōhîm*〕」，頁 35)。全書的論述中，傳道者認為世界萬有的事物是因為上帝而存有的。三章 11 節說：「上帝造萬物，各按其時成為美好。」14 節也說：「上帝所做的都必存到永遠。」而 15 節說：「上帝使已過的事重新再來。」換句話說，這些經文談論上帝有所行動，只是祂任憑人無法測透祂行動的動機和方法。所以，三章 11 節提到：「上帝從始至終的作為，人不能測透。」一方面，傳道者肯定上帝乃萬有之源頭和動力；另一方面，他也指明上帝與人是有分別的。世人是有限的，所以世人不能揣摩上帝所做的事，祂如何行事，以及祂何時行動，他也不知道。一位專長於智慧文學的猶太學者霍克斯(Michael V. Fox)就這麼評論：「上帝掌管人類生活的細節，但刻意與人類保持一段距離。」[6]

15 節與一章 9 節的內容在意義上有些關聯：「已有的事，後必再有；已行的事，後必再行。日光之下並無新事」（一 9）。這裏 15 節說：「現今的事以前就有了，將來的事也早已有了，並且上帝使已過的事重新再來。」這一節經文就構成過去、現今及未來的時間層透視，並使用「事情重複發生」的概念將它們關聯起來。至於，這些事情何時發生，則完全操縱在上帝的手中，它們依然各有其定期和定時。所以，15 節的內容也呼應了 1 節「凡事都有定期，天下每一事務都有定時」，使 1 至 15 節成為一個思想完整的段落。1 至 15 節傳達著上帝掌控世界的秩序（order），日光之下的人和事務都依從這個秩序來運作。人類無法理解這個秩序如何運行，或者何時發生；亦不能改變其運作和時間。不過，我們可以放心的是，一切世事並非偶然或雜亂無序，也並非在上帝的掌控之外。世人可以在這個運作當中把持一種隨遇而安的態度，因為一切事務都掌握在上帝手裏。

死亡的時間在上帝手中

「死亡」是華人刻意避開的課題，因為死亡的概念令人心生害怕。一個人死去的時候，就會失去一生所累積的一切；而人人都會害怕失去這一切。不過，傳道書三章 1 至 15 節肯定了所有事務各有其發生之時，包括死亡。一般上，華人都是勤奮工作的人，特別處於亞洲——一個經濟發展迅速又充滿競爭的處境，我們更給人一種勞碌不息之感。面臨可能死亡的那一刻，當想到自己所累積的一切所有——財富、成就、產業、名分等等將要化為烏有時，那是多麼可怕的一件事。人害怕死亡，很有可能是因為人害怕失去對自己生命的主權。傳道書三章 1 至 15 節的宣告中，居然連死亡都按其時成為美好，因為上帝也伸手於人死亡的事件和時間之上。原來主權一直都是掌握在上帝的手中；所以當一個人死去的時候，他並沒有失去自己不曾擁有的主權。經文也提醒我們，上帝與人類的活動是有別的。當人的心裏有永恆的意識，我們的工作與勞碌就成為一種肯定，因為人可以選擇在汲汲營營的生活當中，享受美好的事情，以及曉得敬畏上帝。在人的能力所能達致的範圍之內，沒有因素可以阻止人去體驗人生與活出美好。因此，死亡不會消解一個人曾經所擁有的一切，如財富、成就、產業、名分等等，在上帝所運行和洞悉的境界當中，其依然有存在的意義。同時，死亡也見證了一個人是否有活出生命的深度與闊度；當一個人臨死之時，他或她所擁有的一切會成為其他人見證和慶祝之原因。所以，死亡也按其時成為美好。

4.2 觀察奸惡的存在(三16～22)

16至22節是七項生活觀察中的第二項，傳道者觀察到世人生活中有奸惡的存在。傳道書首兩章呈現一位君王的威望與身分：傳道者自我描述偉大的成就，同時又不斷感嘆虛空。我們很快就發現，從第三章開始，經文的敍述從王室場景走向普羅大眾。從生活場景的角度轉換，看出傳道者的視線似乎走出了養尊處優的王宮，開始逐一檢視日光之下的「凡事」、「天下每一事務」，以及「世人」的勞碌與生活。傳道者改變角色，成為一名社會生活的旁觀者。他開始描述一個真實且諷刺的社會——社會公義的普遍欠失(16～17節)。然而，再次出現的是傳道者的領悟與對生命的反思，甚至把世人的遭遇和生死，與走獸的遭遇與生死比較(18～21節)。然後，傳道者以一貫的生活哲學作為結語——世人最好不過的，還是活在當下(三22)。

分段大綱(三16～22)

一、公平公義之處有奸惡(三16～17)
二、世人與走獸的分別(三18～21)
三、暫且在世事上喜樂(三22)

4.2.1 公平公義之處有奸惡(三16～17)

10節提到世人的擔子與他們在其中勞苦，16至17節則描繪日光之下的生活有奸惡的存在。16節說：「我又見日光之下，應有公平之處有奸惡，應有公義之處也有奸惡。」其實，「奸惡」(*rešaᶜ*)的字根一共在這兩節經文中出現三次，而且皆有定冠詞，直譯是「那奸惡」或「那惡人」(*hārešaᶜ*)。17節以名詞形式出現，指「奸惡的人」或「惡人」。「奸惡」(*rešaᶜ*)這字眼的重複，傳達了日光之下的生活有奸惡的事反覆地發生之情形。定冠詞的使用也反映出特定的奸惡事件，也就是當時的作者與讀者都能體會的當代某種社會問題。這反映特定的奸惡之事不斷地發生在生活裏，那麼這奸惡之事是發生在哪裏呢？在這兩節的經文當中，其實還有另外一個出現三次的字眼，也就是「在那裏」

(*šāmmāʰ*；16 節)，前兩次是中文譯本沒有翻譯出來的字眼。如果直譯的話，「應有公平之處有奸惡，應有公義之處也有奸惡」應譯作「在公平之處，那裏有奸惡；在公義之處，那裏也有奸惡」。很顯然地，第三個「在那裏」(*šām*；17 節)跟 16 節的「公平之處」(*məqôm hammišpāṭ*)和「公義之處」(*məqôm haṣṣeḏeq*)是互相呼應的。不過，這一次是指向上帝的審判之處，也就是說，既然人類世界的審判之處達不到一個公平和公義的要求，那上帝的審判之處將會達到這個標準。很諷刺的是，奸惡的事情卻發生在本來應是公平和公義的地方，而且還不斷地發生。

mišpāṭ 通常譯作「公義」，而 ṣeḏeq 是譯作「公平」(參五 8)，「和修版」將這兩個詞倒轉譯。

「公平」(*ṣeḏeq*)和**「公義」**(*mišpāṭ*；**或作「公理」和「審判」**)是希伯來聖經常常出現的配對字(word pair)，兩者共同反映一種社會秩序。古時，「公平之處」和「公義之處」通常處於城門口；城門口是一個人潮擁擠的地方，人來人往進行買賣、聯誼、執法和解決民事的糾紛。傳道者卻在這地方看到奸惡事件一再地發生，可見傳道者的評論是尖銳的，他所描述的社會失序是一種諷刺的現象。以今天的言語，可說是在法庭一直發生司法不公和顛倒公正的現象。本應用以高舉公平和伸張公義的司法界，卻淪落成一再增加奸惡事件發生之地。當今社會一些地方，普遍市民也能體會到這種不公與不義的現象。

宇宙的秩序與上帝的審判

根據智慧文學裏的創造神學，社會秩序需要配合宇宙的秩序。如果社會秩序失衡，宇宙的秩序架構亦會被負面地影響，而重建秩序就是一項必要的神聖任務。所以，我們可以理解傳道者為何馬上引進「上帝必審判」的説法(三 17)。「上帝必審判」反映出傳道者的智慧神學——真正的審判在上帝的手中；審判的時機亦然，因為「各樣事務，一切工作，都有定時。」這「定時」的説法，承接三章 1 至 8 節的時間觀，並説明在一切時機的背後有上帝在動工。

17 節說:「上帝必審判義人和惡人,因為在那裏,各樣事務,一切工作,都有定時。」審判的「定時」是指甚麼時候呢?是日光之下的某個時日,還是終末審判之時?按照傳道書一致的思想,「定時」應該是指日光之下的時間,而非指未來的時間。智慧思想本來就是探索活在當下的實踐之道,而智者也灌輸人如何活在當下的智慧。末日審判的時間觀是天啟文學的關懷,而非智慧文學的關懷。因此,17 節所傳達的正確社會秩序,也就是上帝審判義人和惡人,是在人類歷史中按其定時而發生的。這個理解角度,取決於我們如何詮釋第三次出現的「在那裏」(*šām*;17 節),這個副詞未見於一般英文翻譯本(除了「新英王欽定版」〔*NKJV*〕)。「在那裏」並非指末日的審判台,而是重提 16 節兩次提及的地方——人間的「公平之處」和「公義之處」。上帝的審判在今生也可能會發生,就如上帝不斷介入以色列人的歷史,帶出審判和救贖的行動一樣。既然人間的「公平之處」和「公義之處」不能發揮正確審判的作用,上帝這位公義的審判官會在特定的時機,在這些審判的地方執行正確審判的任務。若知道上帝會在人類歷史中一個指定的時機審判世人,我們便會定下心來。因為那些濫用權力來違反公理的人,最終必要為自己的行為負上責任。

不過,經文也指出上帝的審判不是只對惡人實行。17 節把奸惡和公義並列,並說上帝要審判義人和惡人。也就是說,「審判」(*šāpaṭ*)這個動詞不一定是與負面的「懲罰」有關(針對惡人),也與正面的「獎賞」有關(針對義人)。義人會在上帝審判世人的時候得到肯定和獎賞,而惡人面對的將是刑罰和懲治。這個理解,是與同一節「各樣事務,一切工作」相通的,因為「各樣事務,一切工作」並非只是指惡人所做的惡事,也包括義人所持信和堅忍的好事。「工作」(*maᶜăśeʰ*;16 節)這個字眼,在傳道書也用在上帝的作為(參 11 節,七 13,八 17,十一 5),可見無論好壞之事,上帝會一一審判人的作為。傳道者在這方面的確信是有造就性的,即使他只是在「心裏說」(17 節)。因此,「上帝必審判」是積極並可滿心期待的。到時,惡人的惡行會受判決,義人的義行也會得到肯定。

即便如此,我們需要辨認傳道者在 16 至 17 節是描述社會的問題,而非提倡解決社會問題的方法。他為社會公義欠失的問題,預設了上帝在當今世界有

奸惡存在之真實

三章16至17節指引我們應保持沉著的態度，去應對一個公義欠失的社會。今天公義欠失的普遍狀況，就是執政者把政權為作奸犯科的手段；治理權柄本是為要在社會中建立起公理，並且維護民間的公義。古代近東的君王被公認為「牧人」，有義務保護人民的安全和福利。然而許多掌權者一旦政權在手，就濫用職權，賄賂貪污，甚至刮取民脂民膏和欺凌弱勢羣體。所以，舊約先知所痛責的對象，往往是君王、官長和權勢在手的統治階層。

司法界也有可能會違反法律體系的精神，司法體系的用意本是樹立一個彼此負責任的共存社會，而法官和律師的角色是維護人民的合法權益，同時維護法律得以正確地實施。但是，一些不義的法官和貪財的律師也存在於司法的體系之中，他們貪財枉法，甚至扭曲事實的真相。原應屬於中立的司法體系，在一些國家的體制中變成當權政府的附屬機構。結果，作奸犯科的當權者還逍遙法外，揭發政治醜聞的人反遭牢獄之災。本應維護公正法治的獨立體系，有時卻也變成鞏固腐敗政權的手段和工具。

大眾媒介也難逃政治體制的限制，有些統治者藉著媒體來操縱市民的思想走向，有時為渲染政治企圖，有時為製造恐慌。面對威脅性的法律制度，和出版執照被封鎖的可能性，大眾媒介原本是濫權政府的守望者（watchdog），卻很可能無法發揮中立的專業操守，反變相淪為統治層的代言人。結果，本是真實的醜聞卻必須報導成不實的謠言，本是敗筆的政策卻要報導為漂亮功績，甚至奸臣居然也化身為功臣一名。是非顛倒，豈不是日光之下「在公平之處有奸惡，在公義之處也有奸惡」的真實寫照？

還好相信上帝的人可以從傳道書找到指引，就如傳道者說，上帝必審判義人和惡人。義人雖暫且在施壓者的淫威之下處於劣勢，但我們的視野需要凝視更遠之處：有一天惡人必要面對制裁，義人必得到高舉。

審判作為的思想。他把審判的時機引入世人的生活當中，為此注入有神論的行為評鑒。在這個基礎上，即使奸惡依然發生，且重複地發生，但傳道者並非建議世人持守消極的態度，或放棄體驗美好的東西。

傳道者在檢視日光之下的生活時，在司法組織和城門口看見的盡是反覆的奸惡，而且諷刺地發生在應當建設起審判和公義之處！傳道者不是一位先知，所以沒有大聲疾呼地呼籲世人悔改，並且把上帝末日的審判——也就是「耶和華的日子」——引進來。他是一名智者，主要是指引人如何在當下有智慧地度日。16 至 17 節確認了社會上所發生的不公不義之事，惟有上帝可以對奸惡之事做出正確的判決，而且世人在有生之年可以見證審判的發生。

4.2.2 世人與走獸的分別（三 18～21）

「走獸」（*bəhēmāʰ*）的名詞在傳道書一共出現四次，全都出現在 18 至 21 節之內。希伯來聖經中，它一般指向動物。不過，在這裏與「塵土」、「人」（*ʾāḏām*；即「世人」）、「氣息」的概念一起出現，令人聯想起上帝創造地上走獸的創世紀錄。傳道者在這裏把「世人」（*ʾāḏām*；或作「亞當」）與走獸比較，可能是源自創造神學的思維，兩者都是在創世的時候被上帝所造。傳道者把世人與走獸比較，正如二章 16 節他把智慧人與愚昧人比較——一樣會面對死亡（19 節）。基本上，在死亡的前提之下，智慧人或愚昧人、人類或走獸都好，下場皆同。所以，人類並沒有比走獸更勝一籌。

在 18 節，傳道者又說：「我心裏說」（參二 1，三 17），這反映他持續地向他的心說話，且在不斷的思考與探索。「為世人的緣故」這片語中的「為……緣故」（*ʿal-diḇraṯ*）之語法，屬於晚期希伯來文（Late Biblical Hebrew）的慣用語句，它只出現在 18 節、七章 14 節，以及但以理書二章 30 節的亞蘭文經文之段落裏。「上帝考驗他們，讓他們看見自己不過像走獸一樣」（18 節），接下來傳道者則解釋為何世人像走獸，他們的生死遭遇是一樣的：「這個怎樣死，那個也怎樣死，他們都有一樣的氣息」（19 節）。「遭遇」（*miqreʰ*）在 19 節裏出現三次，大多數英文譯本都譯為 fate（「命運」），我們也可理解為「機遇」。這裏所謂的遭遇或機遇，其實就是指「生存」（*rûªḥ*；「氣息」）和死亡。

有思想、有靈性的人類居然無法比走獸更勝一籌，這不禁使傳道者再次感嘆虛空：「人不能強於走獸，全是虛空」（19 節）。這裏的「虛空」有「徒然、白費心機」之意，因為世人並沒有比走獸好，成為人也真是徒然了；「虛空」也傳達出一種荒謬、超越理解之感。傳道者或許不解：為何人類不比走獸好？接下來兩節似乎道出了一種疑惑：人類與走獸都歸一處，出於塵土也歸於塵土（兩者相同)；「誰知道人的氣息是往上升，走獸的氣息是下入地呢？」(兩者不同)傳道者可能在反駁當時一種思想與說法，這個說法是以為人類勝於走獸，人死後的氣息往上升，走獸死後的氣息下入地。[7] 不過，他在十二章 7 節才揭開真相：「塵土仍歸於地，像原來一樣，氣息仍歸於賜氣息的上帝。」這樣看來，傳道者所理解的人類與走獸基本上還是一樣——兩者出於塵土也歸於塵土，兩者的氣息還是歸於上帝。這鞏固了他本有的虛空之感，所以他在十二章 8 節再次以「虛空的虛空」來總結人生；在這裏則指引人應當在有氣息的時候，活在當下。

4.2.3 暫且在世事上喜樂(三 22)

「總而言之」(*wərāʾîṯî*)原文應譯作「而我看」，「和合本」譯作「故此，我見」。「和修版」的翻譯是奇特的。傳道者其實以第一人稱說自己「看見」，就如傳道書三章一直出現的表達形式(三 10、12、14、16、18)。這個形式是重要的，因為它反映智慧文學的權威往往來自智者的主觀體驗。傳道者經常表達他主觀的看法，在這裏也是一樣。

傳道者認為人能夠在自己所投入的工作上「喜樂」(*śāmaḥ*)，是「最好不過」的(*ʾên ṭôḇ*)。在傳道書，與 22 節同樣有「最好不過」(*ʾên ṭôḇ*)的概念，另參二章 24 節、三章 12 節、八章 15 節。它的翻譯按照語義範圍而有所不同，按照下文所陳列的經文來看，它亦可做「難道……不……」(二 24)、「除了……沒有」(三 12)、「莫過於……」(八 15)的翻譯：

- 「**難道**一個人有吃有喝，且在勞碌中享福，**不是**福氣嗎？我看這也是出於上帝的手。」(二 24)
- 「我知道，人**除了**終身喜樂納福，**沒有**一件幸福的事」。(三 12)
- 「總而言之，人能夠在他經營的事上喜樂，是**最好不過**了，因為這是他應得的報償。他身後的事誰能領他回來看呢？」(三 22)
- 「我就稱讚快樂，原來人在日光之下，最大的福氣**莫過於**吃喝快樂；他在日光之下，上帝賜他一生的日子，要從勞碌中享受所得。」(八 15)

傳道書出現的「喜樂經文」

傳道書有些經文不斷出現「喜樂」、「自得其樂」或「快樂」的字眼（參二10，三12、22，四16，五18，八15，十19，十一8～9）。在這些經文之中，「喜樂」（*śāmaḥ*）的字根最常以動詞的形式出現，只有一次是形容詞（二10）。我們稱這些經文作「喜樂經文」，因為在充滿虛空感嘆的傳道書之中，它們耀眼奪目，能令人精神為之一振。另外，「喜樂」、「報償」與「吃喝」之概念有關的經文，一共有四處（二24～26，三12～13，五18～20，九7～10）。這些經文若排列一處，可能給人一種縱慾的傾向；不過謹慎閱讀個別經文的上下文，我們會發現它們每次出現，不過是傳道者感嘆虛空與無奈（二24～26），質疑益處的存在（三11～12，五18～20）或面對死亡之可能性（九7～10）之後所產生的一種生活洞悉。這並非逃避現實也非鼓吹縱慾，而是在無常的生活當中適度地、暫且地舒緩，並喘一口氣。在勞碌工作之餘去體驗生活，在能力所及之時享受美事，這樣才算沒有虛度此生。

每一次「最好不過」（*ʾên ṭôḇ*）之概念出現的時候，經文若不是與享福有關（二24），就是與喜樂有關（12、22節，八15）。而且，每一次都是在傳道者感嘆虛空，或者質疑益處的存在之後而產生的感想。可見，「最好不過」是傳道者在他所觀察到的變數生活中，可以提供的暫時「解藥」——指引人好好地活在當下。所謂好好地活在當下，就是體驗美事和經歷喜樂。最好不過的，就是珍惜眼前的生活，這反映一種適時而活、隨遇而安的生活智慧。

此外，「報償」或「分」（*ḥēleq*）的字眼，繼二章10節及二章21節之後再次出現於此。傳道書全書一共有八次用這個字眼來傳達一個人的本分、福分或產業之概念（二10、21，三22，五18、19，九6、9，十一2），其中有六次說到一個人的 *ḥēleq* 是與他的勞碌或其所經營的事息息相關（二10、21，三22，五18、19，九9）。在這裏，傳道者說人能夠在他經營的事上喜樂，是他應得的報償。其實「報償」或「分」同時指出一個人生活的可能性（possibilities）與有限性（limitation）。❽ 可能性是因為它是一個有做工或勞碌之人的報償，有限性是因為人死後就享受不到這種報償。所以，這裏依然承接自18至21節有關死亡的思路。人只要還有氣息，就享有在工作當中得到喜樂的可能性。「他身後的事誰能領他回來看呢？」是一句反問，如果人不曉得在自己所經營的事上得回自己的福分——也就是體驗工作之後的喜樂——而只是一味地工作或一心想賺取更多而已，那他死後連看人享受的機會都失去了。可見「做工、喜樂與報償」這三個思想組合，傳遞了傳道書工作倫理的生活哲學。一個人必須要做工才享受到樂趣，而這樂趣是一個做工的人應該得到的回報。游手好閒的富二代或好吃懶做一族，是無法體會這種生活哲學的。

4.3 觀察何謂「好」(四 1～16)

「勝過格言」是一句以 B 勝過 A 的比較說法、勸戒人選擇 B 的智慧言語。

四章 1 至 16 節出現的文學單元是一系列的**「勝過格言」**(“better than ...” sayings)，也是傳道者七項生活觀察中的第三項。不過，這段落的「勝過格言」之思路還延續到五章 1 至 7 節所提到的宗教層面，而傳道書另外兩個系列的「勝過格言」是處在七章 1 至 12 節和九章 16 至 18 節。「勝過格言」普遍地出現在以色列的智慧文學之中(參箴十五 16～17，十六 8、16、19、32，二十八 6)。當然，類似的格言文體也出現於埃及的智慧文學中，因為智者經常藉著這種格言形式來傳達相對好的智慧論述。

在 1 至 16 節這個經文單元中，傳道者觀察生活中相對較好的情形，繼而評論這些情形，這些評論都觸及人際關係的層面。世人常常在生活的選擇中找出最好的出路，不過真實的生活並非時常都有所謂最好的選擇，有時卻只有相對好的選擇，這與三章 22 節所說的似乎有點矛盾。傳道者在三章 22 節說：「總而言之，人能夠在他經營的事上喜樂，是最好不過了，因為這是他應得的報償。」傳道者剛剛提完「最好」，在四章 1 至 16 節卻似乎指出「相對的好」。換個角度來說，其實傳道者也在其他的比較中提到「兩者一樣」(二 16，三 18)，沒有指明「比較好」或「最好」的立場。不過，我們不應認為傳道者在全書的言論產生自相矛盾，因為傳道者這樣說的理由，乃依據不同的經文處境。當傳道者說「最好」的時候，是他觀察某些生活挑戰之後而得著的指引性小結。例如：死亡來到之前，人應該向著生活的可能性敞開，所以人「最好」在他經營的事上喜樂(三 22)。

1至16節是傳道者聚焦的觀察細節，他檢視生活之中人與人之間的關係。他得出的見解是，其中一種情形會比另一種好；這是一種「這個勝過那個」的思考模式。用處境倫理角度來說，那是「兩害相權取其輕」(choose the lesser of two evils)的比較性原則；只是，傳道者以正面的說法詮釋之。1至3節的論述涉及社會中的欺壓之事，經文描述欺壓者的權柄和受害者的眼淚。這種光景中，傳道者感嘆說：「已死的死人，勝過那還活著的活人」。4至6節述說人與人之間有彼此嫉妒，引發一切的勞碌和各樣的成就。在這種情形之下，傳道者感嘆說：「一掌滿滿而得享安靜，勝過兩掌滿滿而勞碌捕風。」在7至12節，傳道者觀察孤單的人勞碌不息卻不滿足，也沒有人共同享用。在這種情形之下，傳道者感嘆說兩個人勝過一個人，因為兩個人可以共用、同伴與結合力量。13至16節先提出一個貧窮而有智慧的年輕人，勝過一個不再聽勸的年老君王。不過，因人心的轉變，年輕人後來亦不再受歡迎。以上這些生活觀察與比較，使傳道者再次感嘆虛空和捕風的真實體驗。

分段大綱(四1～16)

一、死人勝過活人(四1～3)

二、知足勝過慾求(四4～6)

三、二人勝過一人(四7～12)

1. 一個孤單的人(四7～8)
2. 二人比一人好(四9～12上)
3. 三人好上加好(四12下)

四、智慧勝過愚昧(四13～16)

4.3.1 死人勝過活人(四1～3)

在1至16節的「勝過格言」系列之中，1至3節屬於首列。1節「我轉而觀看日光之下所發生的一切欺壓之事。」傳道者依然在觀察著日光之下的生活，也依然「看見」(四1，參三10、16、22)日光之下的生活不斷發生欺壓之事。文中「一切欺壓之事」，不能按照字面意思理解為所有曾發生的欺壓之事，而應理解為社會中曾發生的各種欺壓情形。或者說，欺壓事件的發生可能是嚴重或廣泛的，甚至單在 1 節「欺壓」（*ʿōšqêhem*；複數）這字眼就出現了三次；這與三章 16 至 17 節的「奸惡」這字眼一樣，傳達「不斷發生」的義涵。

「日光之下」（*taḥaṯ haššāmeš*）一詞是傳道書獨有的表達。「日光之下」主要表達世人存活的領域，與天上或陰間的領域不同。在希伯來聖經只出現三十次，均在傳道書內（一 3、9、14，二 11、17、18、19、20、22，三 16，四 1、3、7、15，五 12、17，六 1、12，八 9、15〔x2〕、17，九 3、6、9〔x2〕、11、13，十 5），四章 1 節出現之時，已經是第十一次（有關「日光之下」的討論，可參 2.2.2.3「『日光之下』」，頁 36）。在傳道書之內，「日光之下」一詞出現最多的就是在第二章和第九章，各出現六次。雖然，在希伯來聖經其他書卷找不到「日光之下」的字眼，但在希伯來聖經之外「日光之下」一詞的表達，卻出現在古代近東其他的智慧文獻之內，例如：公元前五世紀刻在一名腓尼基君王的石棺上之碑文，以及公元前十二世紀的一份埃蘭王（Elamite King；亦可譯作「以攔王」）碑文，有提過「日光之下」的表達。另外，《吉加墨史詩》（*Epic of Gilgamesh*）有對人生的短暫發出感嘆，亦提到了「日光」的字眼。[9]

傳道者以少見的情感宣洩作為表達的方式，說：「看哪！」（「和修版」沒感嘆號）彷彿要引導人們的視線投注在受欺壓者的眼淚上。「看哪，受欺壓的流淚，無人安慰；欺壓他們的有權勢，也無人安慰。」（1 節）彷彿言者和聽者當時正身歷其境，能夠看見受壓迫事件正在發生。一般上，傳道者的論述較為偏向理性和冷靜，而且保持距離地檢視日光之下的事，所以這裏卻是少有令人看見他有流露情感的地方。依據原文翻譯，其實還可以加添感嘆號，且譯成：「看哪！受欺壓的流淚，他們無人安慰！欺壓他們的有權勢，他們無人安慰！」

1 節「欺壓他們的有權勢，也無人安慰！」這節經文在解經上產生難題：何以傳道者感嘆欺壓者無人安慰？其中一個解釋進路，是把出現兩次的「他們無人安慰」（*wəʾên lāhem mənaḥēm*）都指向受欺壓者；因此，有譯本修改了第二次出現的字眼，作「無人加以援助」（「思高譯本」）、「無人拯救他們」（*New*

English Translation 將「安慰」譯作 deliver〔「拯救」〕）。⑩ 另外一個解釋進路，是把第二個希伯來字「安慰」（*naḥēm*）理解成「復仇」或「懲治」（*naqqēm*；avenge）。因此，1 節下半句就解為：「看哪！受欺壓的流淚，他們無人拯救〔deliver〕！欺壓他們的有權勢，他們無人報仇〔avenge〕！」⑪

「欺壓他們的有權勢」原文應譯為「從欺壓者的手有權勢」，其中的「手」（*yaḏ*）這個字，其實有「從」的附屬介詞，直譯應該是「從手」（*miyyaḏ*），但是「和合本」及「和修版」並沒有翻譯出來。其實，欺壓者的「手」與受欺壓的「眼淚」是傳道者刻意運用的對比修辭。「手」和「眼淚」的意象加強經文的視覺效果——欺壓者的「手」在壓迫，而受欺壓者只能流「眼淚」。加上「看哪！」的感嘆，形成一幅百姓無助受壓的真實寫照，這形成一個有權勢（powerful）跟無權勢（powerless）的尖銳社會對比。

經文並沒有指出誰是欺壓者，但是強調他們的手有「權勢」（*kōaḥ*）。一般上「權勢」乃指政治力量（書十七 17；但八 22）、財富能力（申八 18）或軍事力量（代下十四 10〔「和修版」十四 11，譯作「強」〕）。若用以描述上帝，「權勢」則指一種於創造（耶十 12）、於受造界（詩二十九 4）、於救贖和審判（出十五 6）等情境下展現的神聖能力。在這裏，「權勢」從欺壓者手裏行使出來；換句話說，本來可以在政治、經濟和軍事上作出造就性的貢獻能力，卻在欺壓者手中變成破壞性的壓迫力量。因此，擁有政治、經濟和軍事「權勢」在手的人，若錯用此等權勢，則有可能導致他們成為加害他人者。社會上一般擁有這種權勢的人屬於王族、權貴、富商、官長或軍事領袖等；也就是說，通常被欺壓者，就是一般平民、窮人、受薪族或下屬。

這段經文顯出傳道者將焦點放在受欺壓者身上。這節經文兩次說「無人安慰」（*wəʾên lāhem mənaḥēm*；可譯作「但是他們沒有安慰」或「但是他們無人安慰」）。兩次出現時都有一個連接詞「但是」（*wə*），但「和合本」和「和修版」均沒翻譯出來。它的意思是說，受欺壓的人應該得到安慰，「但是」沒有！這使傳道者不解：「因此，我讚嘆那已死的死人，勝過那還活著的活人。」（2 節）在「那已死的死人」和「那還活著的活人」這兩句片語中的「死」和「活」的字眼都重複出現，看起來似乎無此必要；不過筆者卻認為此舉帶有強調之作用。

「新譯本」把這兩個重複的字眼都省略了，因此被譯為「我讚嘆那已死的人，勝過那還活著的人」。不過，這麼一來經文原本的表達力度就被削減，筆者認為傳道者的意思是「比死人還死的人」和「比活人更活生生的人」，為了雙倍強調死人更勝於活人之意。傳道者似乎意猶未盡地更進一步，強調那尚未出生的還比這兩種人更幸福（3 節）；因為尚未出生的未曾見過日光之下這些欺壓之惡事，毋須忍受現實的殘酷。可見，傳道者在這裏使用的「勝過」說法是雙重的——死人勝過活人；而尚未出生者更勝過這兩者。

再者，2 節讚嘆「死人勝於活人」的說法，需要對照九章 4 節：「活著的狗勝過死了的獅子」，以及九章 5 節「活著的人知道必死；死了的人毫無所知」。針對死亡的課題，傳道者表現出的立場在不同經文看來有些差異，這是因為可能在不同情形中皆有不同的關注點。接下來，傳道者還有更多對死亡課題的觀察與指示。而四章 2 節處於書卷篇幅前段，屬於一種生活觀察和讚嘆，因此還未具有傳達傳道者整體上對「死亡」課題的代表性結論。在這裏，傳道者以一個無助老百姓的角度來反思生活；老百姓的手沒有權勢，他們受欺壓亦沒有得到安慰。傳道者藉著重複講述「欺壓」和「無人安慰」的概念，用「看哪！」和「眼淚」等字眼，在 1 至 3 節描繪了一幅貼切又真實的社會生活面貌的寫照。生活中的壓迫令人苦惱，因為受壓迫的人，均是手裏無權勢之人；而社會中的欺壓者，往往都是手操政治與經濟大權者，權力架構往往會導致欺壓事件的發生。未見過殘酷世面的人，不會參與在冤屈的吶喊之中；已經去世的人及那些還未出世的人，他們不在「日光之下」，則毋須忍受現實的殘酷。所以傳道者覺得，這兩種人看來比在「日光之下」的人較好。

傳道者觀察到一個真實的社會生活剪影——社會階級架構的分化使有權勢的人有機會欺壓沒有權勢的人。若權勢運用得宜則造就羣眾，反之權勢也會被利用為壓迫者之手段。1 至 3 節的「勝過」格言與三章 22 節的「最好不過」存有呼應的關係。三章 22 節說：「總而言之，人能夠在他經營的事上喜樂，是最好不過了，因為這是他應得的報償。他身後的事誰能領他回來看呢？」1 至 3 節指出的是「相對」的好，三章 22 節指出的卻是「最」好不過的事。目前人所做的事上，依然有他應該得到的「分」（「和修版」作「應得的報償」）。

這個報償的概念在傳道書大多帶有積極、造就性的面向（參二20，三22，五18、19，九9）。在這個思想基礎上，人需要保持一種活在當下的喜樂。傳道者先提出「最好不過」的論點（三22），再引述人生「比較好」的個別情況（四3）。

從公義欠失的社會反思敬虔

傳道書三章16至17節和四章1至3節反映兩個現實社會的生活，反映傳道者活在亂世的敬虔。傳道者檢視日光之下的事，他看見社會有公義欠失，奸惡和欺壓之事不斷地發生。他清楚地提供兩個智慧指引：等待上帝審判奸惡的時機（三16～17），以及真實地面對嚴酷的社會生活（四1～3）。雖然，人無法逃避生活的現實，但這不代表應該放棄生命；對生活負責任的人不會癱瘓自身的行動能力。

4.3.2 知足勝過慾求（四4～6）

傳道者又觀察到另一種相對的好——擁有得少的人比擁有得多的還好。他這麼說，是因為觀察到人與人之間有嫉妒：「我見人因彼此嫉妒而有一切的勞碌和各樣工作的成就，這也是虛空，也是捕風。」（4節）嫉妒產生競爭心理，使人不斷勞碌，只為賺取更多，使人不斷追求成功以致能夠超越他人。「成就」（*kišrôn*；即 success）的原文也有「技巧」（即 skill）之意，它的字根只出現在晚期成書的希伯來聖經的書卷，在傳道書中出現五次，有時解為「成就」或「成功」（五10，十10，十一6），有時則為「技巧」（二21，四4）。其他出現同樣字根的是在以斯帖記，以動詞形式出現，其含義為前者（斯八5）。傳道者在這裏觀察到人與人之間的關係，因為嫉妒而彼此競爭，人們進而投身於各種各樣的勞碌。有些人可能不眠不休地勞苦，摧殘了自己的生命；也因為嫉妒，人不斷追求成功，好讓自己能超越他人。傳道者看透世人這種盲目追逐的迷思，使他再次感嘆「虛空」和「捕風」。

5節說「愚昧人抱著雙臂，自食其肉」。「抱著雙臂」是一幅懶惰、不願幹活的圖畫，例如「再睡片時，打盹片時，抱著雙臂躺臥片時，你的貧窮就如盜賊來到，你的貧乏彷彿拿盾牌的人來臨。」（箴六 10～11，二十四 33～34）。智慧文學一般都指責懶惰人，箴言的教導著重品格塑造，所以也責備懶惰人（參箴六 6、9，十三 4，十九 24，二十 4，二十一 25 等等）。這裏傳道者說懶惰人是愚昧人，他們「自食其肉」。我們通常說一個人自食其果，是指他種的是甚麼，收的也是甚麼。這通常指向負面的情形，也就是一種後果自負的說法。「自食其肉」把同樣的原理，從地上出產的比喻挪用到人的身上——吃自己的肉，就是一個人逐漸吞滅自己，以致最後自我敗壞的下場。另外一個理解，可從「懶惰引致貧窮」的智慧學說的角度作為進路，「自食其肉」是指一個人身上所剩下的愈來愈少，結果到最後一無所有。

接下來的經文很重要，傳道者雖指責懶惰人，但他也不鼓吹過分勞碌。他的下一句諺語針對勞碌提供一個平衡之道：「一掌滿滿而得享安靜，勝過兩掌滿滿而勞碌捕風。」（6 節）這一節與 4 節的思路是有呼應關係的，與其彼此嫉妒而產生過分的勞碌與捕風式的爭取，倒不如滿足於手上可以擁有的。一手可得滿滿而且內心得安寧，勝過勞碌不休地爭取兩手滿滿。因此，我們可以說，4 至 6 節的內容有一個交叉結構。核心重點是避免愚昧、不做懶惰人；努力工作的同時也毋須過分爭取，知足是一種智慧。

A　嫉妒：引致一切勞碌與追求成功（4 節）

　　B　懶惰：愚昧人必自取敗亡（5 節）

A'　知足：少取而安靜勝過多賺而捕風（6 節）

這樣看來，4 至 6 節是擁有一個完整的思路結構的。人在嫉妒當中的競爭與作為是虛空的（4 節），然而人卻也不可完全沒有勞動（5 節），智慧的做法是適可而止，知足常樂（6 節）。所以，傳道者認為得少好過得多，一個人能夠知足勝於不斷慾求。

4.3.3 二人勝過一人（四 7～12）

傳道者在四章 1 至 3 節的觀察是人類社會中強權欺壓弱勢的現象，四章 4 至 6 節的觀察則是工作關係裏出現彼此嫉妒而引致的勞碌與爭取。而 7 至

12節的單元是四章1至16節之中的第三個「勝過格言」，說到人與人之間的關係，其中心思想是二人勝過一人。經文出現的數目字有一（四8、9、11）、二（四9、11、12）和三（四12）的漸進順序推展。當中，「二」或者「兩個」（*šənayim*）用雙數形式的字眼，在8節和10節還有另外一個傳達「第二個人」或「另外一人」之意思的字眼（*šēnî*；單數），各譯為「雙」（8節）或「別人」（10節）。由於經文整體上有「x，x+1」的數目形式，筆者把整段經文稱為「格言一二三：勝過格言」（7～12節），結構如下：

A　一個孤單的人（7～8節）

B　二人比一人好（9～12節上）

C　三人好上加好（12節下）

4.3.3.1 一個孤單的人（四7～8）

在7至8節，傳道者再次轉而觀看在日光之下其中一件虛空的事。「轉而觀看」、「日光之下」和「虛空」等字眼在前文已經多次出現，表明傳道者再次不斷觀察世事，亦持續地感嘆虛空。傳道者觀察到「有人孤單無雙，無子無兄弟，竟勞碌不息，眼目也不以財富為滿足。」（8節）「孤單無雙」（*yēš ʾeḥāḏ wəʾên šēnî*）原文可譯為「有一無二」。「無子無兄弟」在原文是「無子和兄弟」，加上「勞碌不息」的「不」（*ên*；即「無」的意思）字，8節一共三次出現「無」字。傳道者想強調「沒有」的狀態與所帶來諷刺的情形——沒有第二個人、沒有兒子兄弟，但居然卻沒有停止勞碌。

傳道者更進一步地說，這獨居的人之「眼目」不以「財富」為滿足。箴言有幾次提到「眼目」與「財富」的關聯；一般而言，智者教誨人不可懶惰：「不要貪睡，免致貧窮；眼要睜開，就可吃飽。」（箴二十13）。不過，有些人卻見錢眼開，眼目所見都是財富，所以智慧人教誨說：「你定睛在財富，它就消失，因為它必長翅膀，如鷹向天飛去。」（箴二十三5）另外，還有一些警告，也將眼目和財富關聯起來，例如箴言二十八章22節：「守財奴〔眼目邪惡的人〕想要急速發財，卻不知窮乏必臨到他身上。」以及箴言二十七章20節：「陰間和冥府永不滿足，人的眼目也是如此。」傳道書這裏說的也是「眼目也不以財富為滿足」的人，而他的情形是孤單一人。

從「和修版」看來，這個孤單的人似乎自問說：「我勞碌，自己卻不享福，到底是為了誰呢？」不過，「他說」並沒有出現於原文，而是「和合本」及「和修版」在翻譯時加入的。因為，經文的論述突然從第三人稱轉換為第一人稱，這轉變引發不同的詮釋立場。所以，另一些譯本認為，這個孤單的人從來不問自己為誰而勞碌。例如：

- 「呂振中譯本」作：「他的眼目也從未以財富為足，以致他從未自問：我勞勞碌碌、薄於自奉，而不享樂，到底為的是誰？」
- 天主教的「思高譯本」亦然：「他的眼總是貪得無厭，從來不問：『我辛辛苦苦，節制享樂，究竟是為誰？』」
- *King James Version*（「英王欽定本」）也反映同樣的立場："neither is his eye satisfied with riches; neither saith he, For whom do I labour, and bereave my soul of good?"

綜觀以上譯本的立場，「他說」及「他不說」均非出自原文、而是譯者所加入的理解觀點。當然，「他說」及「他不說」都可能是傳道者沒有說出來的話，原文這種省略手法（ellipsis）也是有可能的。大多數的聖經譯本採取「他說」的看法，雖然這與經文的思路相左。筆者認為「他不說」的立場比較可取，因為內容比較一致——這個孤單的人勞碌不息、不滿足，也不問自己為誰勞碌。這樣，傳道者接下來的感嘆「這也是虛空，是極沉重的擔子」，較為符合整體連貫性的邏輯。因此，「虛空」在這裏是指超乎理解之感，傳道者不明白為何有人要獨自勞碌，心不滿足，也不與人同享。

4.3.3.2 二人比一人好（四 9～12 上）

9 至 12 節上的主要內容是強調兩個人比一個人好。「兩個人總比一個人好，他們勞碌同得美好的報償。」（9 節）前文說到令人感嘆虛空的一件事，是因為有人孤單勞碌，身邊卻沒有人可以同享所得。這裏描繪有兩個人的情形就不同，他們勞碌起來是不會孤單的，而且兩個人一同享受成果是比較好的。也就是說，人的享福有一個條件，這解決之前所提問的「到底是為了誰呢」？「報償」（*śāḵār*）原文是「工資」，這反映一同工作、一同享受成果的歡愉。獨來獨往的人是體會不到這種同伴關係所帶來的歡愉。

傳道者繼續描述二人勝過一人的生活寫照：「若是跌倒，這人可以扶起他的同伴；倘若孤身跌倒，沒有別人扶起他來，這人就有禍了。」（10節）一個人跌倒，自己是可以站起來的；不過被人扶起來則多了一分關係的意義。如此看來，傳道者所提倡的生活中美好的事，包括人與人之間的同伴、同工和彼此扶助的美好關係。

傳道者又繼續描述二人勝過一人的看法：「再者，二人同睡就都暖和，一人獨睡怎能暖和呢？」（11節）在農耕背景中，一起工作的場景是田地；田地出產的季節，是工人最忙碌的時候。因為收割莊稼事務繁多，工人往往不能回家睡覺，於是工人夜晚在工作場所過夜，是收割季節的時候相當普遍之事。接下來也說：「若遇敵攻擊，孤身難當，二人就能抵擋他。」（12節上）收割時期也會有盜賊入侵，一個人要面對這種情形是無助的，但身邊有一個同伴也就不容易成為強盜的目標，而且有同伴就有照應，比較容易抵擋敵人。「抵擋」（*yiṯqəpô*）的字根是以色列晚期歷史才出現的希伯來字眼，只見於傳道書四章12節和六章10節，以及晚期成書的書卷（斯九29〔「和修版」譯作「全權」〕，十2〔「和修版」十四11，譯作「能力」〕；伯十四20，十五24；但十一17）。人在彼此扶助中更能應付危機，這說法亦見於《吉加墨史詩》。⓬

4.3.3.3 三人好上加好（四12下）

「三股合成的繩子不易折斷」（12節下）是當時流行的一句格言，傳道者引用當時流行的格言來傳達「團結就是力量」的看法，藉以加強經文所提倡的「二人勝過一人」之觀點。當時在農耕勞動的社會，繩子是一種普遍的勞動工具，所以這句諺語也不失為一個貼切的意象。「三」在這裏的含義是「多」而非數字的字面意思。從箴言三十章15至31節的「數位箴言」看來，「x，x+1」的數字思維往往著重後面所添加的那一項。筆者相信這裏亦然，兩個人一起工作比一個人獨自工作來得好，工人面對一羣盜賊的入侵，同伴自然愈多愈好。

不過，9 至 12 節於今日常被解釋為婚姻關係前提下的「二人勝過一人」，可能借此傳達婚姻能夠解決一個人所面對的孤單問題。但是，從這個角度理解則會忽略經文中的「勞碌」思路（四 8〔x2〕、9），更忽略了其農耕收割的場景。面對四章 12 節下「三股合成的繩子不易折斷」的時候，一般的詮釋是將上帝的角色引進來，這樣做的結果雖然神學正確，但卻未必忠於經文原意所述。顯而易見的是，四章 1 至 16 節的「勝過格言」都論及人際關係；而四章 7 至 12 節上強調在勞碌當中有同伴的相對好處，四章 12 節下更進一步提倡多人好辦事之道。勞碌的生活中有發生意外的機率，因此一個人去面對並不好，而羣體生活能使一個人過得「更好」。

4.3.4 智慧勝過愚昧（四 13 ~ 16）

接下來，13 至 16 節是四章 1 至 16 節的「勝過格言」系列的最後一段，不少人把這段經文的文學類型定為軼事（anecdote），也有學者從聖經故事或歷史事迹的角度來推測文中所描述的人物，他們認為當中的年輕人與年長的王的分別是約瑟與法老王、大衛和掃羅、但以理和尼布甲尼撒等等。不過，各種歷史推測都屬主觀看法，上述所建議的相關人物也未必完全符合經文的記載。因此，較理想的做法，是把這段經文看為傳道者想表達某個重點的一篇軼事。

這篇軼事將一名貧窮而有智慧的年輕人，以及年老不再納諫的愚昧王作出比較。文中短短的人物描繪進行了三樣平行對比：他們之間的年齡（年輕對比年老）、社會地位（貧窮人對比國王）和智性能力（智慧對比愚昧）。這一項「勝過格言」說：「貧窮而有智慧的年輕人，勝過年老不再納諫的愚昧王。」（13 節）

年老未必代表愚昧，所以原文的連接詞（*wə*）應該被翻譯為「卻」，因此可譯為：「勝過年老卻愚昧不再納諫的君王」；否則，我們可能會誤解為「年老就愚昧」的說法。有智慧的君王會考慮參謀們所呈上的策略；但一個君王會愚昧，乃因為他不再聽信勸諫，特別是他需要納諫的時候，也就是年老、思想開始退化的時期。當一位君王不聽取勸諫，而選擇一意孤行時就容易犯上錯誤。經文所論及的君王，正是因為不再聽勸而被稱為愚昧（而不是因為年老成為愚昧）。相對之下，那位年輕人雖有智慧，但他的出身卻很卑微。他貧窮且曾坐過監牢：「那人從監牢裏出來作王，在國中原是出身貧寒。」(14 節)傳道者可能在講述一個耳熟能詳的智慧典故，也可能在引用一個熟悉的歷史事件。然而，傳道者並沒有講明君王和年輕人的身分，可見主角的身分在本段落的重要性純屬次要。傳道者主要是藉著這軼事中的兩個主角，傳達一個重要的信息。

14 至 15 節究竟牽涉多少個人物，是一個解經上的議題，因為 14 節沒有指明那位第三人稱單數陽性主詞是誰：「那人從監牢裏出來作王，在國中原是出身貧寒」。我們只知道是「那人」，但究竟那人是指年老王還是年輕人呢？接著，「我見日光之下所有行走的活人，都跟隨那年輕人，就是接續作王的那位」(15 節)。這裏「接續作王的那位」之第三人稱詞尾也不太明顯是指誰，有學者甚至指出有第二位年輕人之可能性。大部分人認為全文只牽涉一個年輕人，也就是接替年老君王的那一位，「和合本」、「和修版」和「新譯本」的譯文正反映這種見解。但是，筆者認為經文很可能牽涉兩名年輕人，第一位就是那位有智慧的年輕人；第二位是另一個年輕的接替者。因為，15 節的原文其實出現「那第二個年輕人」(*hayyeleḏ haššēnî*)的字眼，可作「另外一個年輕人」之意。如此，「他的百姓，就是他所治理的眾人，多得無數；但後來的人還是不喜歡他」(16 節)就相對較容易理解，並顯得更合理了。

因此，13 至 16 節的軼事可理解為：有一位貧窮、有智慧但坐過監牢的年輕人，當起一國的君王；雖然他出身卑微，但取代了之前一位年老卻不再納諫的愚昧君王。不過，在他之後還有另一位年輕人接任這位有智慧的君王。當時，所有人都願意跟隨那接續作王的第二位年輕人，而這第二位接續作王的年輕人也在當時治理了許多人；但沒想到，後來的人也是一樣不喜歡他。

簡言之，文中所傳達的是政權交替的迴繞，往往新崛起的政治領袖初期都會大受歡迎，其原因可能是新的領袖比較年輕，而且新的領導人一般都會帶來新的政策。一開始，人民對新的政治領袖都會愛戴有加，但很快地因著種種原因，人民不再喜歡這個領袖，這個迴繞會一直維持下去。可是，經文重點可能不是在迴繞交替的政權，而著重於一個人擁有政權的短暫性。這件軼事所傳達給我們的信息是，政權交替並沒有止境，政治領袖所享有的聲望也是短暫的。換句話說，政治權柄所帶來的榮耀和地位，經不起時間的考驗。

因此，傳道者又感嘆「虛空」和「捕風」，「虛空」在這裏是短暫之意，有如呼吸或氣息一樣很快就消逝，「捕風」的字眼加強了「虛空」的短暫和輕浮之感。「虛空」在這件軼事的語境，表達一個人感嘆擁有政權的短暫。政治領導所得到的歡迎度是無法持久的；這件軼事表達傳道者對日光之下的事物短暫之感嘆，更對執掌政權的短暫而感嘆虛空。

智慧在政壇上還是有其用處的，一個政治領袖所實施的管治智慧，能為他帶來好處。但是，智慧卻未必被人持久地看重，因為還有其他因素導致一位政治領袖是否被眾人接納。傳道者為智慧帶來一些譏諷：起初，智慧（年輕人）勝過愚昧（年老的王）；後來，年輕人和年老王卻沒有實存的差別。因為他們面對同樣的遭遇——被其他人取代。智慧使第一個年輕人暫時順利，因當時年老的政治領袖不再納諫，他或許愚昧地運用權柄，因而失去民心。不過，即使有智慧的年輕人暫時勝過年老的愚昧王，但這位智慧的年輕人與年老王的遭遇還是一樣，最後他被第二個年輕人取代。這件軼事與傳道者在二章14至15節的感嘆，如出一轍。

威斯曼（Ze'ev Weisman）指出13至16節存有幾方面諷喻的文學特質。⓭ 第一，不再聽取勸諫的年老王，其愚昧使他失去了他的國度；第二，取代年老王的年輕人，也面對一樣被人取代的遭遇；第三，輕浮易變的人民反覆無常，實在難以滿足。威斯曼的諷喻解說有其道理，但他的結論則是傳道者絕望地發出虛空和捕風的結語。筆者不認為傳道者是絕望或無助的，他只是感嘆世事的發生的確這樣短暫，令人難以捉摸，也難以理解。傳道者的重點是，他所觀察到的政壇是充滿變數的，即使智慧是比較好的選擇，但是智慧不能確保人時時都能成功或能長久得益。當時機發生之時，總有人取代另一個人。（三1～8）。

筆者認為，傳道者所感嘆的譏諷或許是針對當時的歷史場景而言。歷史上，亞述被巴比倫所取代，後來波斯又取代巴比倫。傳道者指向的事實是，波斯很快又會被另外一個帝國所取代。傳道者在暗示當時的統治政權很快也會成為過去，雖然波斯在初期治國有方，大受殖民的歡迎，的確享有短暫的榮耀，但眼前的君王很快會被新王淘汰，因此與政權有關的眾望盛名，也是暫時性的。傳道者預設了政權轉換的可能性，畢竟以前發生過的，以後也會發生。他叫人心有所預備，不要對政權的轉換存有過高的期望，因其未必長久。在智慧的基礎上，智慧還是好的；只是它帶來的好處也是暫時的。這段經文處於「勝過格言」系列之中，可見智慧還是有相對的好處，而不是完全沒有好處。簡言之，智慧的治理比愚昧的治理好。

四章 1 至 16 節的「勝過格言」系列指出日光之下人與人之間的互動。四章 1 至 3 節描述有權勢的人欺壓無助的市民，後者流淚也無人安慰。因此，傳道者感嘆説死去的人相對比活著的人還好。四章 4 至 6 節則論述工作的人彼此嫉妒，產生一切勞碌與爭取成功。他雖然責備懶惰，卻不認同過度的勞碌與盲目的爭取；所以他説少得勝於多得。四章 7 至 12 節以「勝過格言」開始，描述工作情形之下，兩個人比一個人好。其實，傳道者認為扶助的人應愈多愈好。四章 13 至 16 節也以「勝過格言」開始，述説一件軼事。他認為智慧勝過愚昧，但這也引致虛空和捕風的感嘆。

4.4 觀察宗教的活動（五 1～7）

在聖經譯本中的五章 1 節，在希伯來聖經所處的位置其實是四章 17 節，因此大多數的聖經譯本的五章 2 節，在希伯來聖經才是五章 1 節。五章 1 至 7 節在三章 1 節至六章 9 節的大段落之中，是傳道者第四項生活觀察，與宗教事宜有關。作為一個新的文學單元，這段經文的開首是命令式語氣「謹慎你的腳步」（1 節），五章 6 節（「和修版」7 節）也有另外一個命令式語句「你只要敬畏上帝」，明顯與之前的反思語境不同。間中的經文有不少是禁令或警戒，而傳道者常常重複「不可……」的語氣。不過，整段經文的中心思想是強調上帝與世人之間要保持應有的距離與界限。

1 至 7 節提到很多與以色列宗教有關的詞彙，傳道書的宗教思想似乎都集中在這裏。此外，九章 2 節也提到一個人敬虔與否，在於他是否有獻祭。在五章 1 至 7 節，傳道者勸解人對上帝要有順服和敬畏，然後在五章 8 至 9 節才提及公義和壓迫的問題。宗教與生活在思路上的關聯，反映摩西律法的精神 —— 上帝對子民的要求就是平衡宗教活動與公義的生活。

「你到上帝的殿要謹慎你的腳步；近前聽，勝過愚昧人獻祭，他們不知道自己在作惡。」（1節）這裏「上帝的殿」原文是「上帝的家」（*bêṯ hāʾĕlōhîm*），同樣的字眼若用以形容異教敬拜場所，通常被翻譯成「神的廟」，就如但以理書一章2節。⓮ 在上帝的家，傳道者帶出行動、獻祭、禱告和許願的宗教活動（五2～5）。「你的腳步」（*rag̱leʸḵā*）原文直譯是「你的雙腳」（*rag̱leʸḵā* 是 Ketib 讀法；雙數〔dual〕），但也有另一個讀法（*rag̱ləḵā*；*Qere* 讀法；單數〔singular〕）。經文的意思是人去到聖殿的時候，雙腳要知道怎麼走——行動需要恭敬而非馬虎。

其中一個恭敬必做的是「近前聽」，這會「勝過愚昧人獻祭」，很多人將這裏的「聽」與申命記六章4節的「示瑪」（Shema；希伯來文：*šəmaʿ*）經文關聯起來，認為傳道者提倡順服勝於獻祭。不過，傳道者有可能在對比「聽」與「說」，特別是接下來2節刻意提到「冒失開口」、「心急發言」和「話語要少」。這裏的「開口」、「發言」和「話語」是在上帝的殿中進行的，所以最有可能指發誓和禱告。「愚昧人……他們不知道自己在作惡」這句，可見當時人們胡亂說話的情況是何其嚴重。人不知道自己在宗教事宜上態度失敬——輕言發誓與胡亂禱告，就好像愚昧人不知道自己在作惡一樣。「近前聽，勝過愚昧人獻祭」令人想起四章1至16節「勝過格言」的系列，傳道者在那裏說到相對好的情形，而這裏傳道者的語氣一開始是命令式的：「要謹慎你的雙腳！」傳道者著重的並非在進行宗教活動本身，而是進行宗教活動的言行態度是否合宜。可見，人去聖殿進行宗教活動不能表裏不一，進行敬拜的活動之餘，態度上也不能失敬。

「在上帝面前你不可冒失開口，也不可心急發言」（2節上）中的「冒失」與「心急」屬同義詞，意即「急躁」。在話語上急躁的人，一般亦是與愚昧人同列（參箴十八13）；箴言二十九章20節也說：「你見過言語急躁的人嗎？愚昧人比他更有指望。」特別是在上帝的殿裏，人更需要提升恭敬的意識。「因為上帝在天上，你在地上，所以你的話語要少。」（2節下）在有地位的人面前，話語少自然是一種恭敬的態度，何況這裏的對象是上帝。「上帝在天上，人在地上」的說法，反映傳道者一種「上帝與人之間有別」的距離概念，這神學思想在傳道書整體上是一致的。即使，傳道者肯定上帝有所作為，上帝的作為卻是人不能測透、也查不出來的(三11，八17)。在這裏，更能看到傳道者所描述的上帝是一位超越的上帝。

3節說：「事務多，令人做夢；話語多，顯出愚昧。」看來這是一句格言，不過只有後半句與上一節有關聯。「話語多，顯出愚昧」是肯定2節所提及的言語過失；「事務多，令人做夢」則引致學者眾說紛紜。「事務」(*ʿinyān*)的原文在傳道書共出現八次，可以指「勞苦」(二23、26)、「擔子」(一13，三10，四8)或「遭遇」(五14)；不過在八章16節則譯為「發生的事」(「事務」詳細的討論，可參3.1.2.1「專心……〔一13〕」中「擔子」的討論，頁49)。因此，它是傳道者慣用的詞彙。而「做夢」很有可能傳達一種虛浮、短暫的意義，與全書所醞釀的虛空之感契合。總而言之，3節傳達一種負面的寫照，為要鞏固2節所述的。

接著，傳道者繼續朝著話語方面的過失來展開話題：「你向上帝許願，還願不可遲延，因他不喜歡愚昧人，你許的願應當償還。」(4節)向上帝許願，態度需要認真；申命記二十三章21至22節說到許願：「你向耶和華—你的上帝許願，不可遲延還願，因為耶和華—你的上帝必定向你追討，你就有罪了。你若不許願，倒沒有罪。」這與傳道者下一節所傳達的內容相似：「你許願不還，不如不許。」不過原文所表達的說法比較正面，因為用的是「勝過格言」的格式，直譯是：「不許願勝過許願而不還願。」

「使者面前」在「七十士譯本」是譯作「上帝面前」(pro prosōpou tou theou)。

下一節依然承接上文有關話語缺乏節制的關注：「不可放任你的口使肉體犯罪，也不可在**使者面前**說是錯許了。」「和修版」有註明「使者」(*hammalʾāḵ*)，在「七十士譯本」的詮釋中被理解為是「上帝本身」。不過，這裏的「使者」有定冠詞，可能是傳道者和讀者都熟悉的，持有宗教任務的一位人物。瑪拉基書二章7節提到祭司是萬軍之耶和華的「使者」，而這裏上文下理涉及的都是宗教事項，因此這裏的使者應該是指處理宗教事務的祭司。祭司是上帝與子民之間的中介人物，處理獻祭、認罪、許願與還願的事宜。雖然，祭司成為人們許願和還願的中介角色，但上帝最終還是人許願的對象。所以，下一句

「為何使上帝因你的聲音發怒，敗壞你手所做的呢？」(6節)就比較容易理解了。

「多夢多言，其中多有虛空」(7節上)與3節的「夢」意義相同，這一句再次鞏固3節所說的。此外，言語的課題至此接近尾聲了，它貫穿1至7節整段經文。最終，傳道者以7節下作為結語：「你只要敬畏上帝。」這是整段經文第二次出現的命令語氣，顯明傳道者身為一名擁有權威的智者，在教誨人敬畏上帝。7節是傳道書第二次出現「敬畏上帝」之言論(另參三14，七18，八12～13，十二13)，全書一共有五次，而「敬畏上帝」所出現之經文處境，都傳達著重要的神學指標。

綜合來說，傳道者在1至7節清楚地向前往聖殿進行宗教活動的人提供兩樣指示。第一，行為舉止要謹慎，話語不可沒有節制，向上帝許過的願也要還願。第二，所有的宗教表現，最重要的還是以敬畏上帝為最高原則：「你只要敬畏上帝」(7節)。可見，傳道者對宗教事務之觀察，提供人一種宗教精神的指引。我們應該關心的，是有沒有在進行宗教活動之時，對上帝持有一種敬畏的態度。敬畏上帝的心態比宗教表現還重要，失去對上帝敬畏之心，當中所說的空洞宗教言詞，就顯出一個人的愚昧，也毫無用處。

4.5 觀察壓迫的存在(五8～9)

在希伯來聖經，是五章7至8節。有關希伯來聖經經文的排列與譯本的分別，可參：4.4「觀察宗教的活動〔五1～7〕」，頁105。

8至9節在字義及詮釋上屬於難解的經文，至今學者及不同譯本亦未達成共識。「你若在一個地區看見窮人受欺壓，公義公平被掠奪，不要因此驚奇」(8節上)，這兩節經文主要的概念與8節上的幾個鑰字有關，包括「欺壓」(*ʿōšeq*；在傳道書共出現五次)，「公義」(*mišpāṭ*；在傳道書共出現六次)和「公平」(*ṣeḏeq*；在傳道書共出現三次)，有關「公義」與「公平」的意義，可參三章16節的分析(參4.2.1「公平公義之處有奸惡〔三16～17〕」，頁85～86)。可想而知，這段經文關乎「公義」與「公平」遭違反的課題，準確來說，是關乎權力架構出現腐敗的情況。「地區」原文是*məḏînā*^{h}，「和合本」譯為「省」，反映波斯政府區域性的省級治理。傳道者所觀察的違反「公義」和「公平」事件，是發生在「這個區域之內」(*ḇamməḏînā*^{h}；

原文是由一個介詞 *ḇə*〔在……裏面〕加上一個定冠詞 *ha*〔那〕及名詞 *məḏînā^{h}* 組成），而非在中央政府的範疇。蕭俊良指出，*məḏînā^{h}* 的字眼是刻意與 *mišpāṭ*「公義」這近音字放在一起，形成一種文字遊戲（word play）；而且，前者的詞源意義是「司法之處」，而公義有時譯為「審判」。⑮ 這乃一種修辭作用，諷刺「審判之處沒有公正」的事實。而傳道者接著說：「不要因此驚奇」，我們就更可以確定他的修辭用意——政權的腐敗是真實且普遍的。

「有一位高過居高位的在鑒察，在他們之上還有更高的」（8 節下）中的「居高位的」（*gāḇō^{a}h*）表明一個在政治、社會與經濟地位高人一等的官員，但有學者認為是指「心高氣傲者」（arrogant one）。⑯ 這裏說到居高位者之上還有一位高過他的，在他們之上還有更高的。這一節經文之中，「居高位的」（*gāḇō^{a}h*）在原文共出現三次，反映一種「官上有官、官官相護」的官僚制度（參「馮象譯本」）。8 節下反映政府體制階層，也影射不同管理階層皆有腐敗的現象。

9 節「況且地的益處歸眾人，就是君王也受田地的供應」是充滿爭議性的經文。由於原文字眼模糊，整句片語也意思不明，有學者採取修訂原文的做法（emendation），或指出原文母音不當（mispointing）而造成意思混淆。這節經文裏，在「君王」這詞之前出現一個代名詞，它的寫法（*Ketib*）是陰性單數代名詞（*hîʾ*），但卻被讀為（*Qere*）陽性單數代名詞（*hûʾ*）。如果它是一個陰性代名詞，就是指涉「田地」；若果是陽性代名詞，就是指涉「益處」或「君王」。究竟它是陰性代名詞抑或陽性代名詞，到如今也沒有定案。

雖然出現這種混淆，筆者認為這一節的重點是「地的益處」。「和修版」加了註，列出另一個譯法：「君王有耕種的田地，對全地是有益的。」筆者認為這個翻譯比較可取。其實原文直譯乃「君王之於受服事的田地」（*meleḵ ləśāḏe^{h} neʿĕḇāḏ*；英文作 a king to a cultivated field），是「受服事的田地」而非「受服事的君王」，意思是土地得到恰當的處理或耕作（而不是君王得到田地的供應），受到良耕的田地，是一種治國有方的意象。故此，9 節應該譯為「君王有良耕的田地」。一位君王——特別是治理有方的君王——決定了地的益處。所以，上文所述爭議性的第三人稱代詞，應該是指「君王」（即陽性單數代名詞）。

筆者建議 9 節的翻譯為：「在這之上，土地的益處來自君王有良耕的田地」（英文可譯為：Yet in all, the advantage of the land is a king to a cultivated field）。⑰簡言之，8 至 9 節的內容應該理解為：既然腐敗的官僚階層造成窮人受欺壓，那麼如果有一位善於治理的君王，對土地就有益處。由於區域性的政府官員會欺壓窮人，掠奪公義公平，那麼作為中央政府的最高層，君王需要治國有方才能為全地帶來益處。古代智慧文獻《安設善訓誨錄》（*The Instructions of Ankhsheshonq*）也記錄過這麼一句：「村鎮的富裕來自執行公平的主人」（The wealth of a town is a lord who does justice）。⑱

8 至 9 節是傳道者在三章 1 節至六章 9 節之內的第五項生活觀察，他觀察官員在某地區造成社會階層上的壓迫，使窮人——低下階層人士——受欺壓，也違反了公義與公平的治理精神。傳道者勸導人，若觀察到這種現象不要驚奇，因為這影射當地腐敗的官僚制度。接著，傳道者也表達自己的看法，認為一位善於治理的君王將會改善一國的情況，這對土地也帶來益處。傳道者這麼說，看來是為了傳達理想的治理概念；不過傳道者也有可能在運用雙關語，其實在暗諷一個治理有所欠失的地區政府，並且更批評政府最高層的組織。其實，善於治理的君王可以改善官僚制度的陋習，或解決低層官員的腐敗問題。這樣，人民才不會成為社會壓迫的受害者。一般上，智者在治理方面具備洞悉能力，以上也不失為傳道者的管治智慧。

君王有責任提倡公義

按照古代近東的文獻，一名君王是背負著照顧人民利益的責任。《漢摩拉比法典》的引言記錄漢摩拉比王自述提倡公義，杜絕奸惡，其結語也說到自己君權神授，得牧人的角色。⑲巴比倫也有一句箴言說：「人民沒有君王就如羊羣沒有牧人一般。」⑳希伯來聖經也傳達君王是牧人的雙重身分（詩七十八 72）；有關上帝的隱喻也包括君王（詩二十四 8，九十九 1）與牧人（詩二十三 1，八十 1）的身分。不過，現實生活中，權力架構也可能帶來壓迫。因此，以色列先知如以賽亞和阿摩司怒斥濫用權力的權貴與官長，宣告「耶和華的日子」審判和拯救的臨到。作為一名智者，傳道者對君王的角色作出指引，並肯定有效的管治能為全地帶來益處。

4.6 觀察人對財富的態度（五 10～20）

傳道者在 10 至 20 節論述有關財富的課題，這是他在三章 1 節至六章 9 節之內的第六個生活觀察。一般上，基督徒可能因為「貪財是萬惡之根」（提前六 10）的認知，對財富的學說會更加小心。然而在希伯來聖經，財富時常被看為其中一種蒙福的象徵，傳道者也認為享受財富不失為一件美事。他觀察人一般對財富的態度，認為人對財富的態度，決定了人是否享受財富所可能帶來的好處。若態度不當的話，則令他感到虛空。五章 10 至 20 節就反映這種感嘆。這段經文傳達一種透視 —— 人如何對財富持守正確的態度。

人對財富的態度

在五章 10 至 20 節，傳道者並非教誨人如何累積財富，而是感嘆人不懂得享受財富。針對財富，傳道者也有其一貫的虛空和捕風之感。傳道者並非覺得財富是屬於虛空的東西，他是認為財富乃人勞碌之後所應得的成果；不過因為看到一些人對財富的態度不正確，傳道者覺得財富因此給人一種虛空和捕風之感。作為成果，財富就是傳道者口中的「分」，即「和修版」的「應得的報償」。傳道者認為，人應曉得應用他生活裏美善的事物，包括財富，這是其中一種體驗生命的方式。不過，一些對財富的價值觀有偏差，又或者一些不幸的事件，都會影響財富在生活境況中的意義變了質，無法達到原初其造就性的目的。傳道者追問：「有甚麼益處？」顯示在財富的課題上，傳道者的虛空感嘆並非針對財富本身，而是針對人對財富的態度。

分段大綱（五 10～20）

一、財富價值被扭曲（五 10～12）

二、遭遇不幸的可能（五 13～17）

三、享受財富的美善（五 18～20）

4.6.1 財富價值被扭曲（五 10～12）

10 至 12 節提到三種有關財富的態度或情形，造成財富的真正價值被扭曲。首先，人喜愛金錢與富裕，但不知道何時才能知足。傳道者似乎觀察到人「喜愛銀子的，不因得銀子滿足；喜愛財富的，也不因得利益知足。這也是虛空」（10 節）。「銀子」（*kesep̄*）和「財富」（*hāmôn*）是世人都喜愛的東西。「利益」（*ṯəḇûʾāʰ*）一詞指的是「收成」或「出產」（參出二十三 10；利十九 25；申十四 22），反映農作社會的得著與賺取。「喜愛」（*ʾōhēḇ*）並不一定是「貪愛」（參「和合本」的翻譯「貪愛銀子」、「貪愛豐富」），不過在這裏代表一種慾望，因為慾望讓一個人不知滿足。四章 8 節說過，有人無子無兄弟竟也勞碌不息，而且眼目也不以錢財為足。因為對金錢的喜愛，人終日汲汲營營與勞碌奔波，思想如何賺取更多。可是人要擁有多少金錢才算足夠？人何時才會停止追求財富？這樣看來，擁有多一點還是不夠多，人似乎無止境地想累積更多財富；人心不足的這種態度，令傳道者感嘆虛空。

再者，人的消費會跟著財富更多而增加，因此人無法享受獲得財富的真正好處。傳道者有言：「貨物增添，吃的人也增添，物主得甚麼益處呢？不過眼看而已！」（11 節）賺取和消費是成正比的。「貨物」（*haṭṭôḇāʰ*）的原文直譯是「那些好的東西」，可作「好處」、「美物」之意，也可理解為人擁有的財物。而「吃」（*ôḵleʸhā*）亦可作「消費」（consume）之解，在創世記三十一章 15 節也有「吞吃了銀子」的表達。人所擁有的財物增加的時候，消費自然也會增加；「增添」（*rabbûʾ*）的原文有「極大」、「極多」的含義，因此可能是說消費不只增加，其實是大幅地暴漲。本來，一日三餐即可生存的簡單日子，在財物增加之後就變成慾求豪華與舒適的日子。人漸漸地可能還會從追求豪華與舒適變成奢侈和浪費。傳道者正是質疑這情形能否給人帶來實際的好處。傳道者這裏使用「益處」的原文是 *kišrôn*（參二章 21 節討論「益處」的意義；另參 3.4.1「世人的勞碌〔二 18～23〕」，頁 68～69），而不是比較常用的字眼 *yiṯrôn*（參一 3，二 11、13，三 9，五 9；另參 2.2.2.4「『益處』」，頁 37～38）。不過，兩者屬於同義詞，而傳道者在這裏依然對「益處」持質疑的態度。他問：「物主得甚麼益處呢？」其實他想說的是：「物主沒有得甚麼益處！」所以下一句是：「不過眼看而已！」

當事人似乎只能飽嘗眼福而不是持久得到益處！人賺取的金錢愈多，花費也愈大，結果財富只帶來霎時的滿足感。在傳道者看來，財富的加添只是給人更多即時的、眼見的享樂；但隨之增加的消費和感官享受卻不持久。

傳道者更進一步說，人的財富多，憂慮也跟著多。「勞碌的人不拘吃多吃少，睡得香甜；富人的豐足卻不容他睡覺。」（12節）這裏「勞碌的人」直譯是「服事的人」（*hāʿōḇēḏ*），與傳道者慣常用的「勞碌」（*ʿāmāl*）的字不同（參一3，二10，三9）。因此，這裏的重點可能不是工作擔子，而是「做工的人」，傳道者將他與「富有的人」作對比。前者是受雇的，後者是雇主。做工的人以勞碌得糊口，他無論消費多少會睡得香甜。不過，傳道者觀察到富有的雇主雖豐足卻不能安心入睡。顯而易見的是，雇主需要煩惱工資分配的問題，預防風險與災難，提防盜賊等等。當他的財富愈多時，煩惱自然也跟著多，生活也愈加複雜；再有可能的是，他的失眠與10節的不知足有關。不知足的人會為籌算更多而失眠——何時的投資才會賺取更多？如何策劃財富的分配最為划算？萬一有風險，投資怎麼辦？另外，一個人因為產業和財富多了，也有可能會擔心被人勒索或暗算。11節也提到消費所可能帶來的煩惱，並令人失眠。如何處理一筆存在銀行戶口中的龐大資金，是需要很多籌劃與心思，其中包括購買產業、計劃兒女的教育、策劃旅遊、籌備投資金、計劃退休金儲備，安排養老金等等。簡言之，財富豐厚可能令人更加憂慮，而這些顧慮會令一個人寢食難安；受薪人士則不需要煩惱以上雇主所煩的一切。

勞碌與虛空之感

「勞碌」（*ʿāmāl*；參2.2.2.2「『勞碌』」，頁35～36）在傳道書出現三十五次，出現次數最頻密的是第二章，一共十五次（在二10〔x2〕、11〔x2；「和修版」只譯作一次〕、18〔x2〕、19〔x2「和修版」只譯作一次〕、20〔x2〕、21〔x2〕、22〔x2〕、24）。「勞碌」（*ʿāmāl*）這個字眼出現的頻密度，直追出現三十八次的「虛空」。「勞碌」和「虛空」的反覆出現，反映傳道者所觀察的盡是世人的勞碌，以及勞碌過程中令他感嘆虛空的事。

4.6.2 遭遇不幸的可能（五 13～17）

人只懂得累積財富，卻不懂得善用財富，就是不懂得體驗生命。13 至 17 節提及這件可惜的事，傳道者稱之為「禍患」：「我見日光之下有一件令人憂傷的禍患，就是財主積存財富，反害自己。」（13 節）「禍患」以 *rāᶜ* 和 *rāᶜāʰ* 的形式於五章共出現四次（13〔x2〕、14、16 節），顯明生活裏發生禍患的經常性。累積財富的人未必能夠享受財富的美善，因為生活裏或會出現禍患或不幸。「他因遭遇不幸，財產盡失；他生了兒子，手裏卻一無所有。」（14 節）中的「不幸」與「禍患」原文是同一個字根 *rāᶜ*，「和修版」註明可譯為「經營不善」。「不幸」或「禍患」導致財產盡失，可能有不同的的原因，例如：生意失敗、遇人不淑、天災戰亂或經濟風暴。文中說這些禍患的發生，使累積財富的人最後卻一無所有；只是他還有孩子需要撫養，結果全家須面對怎麼繼續活下去的問題。這對任何一個人都會造成精神上、肉身上和心理上巨大的壓力。人之前所積存的財富並沒有防備這種不幸的光景，所以傳道者說他「反害自己」（13 節），因為人所儲存的財富，本可應付不時之需。

如果人所積存的財富不是為不時之需，難道他可以帶走嗎？接下來兩節的經文似乎嘗試剖析這個問題。「他怎樣從母胎赤身而來，也必照樣赤身而去；他所勞碌得來的，手中分毫不能帶去，這是一件令人憂傷的禍患。他來的時候怎樣，去的時候也必怎樣。他為風勞碌有甚麼益處呢？」（15～16 節）「來」和「去」是指人的「生」和「死」，這與中文的表達相似。約伯似乎也有類似的表達：「我赤身出於母胎，也必赤身歸回」（伯一 21 上）。這裏傳道者說，人死去和人出生的時候一樣，赤身來去；人勞碌得來的財富，生前若不懂得善用，死後也必赤身而去。這乃說明人今日積存的財富，明日不知能否活著享用。16 節重複 13 節的「令人憂傷的禍患」（*rāᶜāʰ ḥôlāʰ*），而不只是「禍患」（*rāᶜāʰ*），可見所發生的事令傳道者極之困擾。傳道者藉著 15 至 16 節所重複的「禍患論」，再次陳明他一貫的反問句：「有甚麼益處呢？」傳道者在這裏的感嘆，基本上與六章 1 至 2 節的思路是一致的：「我見日光之下有一件禍患重壓在人身上，就是人蒙上帝賜他財富、資產和尊榮，以致他心裏所願的一樣都不缺，只是上帝使他不能享用，反被外人享用。這是虛空，也是禍患。」

信仰反省

中文有句俗語說：「生不帶來，死不帶去」。當一位嬰孩出生的時候，雙手握緊拳頭；似乎反映其人生就此展開，從此之後要用雙手不斷去掌握與爭取。當一個人離世的時候，手掌卻鬆開；這似乎也傳達著人離開世界時，雙手甚麼都不能帶走。傳道者在五章 15 至 16 節則說人赤身而來，也赤身而去；人來的時候怎樣，去的的時候也必怎樣，這與華人的思想有相吻合之處。值得反思的不是「來」和「去」之時的一無所有，而是在活著之時如何善用手上勞碌所得的一切。

因此傳道者強調趁著生命還有氣息，手上亦還有財富的時候，要及時享受財富的好處。人可能因不幸的事件，留不住自己的財富，死後也不可能將任何財物帶走；那麼他就要在勞碌期間適時坐享其成。這不是提倡盡情縱慾，而是強調人應活在當下，因為今生可得的福分是一個人勞碌後應得的回報。此外，一個人積存財富，也要適得其道。儲蓄能夠幫助一個人應付不時之需，但人毋須變得活著只為積存金錢。

傳道者似乎意猶未盡，並加強語氣地說「並且」(*gam*)，「他終身在黑暗中吃喝，多有煩惱、病痛和怒氣。」(17 節)。「在黑暗中」(*baḥōšeḵ*) 有時可以是指涉死亡的威脅(參撒上二 9；伯十七 13；賽九 2)，這裏也有可能是指守財奴吝嗇不點燈，吃喝都在黑暗中進行之意。㉑ 一個人在黑暗中吃喝的可憐光景，產生落寞和愁煩之感。不過，傳道者也以「在黑暗中」形容愚昧人：「愚昧人卻在黑暗裏行」(二 14)，所以 17 節這裏影射 13 至 16 節的情形是愚昧人的做法。㉒ 另外，文中的「病痛」之產生，很有可能是因過度節儉所致，因為當生病的時候不求醫，年老的時候全身則出現病患的狀況。人若不及時活在當下而只顧積存財富，年老時回顧一生之際，或許會埋怨自己虛度此生，「怒氣」可能由此而生。因為，應該享受的時候他不享受，時機已過的時候他或許已無能力享受人生——因為衰老、生病、失去胃口又或者已經死亡。人本來應該成為財富的管家，反而淪為財富的囚犯。人對財富的態度不當，就沒有人生的喜樂和享受，只有生活的煩惱和怒氣。

信仰反省

在幾十年前大部分人的經濟能力比較有限，生活也比較艱苦。經濟困苦的日子使人辛勤勞碌，賺錢贍養全家。努力工作也節食省用之後，人還是有些積蓄，但因為過去慣於節儉，一些人還是緊緊的守住錢財，甚至可說是虧待自己。他們不捨得吃比較好的食物，也吝嗇於使用品質較好的衣物用品。節儉的確是一種美德，但我們會否本末倒置，到一個地步甚至賠上了健康？

4.6.3 享受財富的美善（五 18～20）

傳道者言歸正傳，這裏用「看哪！」回應之前令他感到憂傷的禍患（五 13、16），以及「有甚麼益處呢？」的質問（五 11）。傳道者以「為善為美」來轉換語氣，強調享受生命實在是件美事。我們能夠明顯看到在 18 至 20 節，傳道者切換語氣，提供了一個積極與正面的指引。與五章 13 至 17 節不同的是，「憂傷」（*ḥôlāʰ*）與「禍患」（*rāʿāʰ*）等等的字眼不再出現，取而代之的是「好」（*ṭôḇ*；「和修版」譯作「善」）與「美」（*yāp̄eʰ*）。這段經文對財富的論述與五章 10 至 17 節不一樣，因為傳道者引進了上帝的角色。

18 至 19 節是傳道書中其中一段使用「上帝」這字眼次數最頻密的經文。這段經文有很多傳道者慣用的積極字眼及正面指引，特別與三章 11 至 15 節在詞彙使用上很有關聯。例如：「美好」（三 11，五 18）的評價，「吃喝」與「享福」（三 13，五 18）的生活體驗，以及上帝賜予人喜樂的概念（三 13，五 18、20）。特別在 18 至 20 節中帶有很強的神學意義，傳道者強調上帝主導性的作為，以及作為賜予者的角色。

人可以藉著吃喝及享受勞碌所得來的成果來體驗人生，但傳道者把上帝引進他的論述裏，強調上帝就是這一切的賜予者：

1. 上帝是一生年日的賜予者：「看哪，我所見為善為美的，就是人在上帝賜他一生的日子吃喝，享受日光之下勞碌得來的好處，因為這是他應得的報償」（18 節）。

2. 上帝是財富和資產的賞賜者：「而且，一個人蒙上帝賞賜財富與資產，又使他能享用」(19節上)。
3. 上帝使人在勞碌中享受自己的分：「能獲取自己當有的報償，在他的勞碌中喜樂，這是上帝的賞賜」(19節下)。也就是說，人在自己的勞碌中享用財富與資產的好處，並從中得到喜樂，是上帝的賞賜。
4. 上帝使人的心充滿喜樂：「他不多思念自己一生的日子，因為上帝使他的心充滿喜樂」(20節)。

上帝賜財富與資產，使人得以享受。上帝賜人活著的年日，也使人有能力吃喝。人得以在勞碌中享受吃喝和喜樂，都是來自上帝的賜予。可見上帝要人善用財富，活在當下。善用財富在甚麼層面，也是我們需要關注的。文中所提及的層面，不過是日常生活中的吃喝、生活、勞碌、和「分」——也就是勞碌的報償。今天，做工的人應得的報償就是薪金。一個人的「分」與另外一個人的「分」或許不一樣，因為有不一樣的勞碌。重點是我們應該享受自己的「分」，不妒忌或奪取別人的「分」。在自己應得的報償中吃喝與享受，能給我們帶來喜樂。經文說，連喜樂也是上帝所賜予的。

信仰反省

當人們慶祝特別的日子時，會與家人朋友享用佳餚美食。年終公司分發花紅之際，我們會請客或出國旅遊。一些人在工作之餘，會花一些錢作娛樂休閒、運動健身或減肥美容。這些優質生活的選擇，使人心情舒暢，得以平衡工作與休息。傳道者也指出活在當下，體驗美好人生，我們毋須以為他提倡縱慾的生活方式。筆者倒覺得，傳道者在建議一種負責任的生活方式。我們的確要為自己的生活負責，包括工作與休閒的平衡，付出與得著的平衡，以及勞碌與享受的平衡。總而言之，不要以守財奴自居，反而應當成為財富的管家。

既然上帝在財富的體驗上具有主導性，作為對生活負責任的人，我們不應該過度守財，當然也不可揮霍，而是要適切地應用。一個人不在乎能夠擁有多少，而在乎他把所擁有的加以管理並發揮用途。上帝若賦予人工作的能力，也給人年日和健康去享受從中而獲的報償，人為何虧待自己？上帝尚且賜給我們生活有喜樂，使勞碌的日子有祝福生命的作用。因此，我們每個人都需要學習享受上帝所賜的生活福分，懂得體驗生活與活在當下。

4.6.4 小結：反思五章 10 至 20 節的財富價值觀

在「日光之下」的生活，有關財富方面，有兩件禍患攪擾著傳道者。首先，守財奴不享受自己所得之財富。再者，上帝所賜的財富，因為人遭遇不幸而不能享用。傳道者認為，既然人死後不能帶走財富，何必在有生之年盡力累積財富而不懂得享受！財富永遠賺不完，人心也永遠不會滿足。人毋須一生為積存金錢而活。如果手中有財富而沒有享用，比根本沒擁有過財富更輸一籌！傳道者對財富的檢視，可歸納為以下三個重點。

一、財富與虛空之感嘆

財富之所以引發虛空感，是因為傳道者觀察到幾種生活情形。第一，人對財富經營不當，只一味累積財富而沒有適度地體驗人生。第二，人有偏差的財富價值觀，認為累積財富愈多愈好，心不知滿足。第三，財富的存在是短暫性的，它不會帶來永遠的益處，只有給人當下的好處。這世上有禍患；就如意外、災害、危機和經濟風暴，可能使人所有的財富瞬刻間化為灰燼。

二、人為因素導致虛空

財富所引致的虛空之感是含有人為因素的，而這些人為因素卻是可以避免的。第一，人有財富，但不知足。世人可以擁有知足的心態——一掌得滿滿而非兩掌得滿滿（四 6），才得享安靜，毋須勞碌捕風。第二，人有財富，但沒有能力享用。傳道者思忖為何人只懂得勞碌一生，卻不懂得體驗人生。第三，人有財富，但因客觀因素如天災人禍或時機際遇，導致最後一無所有。與其晚年因而悲慘、孤單與苦毒，不如當下就懂得善用財富所能帶來的好處。

三、上帝介入的角色

傳道者在虛空感嘆之餘，亦有表達他對財富正面的看法（五18～20）。第一，傳道者傳達一種有神論的財富觀點，他斷言財富是來自上帝之賜予。第二，人自己必須先有勞碌，才有享受財富的樂趣。第三，財富是一個人勞碌過後應得之報償。第四，人對財富應該心存喜樂而非心存不足。勞碌的好處，就是得以享用手所勞碌之後所得的財富；財富是人所得的「報償」。這似乎是人類墮落之後，上帝所設下的生活常規——人要勞碌流汗，才得糊口（參創三章）。不過，在傳道書的視野下，這不是懲罰而是一個賞賜。

享受自己的財富

財富是上帝所賜的福分。人處理不當或態度不對時，都會令這分美好的生活體驗受虧損。人若貪婪，心不滿足，也會糟蹋財富的價值。傳道者對一些人處理財富的態度感嘆虛空，因為它們持守錯誤的價值觀，加上財富本來是短暫的身外物，也容易失去。財富不應淪為人生累積的目標，而應該容許人體驗人生。否則，擁有財富與沒有財富基本上沒有兩樣。總而言之，衡量財富不在多或少，而在於能否享用之。上帝賜人應得的分，人就應該在當下適度地享用自己所得。這樣，一生的年日才能享有喜樂。

4.7 觀察不懂享福的人生（六1～9）

1至9節是傳道者第七項的生活觀察（三1～六9）之最後一項。蕭俊良指出，這一段經文在內容上與五章8至20節形成交叉結構，因此思路是息息相關的。[23] 兩段經文都提到負面生活的情況，但同時卻強調上帝賜予的主導性作為。整體上傳道者所觀察的是世人的問題，故此經文呈現一幅負面的面貌。不過，根據這個交叉結構的規劃，五章20節是整段經文的核心，所以「上帝使人的心充滿喜樂」為五章6節至六章9節的問題提供了解決的對策。筆者將透過以下圖表陳列五章8節至六章9節所組成的交叉結構，括號內是有關內容的概要。

A　不能滿足的人（窮人；不足；眼見；五 8～12）
　B　不能享樂的人（生一個兒子；黑暗中吃喝；五 13～17）
　　C　美好之事（美好；上帝賜予；五 18～19）
　　　D　活在當下（上帝使人心喜樂；五 20）
　　C'　禍患之事（禍患；上帝賜予；六 1～2）
　B'　不能享樂的人（生一百個兒子；被黑暗遮蔽；六 3～6）
A'　不能滿足的人（困苦人；不足；眼見；六 7～9）

分段大綱（六 1～9）

一、不能享用一生所得（六 1～2）
二、壽長但心卻不滿足（六 3～6）
三、不知足則沒有「益處」（六 7～9）

4.7.1 不能享用一生所得（六 1～2）

無論是在語氣還是詞彙的使用上，1 至 2 節看起來正好與五章 18 至 20 節成為反比。傳道者似乎在 1 至 2 節反駁五章 18 至 20 節的言論，兩者一反一正似乎彼此矛盾。1 節說到「禍患」，五章 18 節說到「為善為美」；2 節提到「上帝賜人財富、資產和尊榮」，五章 18 節也提到「上帝賜人一生的日子吃喝和享受」；2 節說「上帝使他不能享用」，五章 19 節則說「上帝使人能享用」；2 節提到「這是虛空」，而五章 19 節提到「這是上帝的賞賜」。比較之下，不難發現五章 18 至 20 節是積極而有造就性的，六章 1 至 2 節則呈現消極並令人沮喪的意味。

學者列舉出的其中一種解釋，是認為五章 18 至 20 節指普遍的情形，而六章 1 至 2 節則指例外的情形。㉔ 根據這個說法，五章 18 至 20 節反映上帝已經賜給「每一個人」（*kāl-hāʾāḏām*；五 19）吃喝和享受日光之下勞碌得來的好處，這個因賞賜和報酬而得的喜樂，是在上帝旨意中要給每一個人的。而六章 1 至 2 節所反映的，是個別情形導致某「一個人」（*ʾîš*；2 節）不能享受這種賞

傳道者的禍患論：*rāᶜ*

傳道者口裏經常出現的「禍患」或「不幸」等字眼，字根是 *rāᶜ*，屬單數陽性形式的形容詞，*rāᶜāh* 是它的單數陰性名詞。這兩個字眼在傳道書出現的次數相當頻密：*rāᶜ* 本身就出現了約二十次。在翻譯方面，「和修版」把單數陽性形容詞 *rāᶜ* 譯為「勞苦」(一13)、「煩惱」(二17)、「惡事」(四3，五1，八3、11、12，九3，十二14)、「沉重」(四8)、「不幸」(五14)、「禍患」(六2，八5，九3、12)、「憂愁」(七3)、「受害」(八9)，以及「邪惡」(十13)等等。

至於單數陰性名詞 *rāᶜāh* 則出現約十四次。「和修版」通常將之翻譯為「禍患」(五13、16，六1，十5)、「不幸」(二21)、「患難」(七14)、「惡」(七15，八11)、「苦難」(八6)、「災禍」(十一2)、「愁煩」(十一10)，以及「衰老」的日子(十二1)等等。

綜合以上所摘錄的觀察，傳道者提到 *rāᶜ* 和 *rāᶜāh* 的課題不下三十次。傳道者似乎為世人所發生的不幸及禍患所困擾，困擾他的原因包括世人不能避免這些禍患發生，例如：遭遇不幸、財產盡失(五14)，或者禍患的突發性(九12)。同樣令他難過的是，有些禍患和不幸其實是人為的，也是可以避免的，例如勞碌不休、心不滿足(四8)，以及口中愚昧的話語(十13)。為著以上兩種情形，傳道者皆感嘆虛空——有時為了傳達無可掌控、不能避免之感；有時則為世人的愚昧選擇和錯誤態度嘆息。傳道者所提供的生活智慧，包括鼓勵人在無可避免的災禍之前，把握當下、好好生活；他也指引人在可以選擇的情況之下作出智慧的選擇，盡量避免禍患和不幸的發生。

賜、報酬和喜樂。1節就是說傳道者看到的這麼「一件禍患」(*yē šrāᶜāh*)，接著，「就是人蒙上帝賜他財富、資產和尊榮，以致他心裏所願的一樣都不缺，只是上帝使他不能享用，反被外人享用。」(2節)經文沒有詳細說明是何因素導致這個人不能享用——是肉身上的健康狀況、心理上的缺陷、享用權利給人奪取，還是生活中發生其他變數——但是經文表明的是「上帝使他不能享用」，這個人不能享用，居然也是上帝的作為！而且，這人是一個「外人」(*ʾîš nokrî*；也就是「陌生人」)而不是自己的後人或親人去享用。這簡直是一樁悲劇，以致於傳道者說是「一件禍患重壓在人身上」。傳道者感到不解和荒謬，於是又說：「這是虛空」，不過下一句不是預料中說「也是捕風」（參二 26，六 9），卻「也是禍患」。這與二章 21 節所感嘆的一樣：「所得來的卻要遺留給未曾勞碌的人作產業。這也是虛空，大大不幸。」「不幸」（二 21）和「禍患」（2 節）的字根都是 *rāᶜ*。這裏 2 節的「禍患」（*rāᶜ*）是單數陽性形容詞，呼應了 1 節說過的單數陰性名詞「禍患」（*rāᶜāʰ*）。

4.7.2 壽長但心卻不滿足（六 3～6）

就如上文所陳列的交叉結構，六章 3 至 6 節與五章 13 至 17 節在內容上彼此呼應。兩段經文都提到一個不能享樂的人，以及他們黑暗中的光景。六章 3 節說到「人若生一百個兒子」（參五章 13 節說有一個人生一個兒子）。「兒子」也作「後裔」，所以有一百個兒子是兒孫滿堂的寫照。經文提到他「活許多歲數」，也說他「壽命很長」。長壽通常有蒙福的意思（參箴三 16），長命百歲加上兒孫滿堂更是令人羨慕的蒙福光景。不過，這個長壽的人卻沒有因福樂而滿足。「不得埋葬」意思是其身後事得不到妥善的處理，有「不得好死」的意思。不得善終，無論是在希伯來思想或是華人思想，都是不幸的一件事。

接下去，傳道者說：「我說，那流掉的胎比他倒好」（3 節）中的「流掉的胎」（*nēp̄el*）也出現於詩篇五十八篇 8 節和約伯記三章 16 節，後者形容它是未見過光的嬰孩；與傳道者接下來要說的「黑暗」與「沒有見過天日」相吻合。4 至 5 節說：「因為這胎虛虛而來，暗暗而去，名字被黑暗遮蔽，而且沒有見過天日，甚麼都不知道，這胎比那人倒享安息。」「虛虛」與傳道書的鑰字「虛空」屬於同一個字，這裏是指「在虛空之中」（*b̲aheb̲el*）。「暗暗」和「黑暗」都是同一個字眼 *ḥōšek̲*。經文「虛虛而來，暗暗而去」直譯可作「在虛空中而來，在黑暗中而去」。一般上，未出生的孩子沒有被取名，所以他們是沒有名字的，故說「名字被黑暗遮蔽」。可見這裏整句片語，是被黑暗和虛空的層層陰暗而籠罩著。「沒有見過天日，甚麼都不知道」的直譯是「沒看見，也不知道」（*lōᵓ rāᵓāʰ wəlōᵓ yād̲āᶜ*）。沒有活過的人，就沒有看見世間虛空之事；他們毋須勞碌與耕耘，更不知道人生的愁煩，所以比勞碌而不享福的人「倒享安息」。

傳道者繼續他的言論：「那人雖然活千年，再活千年，卻不能享福；眾人豈不都歸同一個地方去嗎？」(6節)這裏說「不能享福」，直譯是「不看好的(事物)」，也就是不懂得體驗人生的意思。這個不知享福的人——即3節說是享福而不知足的人——是個長壽的人(3節)，即使再活多千年也無濟於事。「活千年，再活千年」是雙重的諷刺修辭，因為沒有人能夠活得上一千年，再多一千年也無妨，反正那人不懂得因福樂而知足。3節說這個人「生一百個兒子」也可以說是諷刺式的修辭，因為沒有人可能有一百個兒子(還沒有加上女兒)。傳道者的重點是，一個人可以擁有很多超乎想像的可能性，但也可能可以完全不懂得知足。人生短短的幾十年，看來算是白活了，他與未見天日的胎兒其實一樣；前者即使活了兩個一千年，後者根本沒有活過；前者生了一百個兒子，後者一個也沒有。

接著傳道者說兩者其實都一樣：「眾人豈不都歸同一個地方去嗎？」「眾人」(*hakkōl*)其實是「所有」或者「一切」。「豈不都歸同一個地方去嗎？」是傳道者慣用的修辭問題，目的在於說明兩者其實都歸回同一個地方——就是陰間(參三20，九10)。諷刺之處，是一生有很多年日的人，居然不懂得把握活著的時光去體驗世上美好的事，他們其實比流產的胎兒多了很多生命的可能性，但他們白白浪費了存活而享福的機會！

4.7.3 不知足則沒有「益處」(六7～9)

7至9節繼續發揮上文人心不知足的主題，但引進智慧人與愚昧人之間的對比，以及再次強調虛空和捕風的感嘆。7節說：「人的勞碌都為口腹，心裏卻不知足」，與五章10節及六章3節的表達很相似，都是說人有某些好的東西卻不滿足。在五章10節，銀子本可滿足人的需要，但喜愛銀子的人卻不因銀子而滿足。六章3節則說到人因兒孫滿堂、長命百歲本可享有福樂，但心裏不因福樂而滿足。這裏7節就說到人勞碌過後可得三餐溫飽，但心裏卻一樣不知足。這不滿足的「心」，原文的含義其實包括「靈魂」、「生命」或「精神」(*nep̄eš*)，而不是常用的「心」(*lēḇ*；參二23，三11)。這說明不知足不只是心的問題，而是關乎到一個人的生命，以及其整個精神的世界。一個人的 *nep̄eš*

不能滿足，代表他有難以填滿的慾望；傳道者所觀察到世人這方面的問題，其實就是貪婪。

接著，傳道者問：「智慧人比愚昧人有甚麼益處呢？」(8節上)傳道者藉著這個修辭式提問題要陳明的是：智慧既不能使一個人知足常樂，智慧人一味勞碌，就不比愚昧人更好。換句話說，智慧人也逃不過慾望、貪婪和難以滿足的偏差心態。這麼一來，智慧真的沒有比愚昧更有「益處」(*yôṯēr*)，也就是真正的好處。這是另一個希伯來字 *yiṯrôn* 的同義詞(參一3)，也正是傳道者在全書所執著的概念。

接下來的半句，看似難以理解：「困苦人在眾人面前知道如何行，有甚麼益處呢？」(8節下)「困苦人」的字眼突然出現，似乎與上下文沒有關聯。不過，如果「和修版」把經文中的 *neḡeḏ haḥayyîm* 翻譯成「在生命面前」而不是「在眾人面前」，就比較容易理解。「和修版」出現兩次的「有甚麼益處呢？」(「和合本」及「新譯本」是兩次「有甚麼長處呢？」)，其實並非原文所述，而是譯者理解後的翻譯。8節整句可以這樣翻譯：「智慧人比愚昧人有甚麼益處呢？困苦人如何知道面對生活呢？」整句的意思可以理解為：既然智慧人不比愚昧人有益處，困苦人又怎麼知道如何應付生活？

9節上其實是一句「勝過格言」，傳道者說：「眼睛所看的比心裏妄想的倒好」；在傳道書，「眼睛所看的」一般指人生體驗所得；特別是說到眼睛看好的事物，是指人生的享福。「心裏妄想的」原文是「行走的靈魂」(*hālaḵ-nāp̄eš*；可作「遊蕩的慾望」)。這裏「眼睛所看的」勝過「心裏妄想的」。李熾昌認為，是指把握眼前所見的一切，總比不能實現的渴望還好；享受現有的生命，比心裏空有渴望更有益處。㉕ 說了這一切，傳道者依然為所觀察的世人生活留下「這也是虛空，也是捕風」(9節下)的感嘆。這裏的虛空與捕風的感嘆，呼應一章2節的虛空序言，也成為傳道書上半部的結語。

信仰反省

一個人若有財富、資產和尊榮，以及長壽健康，而且有一份優厚收入的工作，對一個打工族的人而言，應該是理想的一件事。不過，傳道書提出一個真實的洞悉：人有不知足的心態。人不知足，就不會因有財富而快樂。這或許解釋為何一般人會埋怨薪水不夠多，絕少人會嫌自己所賺的錢太多。到底是錢還是福氣不能滿足人，還是人心不可能會滿足？傳道者所觀察的，是後者——人心不可能滿足；難怪他觀察人生常態之後，一直感嘆虛空。

溫習及思考問題（三章1至22節）

1. 「定期」與「定時」兩者之間的差異在哪裏？
2. 何為「上帝造萬物，各按其時成為美好」（三11）？
3. 討論三章12至13節和三章22節的共同點與差異處。
4. 傳道者說，人在勞碌中能吃喝並體驗美事，是上帝的賞賜。如果我們只會勞碌工作而不會體驗生活中美好的事，會不會糟蹋了上帝的禮物？
5. 傳道者在社會生活中觀察，見到有奸惡的存在（三16～17）。它諷刺之處在哪裏？我們的現實生活中是否也發生類似的情況？
6. 傳道者的「做工、喜樂與報償」之思想組合所形成的生活哲學，是否適合成為我們工作態度的指引？
7. 傳道書的喜樂經文，使我們有何共鳴？

溫習及思考問題（四章1至16節）

1. 傳道書四章1至16節一共有幾段「勝過格言」？它們的共同點是甚麼？
2. 為何四章1至3節中，傳道者說死人勝過活人？
3. 四章4至6節的記載，傳道者從甚麼事情認為知足勝過慾求？
4. 為何四章7至12節中，傳道者說二人比一人好？
5. 四章13至16節的軼事有甚麼中心思想？在這件軼事中，智慧有甚麼價值？

溫習及思考問題（五章 1 至 20 節）

1. 傳道者在五章 1 至 7 節對宗教活動，有甚麼觀察？他提供了甚麼指引？
2. 根據五章 8 至 9 節，壓迫如何在社會生活中發生？傳道者又有甚麼看法？
3. 從五章 10 至 12 節，傳道者認為財富的價值如何被人扭曲？
4. 從五章 13 至 17 節所見，禍患的發生如何影響一個人所擁有的財富？
5. 傳道者在五章 18 至 20 節，提供甚麼重要的觀點？你是否有不同的看法？

溫習及思考問題（六章 1 至 9 節）

1. 傳道者觀察到有人蒙上帝賜予財富、資產和尊榮，以致心裏所願的一樣都不缺，但是上帝使他不能享用，反被外人享用（六 2）。你所知道的現實生活中，是否也有類似的具體情形？
2. 為何有些人已經兒孫滿堂、長命百歲，但依然心不滿足？
3. 智慧人也難逃不知足的慾望。傳道者如何看這件事？你有甚麼看法？

短註

❶ 參 Francis Brown, S. R. Driver and Charles Briggs, *New Brown-Driver-Briggs Hebrew and English Lexicon* (Peabody: Hendrickson, 1979, c1906), s.v. "*zəmān* "。

❷ William L. Holladay ed., *A Concise Hebrew and Aramaic Lexicon of the Old Testament* (Grand Rapids, MI: William B. Eerdmans,1971), 89.

❸ 李熾昌、周聯華：《傳道書、雅歌》中文聖經註釋第十七卷（香港：基督教文藝出版社，1990），頁 58～59。李熾昌也指出，三章 2 至 7 節都是以 abab 的平行格式寫成，而三章 8 節則採用 abba 的交叉格式，作為全詩的終結。

❹ 猶太人米大示對 5 節的詮釋，來自《傳道書註釋》（*Qoheleth*

Rabbah)。其他對「丟石頭」與「撿石頭」的理解包括:「丟石頭」指拆毀建築物,「撿石頭」指重建之;「撿石頭」指收取石頭作計算之用,「丟石頭」則指不計算。另外,「丟石頭」也作不戰爭之意,而「撿石頭」指備戰等等。詳情參 Choon-Leong Seow, *Ecclesiastes*, AB (New York: Donbleday, 1997), 161~162。

5 李熾昌等:《傳道書、雅歌》,頁 59。

6 Michael V. Fox, *The JPS Bible Commentary: Ecclesiastes* (Philadelphia, PA: The Jewish Publication Society, 2004), xxxi.

7 李熾昌等:《傳道書、雅歌》,頁 67。

8 Seow, *Ecclesiastes*, 176.

9 Seow, *Ecclesiastes*, 105.

10 「思高譯本」四章 1 節整句是:「我又轉目注視在太陽下所行的一切暴行:看,受壓迫者眼淚汪流,卻無人安慰;壓迫人者手中只有權勢,卻無人加以援助。」而「新英譯本」(*New English Translation*)譯作"So I again considered all the oppression that continually occurs on earth. This is what I saw: The oppressed were in tears, but no one was comforting them; no one delivers them from the power of their oppressors"。

11 Seow, *Ecclesiastes*, 178;李熾昌等:《傳道書、雅歌》,頁 70。

12 Seow, *Ecclesiastes*, 189.

13 Ze'ev Weisman, "Elements of Political Satire in Koheleth 4,13~16; 9,13~16," in *Zeitschrift für die Alttestamentliche Wissenschaft* 111 (1999): 547~560.

14 按照「和合本」及「新譯本」的翻譯,在但以理書一章 2 節,同樣原文是「上帝的家」出現兩次,但分別翻譯成「上帝的殿」(***ḇêṯ-hā ĕlōhîm***;指耶路撒冷聖殿)及「他神的廟」(***bêṯ ʾĕlōhāyw***;指尼布甲尼撒的異教敬拜場所)。

15 Seow, *Ecclesiastes*, 202.

⑯ 學者如庫格爾（James L. Kugel）和蕭俊良的立場，引述的經文是約伯記四十一章 34 節（希伯來聖經：四十一章 26 節）；詩篇一百三十八篇 6 節；以賽亞書十章 33 節；以西結書二十一章 26 節（希伯來聖經：以西結書二十一章 31 節）。參 James L. Kugel, "Qohelet and Money," *Catholic Biblical Quarterly*, vol. 51 (1989): 35 ～ 38；Seow, *Ecclesiastes*, 203。

⑰ "But an advantage to a land for everyone is: a king over cultivated land." 參 Michael A. Eaton, *Ecclesiastes: An Introduction and Commentary*, Tyndale Old Testament Commentaries (Downers Grove, IL: Inter-varsity Press, 1983), 101；亦參 Derek Kidner, *A Time to Mourn and a Time to Dance*, Bible Speaks Today (Downers Grove, IL: Inter-Varsity Press, 1976), 54；Daniel C. Fredericks, *Coping with Transience: Ecclesiastes on Brevity in Life, The Biblical Seminar* 18 (Sheffield: JSOT Press, 1993), 50。反對立場的，可參 Tremper Longman III, *The Book of Ecclesiastes*, NICOT (Grand Rapids, MI: William B. Eerdmans Publishing, 1998), 157 ～ 159。朗文（Tremper Longman III）認為，君王也牽涉在官僚制度與腐敗的系統之中。

⑱ Miriam Lichtheim, *Ancient Egyptian Literature*, 3:166。另一個翻譯版本是 "Blessed is a city with a just ruler." 參 Kenton L. Sparks, *Ancient Texts for the Study of the Hebrew Bible: A Guide to the Background Literature* (Peabody, MA: Hendrickson, 2005), 72。

⑲ James Bennett Pritchard, ed., *Ancient Near Eastern Texts Relating to the Old Testament*, 3rd ed. With suppl. (Princeton, NJ: Princeton University Press, 1969), 164～166, 177～178.

⑳ W. G. Lambert, *Babylonian Wisdom Literature* (Oxford: Clarendon Press, 1960), 229, 232: line 14～15.

㉑ 李熾昌等：《傳道書、雅歌》，頁 83。

㉒ Seow, *Ecclesiastes*, 207.

㉓ Seow, *Ecclesiastes*, 217.

㉔ Seow, *Ecclesiastes*, 225.

㉕ 李熾昌等：《傳道書、雅歌》，頁 86。

第二篇

傳道書卷上與卷下的思路橋樑（六 10～七 14）

第五章

傳道者的智慧格言（六10～七14）

- 格言引句
- 格言短句
- 格言結語

這一章的題旨有三個，也就是傳道者的智慧格言引句（六 10～12）、智慧格言短句（七 1～12），以及智慧格言結語（七 13～14）。猶太文士們認為，六章 10 節其實是傳道書整卷書的中間位置。筆者認為六章 10 節至七章 14 節是帶有智慧主題的經文，或反映智慧傳統的書寫格式，也是傳道書上半卷和下半卷的思路橋樑。這個思路轉接的橋樑反映傳道者的智慧學派背景，因為每一位以色列的智者包括傳道者，都熟悉智慧格言的文學形式。六章 10 節至七章 14 節的前後有一個神學框架彼此呼應——智慧格言的神學引句（六 10～12）和其神學結論（七 13～14）。這個神學框架強調世人的有限性與上帝的主導性，框架的中間部分是一系列的「勝過格言」，這就好像四章 1 至 16 節的手法，傳道者採取對比的文學手法來解釋相對的價值觀。

5.1 格言引句（六 10～12）

「先前所有的，早已起了名，人早知道人是如何的，不能與比自己強壯的相爭。」（10 節）「起……名」決定一個人的本質或一件事的意義；在這裏「起了名」（*niqrāʾ šəmô*）是被動式動詞，指「先前所有的」（*ma*^{h}*-ššehāyā*^{h}）——也就是在一章 9 節和三章 15 節曾經出現的表達，後來的七章 24 節也出現。從一章 9 節和三章 15 節來看，廣義來說，「先前所有的」是指在日光之下所發生之事，而且有上帝作主導。這裏說到先前所有的被「起了名」，也就是說先前所發生的事情，皆被決定了其本質或意義。不過，到底是誰決定呢？

這個問題牽涉對下半節的理解，而下半節的理解在原文是困難的，而且學者們也紛紛提出不同的看法。簡言之，從下半節的「人」（*ʾāḏām*；即「人類」）來看，10 節所對比的人物其實是上帝的角色。[1] 所以，上半節可理解為「以前所發生的事，上帝已經決定了它們的意義」。至於下半節則是「人知道自己〔作為人〕是如何的」，人是不能與上帝相爭的，因為上帝比世人強壯多了。「強壯」（*šettaqqîp̄*；*Qere*）的字根是 *tqp̄*，在希伯來聖經共出現七次（斯九 29，十 2；伯十四 20，十五 24；傳四 12，六 10；但十一 17），在傳道書出現兩次，另一次是出現在四章 12 節，意思是「抵擋」（*yiṯqəp̄ô*；是 *Qal* 未完成式陽性單數動詞），屬於晚期的希伯來文。「與……相爭」（*lāḏîn ʿîm*）在其他地方出現之時是有「審判」或「斷定是非」之意（參詩五十 4；賽三 13）。世人有別於上帝，這個概念在五章 2 節也曾說過：「上帝在天上，你在地上」。這裏同樣也是在傳達上帝比世人強壯。

「話語多，虛空也增多，這對人有甚麼益處呢？」（11 節）話語多，虛空也增多，是指人的話多說了，難免有錯誤或無益，所以有虛空之感。但是，這裏並非指話語本身就是虛空，而是多出來的話語才是虛空。故此，說話點到即止是一種智慧。這裏亦反映五章 3 節所說「話語多，顯出愚昧」的觀點。人面對上帝，或者面對人都好，不要以為話說多了就比較好，因為有時反而會弄巧反拙。所以，有些話語反而成為虛空——說了等於沒說，像氣息一樣飄浮及沒有重量。一個人話語的虛空，反映了他言之無物，而且這對他也是毫無「益處」（*yōṯēr*）的。「益處」已經在二章 25 節和六章 8 節出現過，而且每次都與「虛空」的感嘆糾纏在一起，是傳道者產生質疑的課題（參 2.2.2.4「『益處』」，頁 37～38）。傳道者所執著的是，人所做的與所說的，到底有沒有真正的好處。

六章 10 至 12 節是七章 1 至 12 節的智慧格言之神學引句，作為一個神學框架，10 至 12 節強調世人的有限性與上帝的主導性。所以，12 節說人不能知道的真相：「人一生虛度的日子，如影兒經過，誰知道甚麼才是對他有益呢？誰能告訴他身後在日光之下會發生甚麼事呢？」（12 節）在這一節的「虛度」是傳道書出現三十八次的其中一次 *heḇel*，意思表明人生的「短暫」。而「影兒」的字眼也加強這種虛空感，給人一種難以捉摸及不能掌控的感覺。「誰知道」及「誰能告訴他」是兩個修辭式提問，目的不在於發問，而在於否定那個提問，也就是說沒有人「知道」及沒有人「能告訴他」。傳道者問：「誰知道甚麼才是對他有益呢？」這更加確定 11 節「話語多」是沒有益處的。而且當時說話不但沒有益處，甚至也不能幫助人去知道人「身後在日光之下」發生的事。「**身後**」（*ʾaḥărāyw*）原文直譯是「在他之後」，「新譯本」作「死後」。「身後」在傳道書共出現五次（三 22，六 12，七 14，九 3，十 14），反映傳道書全書充滿著人「身後」發生的事的概念，而六章 12 節「身後」的事，是

「身後」（ʾaḥărāyw）原文是由一個介詞「之後」（ʾaḥar）及一個第三身陽性單數代名詞字尾（āyw）組成。

呼應 10 節「先前所有的」。這前後呼應，使 10 至 12 節呈現一幅思路完整的神學引句。

簡言之，12 節裏的兩個修辭式提問，一再傳達傳道者的論點——人不能知道甚麼是有益的，也不能知道在日光之下會發生甚麼事。換句話說，人的過去與未來都不輪到世人自己來決定（10～12 節）。不過，接下來傳道者的指向，是在傳達人可以把握現在以活在當下，衡量相對好的情形（七 1～12），然後朝往比較可取的方向而活。

5.2 格言短句（七 1～12）

七章 1 至 12 節的格言短句是屬於箴言和諺語形式的智慧語錄，由「智慧」（*ḥāḵām*）、「愚昧」（*kəsîlîm*），以及「好」（*ṭôḇ*）的幾個鑰字所牽引，尤其是「好」這個鑰字，在 1 至 12 節一共出現九次。如果加上七章 14 節，整體上六章 10 節至七章 14 節則出現十次「好」字。此外，1 至 12 節所出現的「好」都是比較式的用法，作「更好」、「強如」或「勝過」之解。具體地說，1 至 12 節是由一系列「勝過格言」（*ṭôḇ ... min*）組成，尤其是第 1 節（x2）、2、3、5 節和 8 節（x2）。這種對比式的文學手法，是傳道者的思想特徵，為要傳達一種相對的價值觀評估。與四章 1 至 16 節的「勝過格言」一樣，1 至 12 節的一系列比較，表明人生常常面對相對的選擇——沒有絕對的好，而是只有相對的好。這些對比式的箴言告訴我們，有些事情是對人有好處的；不過有些事情卻不能常常讓人得到最大的好處或極好的待遇。即便如此，傳道者不忘在格言結語之處（七 13～14）提出他所建議的處理方式，也就是一種隨遇而安的生活智慧——在順利的時候要喜樂，在患難的時候要思考。而這真是七章 13 至 14 節與六章 10 至 12 節的神學主題，把 1 至 12 節的系列智慧格言框在中間。

分段大綱(七1～12)

一、以智慧洞悉死亡(七1～4)

1. 忌日勝過生日(七1)

2. 喪家勝過宴樂的家(七2)

3. 憂愁勝過喜笑(七3)

4. 智慧勝過愚昧(七4)

二、以智慧反思一般的生活(七5～8)

1. 智慧的責備勝過愚昧的歌唱(七5～6)

2. 提防勒索、賄賂與驕傲(七7～8)

三、擁抱智慧是上好選擇(七9～12)

5.2.1 以智慧洞悉死亡(七1～4)

傳道書檢視日光之下的人生，經常提及死亡。生與死是人生的一部分，生死組成一個人生命的開始與結束。所以，作為一卷探討生活智慧的書卷，傳道書正面地探討生死的課題，而且不少過十次(參二16，三2、19，四2，七17、26，八8，九3～5，十1)。死亡是生活中一個變數，而這正是傳道者一再構成他深感虛空的原因之一。無論我們喜歡與否，死亡都是存在的。死亡對人生的成就與享樂充滿著威脅。傳道者一針見血地指出，死亡會臨到每個人。1至4節也帶著正面的觀點，檢視與死亡有關的生活課題。我們應該關注：傳道者到底如何指引人去正視死亡？此外，傳道者經常把生和死加以對比，然後引進他的結論——趁死亡還未臨到的時候，人應該好好活著。

七章1至12節是系列格言，與希伯來聖經的箴言彙集相似。這裏的系列格言用平行對比來襯托一個完整的思想，並且以辯證方式來列出事情的好壞。1至4節也是這類文學的表達，句子的結構有「勝過」或「強如」的評估與對比。這四節經文指出人生一些負面的情況，包括「死去的日子」、「喪家」、「憂愁」、「遭喪之家」等等；這同時也對比正面的情況如：「出生的日子」、「宴樂的家」、「喜笑」、「快樂之家」等等。從思路看來，1至4節有以下ABA'B'的結構組合。

A　死去的日子 // 出生的日子

　B　喪家 // 宴樂的家

A'　憂愁 // 喜笑

　B'　遭殃之家 // 快樂之家

5.2.1.1 忌日勝過生日（七 1）

「名譽」（*šēm*）和「膏油」（*šemen*）不只是諧音字，它們都加上「好」（*ṭôḇ*）的形容詞，「名譽強如美好的膏油」原文直譯為：「名字好勝過好的膏油」（*ṭôḇ šēm miššemen ṭôḇ*）。「名字好」指「良好的名譽」或外在受肯定的特質。蕭俊良認為「膏油」指君王的財富，也象徵奢華與蒙福的生活；因此一個人的「名譽」比他的財富更重要。❷ 霍克斯指出「膏油」語帶雙關，指向下半節安葬用途的香膏，也間接影射宴席上所用的油（七 2）。❸ 不過，「膏油」與「名譽」的相比其實不是重點，這對比為要帶出下半節「人死去的日子勝過他出生的日子。」1 節的前半節和後半節在這裏並列，是因為兩次的「勝過格言」，而重點在這下半節。所謂「人死去的日子勝過他出生的日子」，傳道者並非把死去的日子美化，或嘗試否定一個人出生的價值。他並非說「死」好過「生」，而是說「死的那一日」好過「生的那一日」。這是因為人死的那一天，會給其他人提供反思生命的空間。從這個死亡的視點，傳道者展開「如何生活」的話題。

5.2.1.2 喪家勝過宴樂的家（七 2）

傳道者說，往喪家去比往有喜事的宴樂之家去更好。這裏必須作出解釋，傳道者並非否定宴樂，因為這跟他一貫提倡吃喝與享福的作風不一致。不過，宴樂之家會使人盡情投入在歡樂之中，暫且忘記了死亡的事實，而喪家則會提醒人有關死亡的真實與臨近。常常歡樂會讓人沉溺在長久快樂的錯覺裏，以致人忽視生命的短暫。因此，在喪家出現的人必須正視死亡的課題，因為死去的人就在他們面前。所以經文說：「活人也必將死亡放在心上。」死亡會激發人去思考生命的終極關懷，例如：人死去之後能夠留下甚麼；人活著的時候又有沒有活出意義等等。人從死亡看生活，是一種有深度的反省，而人往往也只會在喪禮上才會作出這樣的生命反省。反之，人在宴樂之中則比較不容易思考人生的終極問題。

5.2.1.3 憂愁勝過喜笑（七 3）

憂愁的人被悲傷籠罩，因此會面帶愁容。然而，這裏卻出現一個矛盾：面帶愁容的，怎會終必使心喜樂？這可以從箴言十四章 13 節找到對照：「人在喜笑中，心也會憂愁；快樂的終點就是愁苦。」換句話說，傳道書七章 3 節的矛盾想法或許也是一種修辭表達，主要闡明人生有時就活在矛盾的景況中，面對的事沒有所謂好與壞的選擇。一個人在憂愁之後體驗喜樂才會有意思。如果對生命有反思，憂愁的人過後就會珍惜生命，喜樂就因此油然而生。

傳道者對人生提出另一層面的思考：在短暫的人生裏，每個人都會因為事故的發生而心生憂愁。人無法避免死亡，盡情宴樂也不能解決人生的問題。惟有體會生命的陰暗實況，從而認清生命有限的真理，人才會懂得如何生活，才會有真正的喜樂。傳道者從七章 1 至 3 節不斷提醒人要正視死亡，趁著自己還有生命氣息的時候，就要思想生命與活出生命，並從死亡的視點回望人生。傳道者並沒有否定喜樂，只是提出當世人正視死亡時，人才能積極地迎向真實的人生，而這樣才會使人喜樂。

5.2.1.4 智慧勝過愚昧（七 4）

面對生死，傳道者作出小結：「智慧人的心在遭喪之家；愚昧人的心在快樂之家。」這裏兩次出現「心」（*lēḇ*），分別是智慧人的心和愚昧人的心，呼應上一節「終必使心喜樂」的「心」。可見七章 1 至 4 節的經文思路是有延續性的；所以即便 4 節原文沒有「勝過」的句子結構而只有描述性的比較，在傳道者的評估之下，智慧依然「勝過」愚昧。

有智慧的人會正視死亡，因為死亡驅使人反思生存。既然忌日勝過於生日（七 1），喪家勝於快樂之家（七 2），憂愁也勝過喜笑（七 3），這裏說智慧人的心因此傾向居喪之家。相反地，若有人以為生存的日子還很多，死亡的日子還很遠，他們其實沒有真正地瞭解死亡的真實性和突發性。他們心裏或許還留戀宴會，畢竟那是一個令人歡樂與忘卻煩惱的地方。不過，很有可能在宴樂當兒，死亡已經在門外叩門。因此，心在快樂之家的人是愚昧的。

死亡可以促使人思想生命。因此，智慧人時常警覺死亡的真實和迫近，而愚昧人缺乏這種對生命的深度反思。智慧人也因此曉得要珍惜生命，並且好好生活；愚昧人則浪費生命，而且還渾渾噩噩。所以，死亡是會「說話」的。從上述的觀察，傳道者在呼籲人正視死亡所發出的信息。當我們聆聽死亡的信息並正視它的存在時，我們會從人生浮華中走出來，誠實地面對現實生活。我們會在生命的局限當中好好地活著，同時，死亡會喚醒人去追尋人生意義與探索人活著的責任。換句話說，「死」教人怎麼「活」；相反地，當人沉醉於浮華人生，名譽、權力、奢華、宴會、理想和遠景會讓人感覺死亡還很遙遠。人變得只注目於眼前的事，只會在乎眼前的享樂，忽略了生命的根本內涵。換句話說，一些人「活」得不知「死」。

信仰反省

在生活應用上，我們曉得生與死之間其實只隔一層薄紗。筆者親身體驗過生與死的兩極場景，當筆者觀察人羣湧往商業廣場逛街購物與吃喝作樂；相隔一天之後，筆者也觀察另一人潮擠在醫院，排隊看病或等候報告。出現在購物廣場和在醫院的人潮一樣擁擠，但是他們的心情和表情卻不一樣。傳道者在七章1至4節的智慧格言，是不言而喻的。處身在購物中心，人們看著商店琳琅滿目的商品，實在愛不釋手。我們看見餐館提供林林總總的美食，應有盡有，任君選擇。因此，出現在商業廣場的人羣，是開心快樂的。至於身處醫院的人，他們心情是沉重的。在醫院裏，人們不時看見醫務人員推著病患者經過，或看到身邊坐著已經禿頭的化療病人，或遠遠就聽聞死者的家眷大聲哭號，我們會感到死亡其實很靠近。在醫院，我們比較容易感觸生命的短暫，而促使我們更加珍惜生命。我們相信如果醫生告訴一個病人只剩下幾個月的壽命，那麼這個病人的生活優先次序將會立刻調整。我們真的不知道甚麼時候，生機會從指縫中溜走。筆者在醫院所看見的景象，其實是傳道者的「居喪之家」——傳道者提醒我們，其實生與死之間只隔著一層薄紗。我們不要假裝死亡不存在，也毋須否認它的存在。但是薄紗的另一端，是生存！因此，人要懂得珍惜眼前的生活及身邊的人。透過死亡的場景，人懂得反思生命，且會活出比較有意義的生命。

明白生命的有限，我們就會對生活做出正面的調整與積極的應對。我們會有智慧地經營人生，不讓自己渾渾噩噩地虛度一生。從傳道者的生活指引看來，我們可以透過評價生與死來認識生命的極限。知道人人必有一死，我們才會好好地活著。這是活在死亡變數中的一種生活智慧。

5.2.2 以智慧反思一般的生活（七 5～8）

5.2.2.1 智慧的責備勝過愚昧的歌唱（七 5～6）

5 至 6 節以另一次「勝過格言」作開首，整體上高舉智慧人在愚昧人之上。傳道者像箴言學校的智者一樣，提倡人要聆聽智慧的責備。「智慧」與「責備」（*gəʿārāʰ*）的關聯也出現於箴言書卷；例如：箴言十七章 10 節說：「一句責備的話深入聰明人的心，強如打愚昧人一百下。」此外，箴言十三章 1 節也說：「智慧之子聽父親的訓誨；傲慢人不聽責備。」而傳道書七章 5 節則說「聽智慧人的責備，強如聽愚昧人歌唱」。在希伯來聖經其他經卷中，當提到「歌唱」（*šîr*）的時候，多次都是與「讚美」或「稱讚」（*təhillāʰ*）並列來理解的（參詩四十 3，一四九 1；賽四十二 10）。從這些經文可以理解到，傳道者的對比應該是「智慧人的責備」與「愚昧人的稱讚」。聆聽責備不是一般人所喜悅的，但是所謂忠言逆耳利於行，出自智慧的責備總是對人有益處的。

經文接下來為愚昧人的稱讚作出評價：「因為愚昧人的笑聲，好像鍋子下面燒荊棘的爆聲」。這一句是流行而押韻的諺語，「愚昧人」（*hakkəsîl*）、「鍋子」（*hassîr*）、「荊棘」（*hassîrîm*）都有諧音。這諺語用意象的方式比喻愚昧人的笑聲，不過經文本來主要傳達的是愚昧人的稱讚。用荊棘當作燃料來烹飪，容易燒盡且會發出很大的爆破聲，不過所散發的熱量卻十分有限。素質好的燃料就如炭，是不會發出令人不安的聲響，而且熱力比較旺盛。❹ 這個意象說明愚昧人的稱讚十分空洞，有聲音但無價值。傳道者在這裏突然插入虛空的感嘆：「這也是虛空」，以表達他深感愚昧人的稱讚沒有實質和分量。

5.2.2.2 提防勒索、賄賂與驕傲(七 7～8)

傳道者在這裏可說是筆鋒一轉，把焦點放在智慧人身上。不過在原文，7 節是以「因為」(*kî*；或作「其實」;「和修版」沒有將這詞譯出來)開首，這使我們不得不把七章 5 至 6 節所述的關聯起來。這個「因為」很有可能是為了鞏固上一節的最後一句「這也是虛空」而設的。因此，七章 5 至 6 節和 7 至 8 節的轉接思路可以這樣理解：雖然智慧人比愚昧人相對的好，但是智慧人也可能在面對勒索的時候變得愚昧；他們面對賄賂時可能淪為敗壞。在這個理解之下，七章 6 節的「虛空」有了新的理解以對應 7 節，「虛空」顯示智慧的好處飄浮不定與沒有絕對；「因為」智慧的好處居然在勒索和敗壞的淫威之下變得脆弱。❺

「勒索」(*ʿōšeq*)在傳道書共出現三處地方，其餘兩處是在四章 1 節及五章 8 節(希伯來聖經是五章 7 節)，譯為「欺壓」。有關勒索、欺壓與賄賂等負面行為，智者常常有所警戒。箴言十四章 31 節說：「欺壓貧寒人的，是蔑視造他的主」，而箴言十五章 27 節說：「恨惡賄賂的，必得存活。」智者的言論反映申命記十六章 19 節對審判官與官長有公正的要求：「不可屈枉正直，不可看人的情面，也不可接受賄賂，因為賄賂能使智慧人的眼睛變瞎，又能曲解義人的證詞。」傳道者則在這裏說：「勒索使智慧人變為愚妄，賄賂能敗壞人的心。」(7 節)可見不能曲解公正與顛倒是非，不單是對官長的一種期望，也是對智慧人的期望。勒索與賄賂能夠使智慧人失去智慧，變得與愚昧人沒有兩樣。

這麼一來，8 節的「事情的終局強如它的起頭」可比較容易理解了。智慧人可能以智慧開始，但是到了後來他是否以智慧收場依然未成定局。就如 7 節所言，因為勒索和賄賂之故，可能會導致一個智慧人晚節不保。另外，或許有人從愚昧的階段開始學習，至終學到智慧，並以智慧成為一生的座右銘而得以善終。總之，事情還沒有發展到最後，人都不能蓋棺定論。所以說「事情的終局強如它的起頭」，人因此需要耐心看看最後的結局。「存心忍耐的，勝過居心驕傲的」可見 8 節包含另外兩個「勝過格言」——終局勝過起頭，忍耐勝過驕傲。「驕傲」在原文是「氣高」(*gāḇōᵃh-rûᵃḥ*)，箴言十六章 18 節譯為「高傲」；而「忍耐」在原文則是「氣長」(*ʾereḵ-rûᵃḥ*)。整句片語可見是有諧音的句子，直譯是「氣長好過氣高」（*ṭôḇ ʾereḵ-rûaḥ miggəḇah-rûaḥ*），讀起來有趣又有押韻，也不失傳達相對的局面。通常驕傲帶有自恃過高，妄下定論的含義；這可解釋前半節所說的。驕傲的人不等事情的終局就自以為是，妄下定論，所以還是忍耐一些比較好，因為可能事情的發展並非在預料之中。

5.2.3 擁抱智慧是上好選擇（七 9～12）

9 至 12 節的格言涉及智慧與愚昧，而且以「惱怒存在愚昧人的懷中」（9 節）與「智慧能保全智慧者的生命」（12 節）作為框架。首兩節負面地告誡人「不要急躁」（9 節）、「不要說」（10 節）；後兩節則正面地提倡智慧，且形容智慧的美好，並兩次提到智慧的益處（11～12 節）。9 節的「不要急躁」與 8 節的「存心忍耐」在思路上是有關係的。7 至 8 節說到要避免妄下定論，9 節則說不要急躁；8 節的忍耐是「氣長」，9 節原文其實也提到「氣」（*rûaḥ*）；「你的心不要急躁」（*ʾal-təḇahēl bərûḥăḵā*；9 節）直譯是「你的氣不要加速」。智者經常教導有關心平氣和與沉著穩重的態度，例如：箴言十二章 16 節「愚妄人的惱怒立時顯露；通達人卻能忍辱」。此外，箴言二十七章 3 節提到石頭和沙土沉重，但是愚妄人的惱怒比石頭和沙土更沉重。這兩個來自箴言的例子，把惱怒和愚昧人關聯起來，傳道書這裏亦然。傳道者告誡人不要急躁地惱怒，箇中原因是「因為惱怒存在愚昧人的懷中。」所以就如上一節所說，在生活當中，存心忍耐是比較好的。

傳道者在 10 節再次以「不要」的語氣告誡人：不要只顧緬懷過去。懷舊並非不好，但是經常嘆息今非昔比的人，是一味活在過去的人。他們當下可能一直活在怨天尤人之中，一直問「為甚麼」，然後不斷緬懷從前。基本上，他們是不懂得把握現在。其實，過去和未來都是人的局限，因為人既不能回到過去，也不能決定未來。然而，「現今」才是人較為可以把握的。所以，傳道者說那些追問為甚麼不能回到從前的人「不是出於智慧。」此外，我們在這一節似乎看到傳道者與一位「你」（單數陽性的人物）在對話，傳道者回答他：「〔你〕不要說」，也提醒他：「你這樣問不是出於智慧。」不過，更有可能是傳道者針對當時人人皆有的一種緬懷過去黃金時期之趨勢有感而發。在傳道者的時代背景看，當時的以色列人前景黯淡，人民的身分地位的確是「今非昔比」。傳道者在此想傳達的信息，是要人好好地活在當下。

傳道者再次用「好」（*ṭôḇāʰ*；11 節）的形容詞，這形容詞屬單數陰性形態，是用來形容「智慧」。不過這裏所用的「好」，並非如七章 1 至 10 節所持續的「勝過格言」之結構，因為這裏並沒有相對好的意思。我們或許在這裏以為傳道者會說：「智慧勝過產業」，不過經文直譯是「智慧與產業〔在一起〕是美好的」（*ṭôḇāʰ ḥoḵmāʰ ʿim-naḥălāʰ*）；這似乎削減了智慧的好處，彷彿智慧不比產業更好，而只是與產業一樣好。傳道者在七章 19 節和九章 16 節都說智慧相對的好：「智慧使擁有智慧的人比城中十個官長更有能力」（七 19）及「智慧勝過勇力」（九 16）。為何這裏不說：「智慧勝過產業」呢？

若從另外一個角度來理解，我們可參照二章 12 至 17 節和六章 1 至 9 節，便會發現傳道者其實對財產和智慧持有某程度的保留。二章 15 節說：「愚昧人所遇見的，我也一樣遇見，那麼我何必更有智慧呢？⋯⋯這也是虛空。」而六章 2 節則說：「就是人蒙上帝賜他財富、資產和尊榮，以致他心裏所願的一樣都不缺，只是上帝使他不能享用，反被外人享用。這是虛空，也是禍患。」智慧和產業的好處還是有局限的，這個概念可能也出現在 11 節；也就是說，雖然 11 節的文學格式與上文不太一致，但是它的內容依然呼應傳道書的思想——沒有所謂絕對的好處，即使是智慧也沒有。

雖然如此，智慧本身還是有益無損的，所以接下來就提到智慧的「益處」（*yōṯēr*；參六 11）。智慧有益處，尤其是對「見天日的人」，也就是「活人」的意思。在六章 3 至 6 節傳道者說過「沒有見過天日」（5 節）其實比活過但心不滿足的人還好（參 4.7.2「壽命長，心卻不滿足〔六 3～6〕」，頁 122～123）。兩段經文對照看來是相輔相成的，傳道者其實沒有排除一個人活著的價值，因為六章 5 節說的，是活著的人要懂得體驗資產給他帶來的豐盛與美好；這裏是說活著的人只要有智慧，他活著的時候還是對他有益。

在 12 節，傳道者為 11 節所強調的智慧之益處，提出理由：「因為智慧庇護人。」（12 節）經文這裏所用的比喻是「好像金錢庇護人一樣。」「庇護」（*ṣēl*）的意思是「遮陰之處」；同樣的字眼出現在以賽亞書二十五章 4 節，當中的「遮陰之處」是指上帝成為貧寒人的保障與暴風雨之避難所，以及炎熱地之「陰涼處」。約拿書四章6節也説到上帝給約拿安排了一棵蓖麻樹成為他「遮陰之處」，以免他辛苦。所以，12節上半節直譯可以是「智慧有遮陰之處與銀子有遮陰之處」（*bəṣēl haḥoḵmāʰ bəṣēl hakkāsep̄*）。「金錢」（原文是「銀子」）有時能夠使身陷經濟困難的人得以脱身，有時能夠幫補不時之需，也可能使人解決一些麻煩。換句話説，智慧也像金錢一樣，必要時能夠使人收到「遮蓋」或保護，以免遭受困苦。

所以12節下半節説：「智慧能保全智慧者的生命，這就是知識的益處。」這句原文只有一次「智慧」的字眼，直譯是「知識的益處是：智慧保全擁有者的生命。」繼上半節之後，這裏對智慧提供進一步的肯定——智慧能夠給生命提供保障。「知識」在這節與「智慧」並列，就如一章15節與18節所提過的（參3.1.3「傳道者的體驗〔一15～18〕」，頁51～55）。

5.3 格言結語（七13～14）

在六章10至12節，傳道者説世人不能決定自己的過去與未來（參5.1「格言引句〔六10～12〕」，頁134～136）。不過，傳道者在七章1至12節繼續説，人可以把握現在，衡量相對好的情形，然後按照比較可取的方式而生活。到七章13至14節，傳道者回到他的神學取向，兩次以命令式的語氣指引人要「觀看」（*rəʾēʰ*；原文有「察看」的意思），就如他在全書也一直在察看。13至14節的「誰能……？」及「會發生甚麼事」與六章10至12節是有呼應作用的。六章10節説：「人……不能」，而七章13節説：「誰能……？」六章12節問：「誰能告訴他身後在日光之下會發生甚麼事呢？」七章14節則説：「人不知將會發生甚麼事。」傳道者於七章13至14節再次奠定上帝主導性的角色，同時肯定人的有限性。他也不忘提醒人，在順利的日子和患難的日子應該如何應對。

「你要觀看上帝的作為，誰能使他所彎曲的變直呢？」（13節）*rəʾēʰ* 這命令式動詞在傳道書共出現七次（一10〔「看」〕，二1〔「看哪」〕，七13〔「觀看」〕、14〔「思考」〕、27〔「你看」〕、29〔「你看」〕，九9〔「和修版」沒有譯出來〕）。*rəʾēʰ* 同時出現在13至14節，發揮指引性的作用。傳道者似乎一直指引人要好好地「看」。不過，他要人察看甚麼呢？傳道者以「看！」的口吻，嘗試指引人把注意力放在他當時所關注的事上。那些事包括：

- 他所認為沒有一件新的事（一 10）；
- 要人「享福」（二 1）；
- 他所考察一件又一件的事情（七 27）；
- 他所得到的結論（七 29）；
- 「快活度日」（九 9）。

這裏，傳道者指引人觀看上帝的作為，特別是觀看上帝所定意做的事。他陳明人不能改變上帝已定意要做的事。一章 15 節已經說過「彎曲的，不能變直」。這裏明顯地指出上帝使「彎曲」之事發生；而且在在聲明，人不能使彎曲的變直。古埃及的一些智慧文獻，例如《雅尼訓誨集》（*The Instructions of Any*）曾經說到「彎曲的可以變直」。❻ 傳道者似乎兩次反駁這種積極又肯定的看法；他說「彎曲的，不能變直」（一 15），他這裏更斬釘截鐵地說，是上帝使之彎曲的，人就不能使之變直（七 13）。這說明人的局限需要受到正視，人類的確沒有辦法改變上帝的旨意。傳道者並不太樂觀地認為，人雖有能力卻不能做很多的事情，不過他一直肯定上帝的作為超越人的能力。可見傳道者一方面正視人的局限，另一方面從不放棄信仰的執著，且重視上帝的作為。

「順利時要喜樂；患難時當思考。上帝使這兩樣都發生，因此，人不知將會發生甚麼事。」（14 節）「順利時⋯⋯患難時」原文是「在好的日子⋯⋯在患難的日子」。「順利時要喜樂」（*bəyôm ṭôḇā*^{h} *hĕyē*^{h} *ḇəṭôḇ*）直譯是「在好的日子，要成為好」，原文是有兩個「好」字。二章 1 節說過「看好的事」，其實是體驗好的東西，「好的事」有「享福」之意。所以，這裏應該有同樣的理解——在好的日子，你要懂得享福。而「患難時當思考」（*ûḇəyôm rāʿā*^{h} *rəʾē*^{h}）直譯是「在患難的日子，你要看」。中文譯本都把「看」翻譯為「思考」（「新譯本」作「省察」），而英文譯本大多理解為 “consider”（「考慮」）。「看」是指一種人生體驗，這裏它包括思辨的範疇。傳道者用字十分講究，「順利」（*ṭôḇā*^{h}）與「喜樂」（*ṭôḇ*）原文是同一個詞；「患難」（*rāʿā*^{h}）則和「思考」（*rəʾē*^{h}）是同音字。傳道者以命令式口吻，指示人在順利、亨通、好的日子，要懂得活在好的當下，去體驗幸福和美好。同時他也指示人，在患難的日子要「思考」——而不是放棄，光失望或窮嘆息。

至於在患難的時候所要思考的內容，是我們都關注的課題。經文接下來就說：「上帝使這兩樣都發生」。我們思考的重點是，上帝使「這兩樣」——好的日子與不好的日子——都發生。「這兩樣」（*ʾeṯ-zeʰ ləʿummaṯ-zeʰ*）在原文其實是「這個與那個並列」或者「這個與那個相同」（參出三十八18），而且原文有加上「也是」（*gam*）強調助語詞。因此，好的與不好的無論在本質上、體驗上、感覺上有多麼大的差距都好，在傳道者看來都是一樣，因為它們都是出自上帝。傳道者要我們懂得運用觀察能力，嘗試去分辨、思量和理解一個真理——上帝的作為其實一直在進行，雖然世人未必測透上帝如何工作。這種神學洞悉也在舊約另外一本智慧文學作品約伯記中有所論述：「賞賜的是耶和華，收取的也是耶和華。」（伯一21）

接著，傳道者說：「因此，人不知將會發生甚麼事。」這與六章12節的「身後……會發生甚麼事」在思路上是呼應的，重點在於人不能知道「身後」或「將會」（*ʾaḥărāyw*）發生甚麼事。傳道者肯定地認為，好的與壞的是必然存在的人生經驗。他又認為，人可以在事情發生的時候，隨機應變或以不變應萬變。在順利的時候，要懂得接受好的事物；在厄運臨到的時候，要懂得面對逆境。人不知道會發生甚麼事，不過無論是好事或壞事都掌握在上帝的手中。這是一種「既來之，則安之」的心理，是我們可學習的生活智慧。

信仰反省：基督徒樂觀態度的一個檢視

傳道者沒有樂觀地說「彎曲的，能夠變直」，也沒有說「上帝能夠使彎曲的事情變直」。傳道者反而說是上帝把事情彎曲，並以反問句挑戰我們：「誰能使他所彎曲的變直呢？」（七13）這個反問句是一種修辭表達，為要讓人知道：沒有人能夠擺平、弄直或改變上帝已經定意彎曲之事。

傳道書指引我們取得一些平衡。基督徒在普遍的事上，不能把持著跨越現實的過分樂觀態度，彷彿改變世界的力量掌握在我們的手裏；或者，我們以為基督徒擁有世上的問題之答案；又或者以為，只要我們奉上帝的名去事奉，上帝必定成就我們所要和所求的。

我們或許會跟人說：「只要你有信心，上帝必定治好你的病。」

或者，我們說：「靠著上帝的力量，我必定能夠把這個問題解決。」

又或者我們說：「我要改變世界！」

我們需要考慮傳道者的話：「誰能使他所彎曲的變直呢？」這不是消極或悲觀的想法，而是一種正視問題的如實觀點，以及一股勇於面對逆境的勇氣。更重要的是，這反映我們的神學洞悉：人不能改變上帝旨意中所命定的事，因為事出必有因（只是人不知道其因而已），人只能做的就是認信——相信上帝知道祂在做甚麼，而且信靠祂有方法如何去做（即使人不能理解與推測）。

總的來說，一方面我們需要正視人的局限，另一方面我們需要確信上帝已有祂命定的旨意。

溫習及思考問題

1. 六章10至12節和七章13至14節在思路上與神學上有甚麼關聯？
2. 七章1至12節列出了幾項「強如」或「勝過」的說法，請一一舉出，並嘗試解釋傳道者想要表達的概念。
3. 七章1至12節多次提及「智慧人」的比較概念，智慧人與愚昧人的分別在哪裏？試討論傳道者在七章1至4節那種從死亡看生活的觀點。如果一個人只剩下幾個月壽命的話，他或她的生活優先次序，可能會有甚麼調整？
4. 七章11至12節提出「智慧」有甚麼好處？
5. 試思考「你要觀看上帝的作為，誰能使他所彎曲的變直呢？」（七13）這句子的意思。
6. 傳道者指引人說：「順利時要喜樂；患難時當思考。」（七14）我們可以從這句話學習到甚麼生活態度？

短註

❶ 蕭俊良指出，這個理解也在《阿卡特傳》(*The Legend of Aqhat*)找到依據。參 Choon-Leung Seow, *Ecclesiastes*, AB (New York, Doubleday, 1997), 231～232。

❷ Seow, *Ecclesiastes,* 235.

❸ 霍克斯(Michael V. Fox)指出，膏油可用於宴席，而非只是用於安葬抹屍用途。此外，在原文「膏油」(*šemen*)與「宴樂的家」(*bêṯ mišteʰ*)和「快樂之家」(*ḇêṯ śimḥāʰ*)有諧音作用。參 Michael V. Fox, *A Time to Tear Down and a Time to Build Up: A Rereading of Ecclesiastes* (Grand Rapids, MI: William B. Eerdmans Publishing Co., 1999), 251。

❹ 李熾昌、周聯華：《傳道書、雅歌》，中文聖經註釋第十七卷(香港：基督教文藝出版社，1990)，頁 90～91。

❺ Seow, *Ecclesiastes*, 247.

❻ Seow, *Ecclesiastes*, 122.

第三篇

卷下：傳道者對活在變數中的勸說（七 15～十二 14）

傳道書的下半卷（七15～十二14）的勸說成分比上半卷（一1～六9）的多。上半卷主要是傳道者描述他所觀察到的虛空之事，同時持續地陳述他的感嘆。所以，上半卷多以「虛空」、「捕風」和「有甚麼益處呢？」作為一種感嘆。下半卷可見傳道者的語調明顯趨向指示及勸說，過於虛空與捕風的感嘆。簡言之，傳道書的上半卷執著於日光之下的生活實情：「令人感到虛空和捕風」；而在下半卷，傳道者比較專注的關注是：「所以，人應該如何應付虛空和捕風的生命？」

我們馬上就看到，七章15節至十二章7節是由七項的勸說組成：

- 傳道者衡量了智慧與愚昧的分別，且勸說人要把持平衡與避免愚昧（七15～22）。
- 傳道者兩次勸戒在朝廷事奉的人要懂得如何於王室生存（七23～八1，八2～9）。
- 傳道者的課題專注於義人與惡人（八10～九10）。
- 傳道者更多與更細節的勸說，告知人如何回應生活的種種荒謬（九11～十20）。
- 傳道者告誡工作的人要懂得把握時機（十一1～6）。
- 傳道者規勸年輕人要把握當下，發揮青春與力量（十一7～十二7）。

第六章

勸說一：避免極端（七 15～22）

- 以智慧反思義與惡
- 智慧的指引

6.1 以智慧反思義與惡（七 15～18）

「虛度」（*hebel*）的原文與「虛空」相同，因此「虛度的日子」因此亦作「虛空的日子」。傳道者並非說日子已經被自己白白地浪費了，而是說他所度過的日子裏，發生了荒謬與不能理喻之事。傳道者在這裏陳述他所看見的事，顛倒了一般的因果報應論，就是以俗語所說「種瓜得瓜、種豆得豆」的生活行為準則。古代以色列人在訓誨書的薰陶之下，也深切明白義人行義必定蒙福，惡人行惡必自食其果的道德律。約伯及三位智者朋友，同樣也認知這個道理，所以，約伯不明白何以像他這麼一個正直的人會遭受連串的厄運。而約伯的三位朋友也照這道理推斷，相信約伯的生命裏是存在著不義，才會遭受不幸。傳道者是一名智者，因此也深明其義；不過他察看了「各樣」的現實生活，其中所經歷的居然顛倒了這個道德律。

分段大綱（七 15～18）

一、義人與惡人下場的顛倒（七 15）

二、行義與行惡的反思（七 16～18）

1. 警惕過分行義與過分行惡（七 16～17）
2. 選擇適中之道（七 18）

6.1.1 義人與惡人下場的顛倒（七 15）

他描述：「義人在他的義中滅亡，惡人在他的惡中倒享長壽。」（七 15）「長壽」的「壽」並沒有出現在原文，經文直譯是：「惡人在他的惡中倒延長。」若對照出埃及記二十章 12 節「當孝敬父母，使你的日子在耶和華—你上帝所賜你的地上得以長久」，同樣的動詞「延長」（*ʾrḵ*），不過受詞（object）是「日子」（*yāmîm*）。「日子得以延長」的應許經文，多次出現在申命記（四 40，五 16、33，二十五 15，三十二 47 等等）。在傳道書裏，傳道者在八章 13 節也說「惡人卻不得福樂，他的日子好像影兒不得長久，因為他不敬畏上帝」，這「日子…… 不得長久」原文亦是 *ʾrḵ* ... *yāmîm*。所以，15 節最有可能是指「延長日子」，而「和合本」及「和修版」譯為「長壽」是正確的。

不過，這句子帶出了一個問題：按照智慧傳統的教誨，壽命得以延長是智慧人和義人所應該享有的，例如：箴言十章27節：「敬畏耶和華使人長壽；惡人的年歲必減少。」此外，箴言三章16節提到，擬人化的智慧，右手是握有長壽的。箴言二十八章16節也說過，恨惡非分之財的義人，必年長日久。只不過，傳道者看過「義人在他的義中滅亡，惡人在他的惡中倒享長壽」（傳七15）。故此，傳道者感嘆日子「虛空」（也就是荒謬、令人不解）不是沒有理由的。希伯來聖經其他書卷也有不少傳達類似的疑惑，例如：詩篇七十三篇提及詩人思忖何以惡人得享平安，常享安逸且財寶增多（詩七十三3～12）；約伯也對惡人感到憤憤不平，因為上帝似乎為惡人定下福分，殘暴人也得到從上帝來的產業（伯二十七13）。在這點思想上，傳道者卻在下文有進一步的指引。

6.1.2 行義與行惡的反思（七16～18）

16至18節有一貫的思路，提到拿捏行義和行惡的生活態度，最後說到敬畏上帝之神學目的。16至17節是兩行平行句，每一行都以兩次「不要」為勸戒，並以一個修辭式提問來結束句子；而18節是一個勸說。

6.1.2.1 警惕過分行義與過分行惡（七16～17）

傳道者先勸說「不要行義過分，也不要過於自逞智慧」（16節）。「義」和「智慧」的關聯，是智慧學派的作風。箴言十至二十二章所列下所羅門的箴言，幾乎把智慧人與愚昧人，以及義人與惡人的兩組論述，當作同義理解。換句話說，智慧人亦是義人，他們敬畏上帝，從上帝蒙福且得以善終；反之，愚昧人是愚妄的人，他們作惡且不敬畏上帝，因此他們會以悲慘收場。傳道者對這種善惡分明和禍福有別的言論，不得不重新檢視一番。

按照經文字面的用意，傳道者似乎提倡一種適中的行義和實踐智慧之道——不好行義太多，也不要太過有智慧。經文提到「過於自逞智慧」。「過於」（*yôṯēr*）的確有「多出來」、「過多」或者「更加」的意思。「過於」（*yôṯēr*）

「和修版」的翻譯：「益處」（六 8、11，七 11）、「更有」（二 15）、「過於」（七 16）、「再者」（十二 9）、「還有……」（十二 12）。

的原文在傳道書共出現**七次**（二 15，六 8、11，七 11、16，十二 9、12）。同樣地，在七章 16 節「不要過於自逞智慧」是規勸人不要對智慧抱著太大希望，以為智慧必定能使人左右逢源。

不過，經文中「行義過分」的「過分」，原文不是 *yôṯēr* ，而是 *harbē^h*（副詞），這詞的原文並沒有「太多」或者「過多」的意思，而是有「很多」或「非常多」的意思。經文直譯應該是「不要行義多多」而已；這也就是說，行義並非刻不容緩或者義不容辭的。傳道者似乎在傳達一個信息，人若要行義，是需要見機行事，方法也要適中。人需要衡量景況，因為並非每次行義都是正確的。由於 15 節所說的「義人在他的義中滅亡」，傳道者在這裏對義的實踐，看來也有所保留。他認為義人不但不可以在義中有益處，反而會滅亡。在這種「行義倒可能滅亡」的前提之下，傳道者接著說：「何必自取敗亡呢？」（16 節）

「敗亡」（tiššômēm）原文的字義形態是 Hithpolel 未完成式第二身陽性單數動詞。

不過，「敗亡」（*tiššômēm*；16 節，詞形 *šāmēm*）在傳道書只出現一次，它的**字義形態**其實還有另外一種解釋，也就是「詫異」（參賽五十九 16，六十三 5）、「戰慄」（*yištômēm*，詞形亦是 *šāmēm*；詩一四三 4；指詩人的心境）。所以，「何必自取敗亡呢？」的意思也有可能是「何必感到詫異呢？」其意思是說，我們何必為著事實的顛倒而大惑不解，甚至因所發生的事實感到震驚？事實擺在眼前的是，凡事都有例外。所以，義人未必因為行義而得到好的收場。傳道者其實在規勸人，不要對行義的後果寄望太大，以免看到後果的時候自己感到震驚和難以接受。經一事，長一智。世事看多了，人會預備自己的心去面對「例外情形」。傳道者其實在預備人面對這種「例外情形」，它們是生活中的變數。

從「不要行義多多」再思「義」的意思（七 16）

「義」（*ṣaddîq*）不單是「做正確的事」，也包括「在正確的時間」與「用正確的方法」去做正確的事。從這個觀點來看，「義」與另一個中文字眼「宜」不只是諧音，也屬同義詞。作為一卷智慧文學，傳道書也看重智慧傳統所提倡的正確行為、適中的言辭、正確的心態與合宜的態度。所以，當傳道者提倡「不要行義多多」的時候，並非倡導人要壓抑著正義的心而不行動。而是看重「行義」的時機是否正確、方法是否合乎情理，以及態度是否可以接納。

有些人可能因為一股正義感，想要仗義行事，結果變成逞義敗事。例如：一羣人按照正義之心捉拿了匪徒，但是因為公憤而出手傷人，甚至打死那個匪徒。結果出手傷人者必須面對誤殺的指控，而他們本來的動機不過是見義勇為！有些人的動機正確，但方法未必正確。理直氣壯的人經常因為自己有理，而在言語上咄咄逼人。而智慧人的方法應該是「理直氣和」與「得理饒人」。行義的動機重要，不過行義的過程也重要。所以，16 節「不要行義多多」的規勸，要針對的不只是動機，也包括方法和過程。憑著一股傻勁不單幫不上忙，反而會遭人厭惡，甚至惹禍上身。結果本應是智慧的做法，倒成了愚拙。

17 節以同樣的口吻與形式說：「不要行惡過分，也不要為人愚昧」。其中「行惡過分」的「過分」原文是 *harbēh*，跟 16 節「行義過分」的「過分」情形一樣，原文並沒有太多或者過多的意思，只是「很多」或「非常多」。所以，經文可譯為「不要行惡多多」或「不要多行不義」。那麼，接下來的「也不要為人愚昧」就可以理解了，因為愚昧通常與惡人混為一談——作惡的人其實就是愚昧人。在 15 節的思路之下，傳道者看見一些作惡的人「延長年日」；不過有些作惡多端的人真的自尋死路，在死期未到的時候就因種種惡行而滅亡。傳道者就是用反問的方式「何必未到期而死呢？」來傳達同樣的道理。諺語也有言：「多行不義必自斃」。

6.1.2.2 選擇適中之道（七 18）

經文接下來把「行義」和「行惡」並列，說：「你持守這個，那個也不要鬆手才好。」（七 18 上）「持守」（*ʾāḥaz*）亦作「掌握」（申三十二 41；詩七十三

23)，所牽涉的範疇包括肉身上(緊抓或攙扶)和智性上(理解或明白)的掌握。傳道者期盼人懂得在行義與行惡之間，把持一種平衡，不跑極端的路線。經文接著說:「敬畏上帝的人，這一切都能兼得。」(18節下)「敬畏」是一種意識，是人對上帝的臨在持有高度的敏銳。從箴言一章7節和九章10節可見，智慧學派高舉敬畏上帝的意識。這裏說到的是動機之層面；行義及避免行惡的動機，至終是來自一種敬畏上帝的意識。有時我們的動機是對的，但是方法卻是錯了。不過，這一節提醒我們，如果我們的動機是因為「敬畏上帝」，我們可算是有所交代。「一切」(*kullām*)是指行義與行惡這兩樣而已，而「兼得」(*yēṣēʾ*)一般翻譯為「出去」，指一個行動。因此，全文可指「敬畏上帝的人，這兩樣都行得開。」「思高譯本」如此翻譯18節:「你的手最好把持這個，也不放棄那個，因為敬畏天主的人，二者兼顧並重。」而「呂振中譯本」的翻譯，也是值得參考的:「頂好要掌握著這個，那個也不要鬆手，因為敬畏上帝的人必須把兩樣都掌握得對。」每個人每天必須周旋在行義與行惡的生活選擇之中，沒有一個人可絕對做得正確，或者得以倖免犯錯。但是，敬畏上帝的人，有正確的動機主導著他或她的選擇。故此，智慧是來自從每一天生活與處事的選擇。

為16至18節作個小結:16至17節的兩句平行句為「行義和行惡」與「智慧和愚昧」作對比。然而，有時智慧和愚昧只屬一線之差。智慧人有時也有愚昧的時刻(參七7)，智慧也未必時時生效(參四13～16)。傳道書論及智慧的時候，一般都肯定智慧是好的。然而，傳道者卻一再強調，智慧並非有絕對的好處，有時它只是相對的好而已，例如:當它與愚昧比較的時候。所以，傳道者指明在「行義和行惡」與「智慧和愚昧」模糊不清的時候，我們的底線最好還是敬畏上帝(18節)，其原因在於即使我們不小心偶爾愚昧行事，但由於我們持有敬畏上帝為前提，在動機上說得過去，以後更加謹慎就是了，因為每個人都會有軟弱和跌倒。

在接下來的經文，傳道者進一步說:「世上沒有行善而不犯罪的義人」(20節)。有些人行義過於火熱，容易變成律法主義者或成為宗教極端分子。然而，敬畏上帝的人會避開律法主義和極端主義。所謂過猶不及，因此把持適中是一種生活智慧。此外，「不要行義多多」並非阻止我們去仗義助人，而是提醒我們也要注重方法和過程，以免後果不如想像中那樣，結果詫異而不知所措。而「不要行惡多多」並非指我們可以做一點點惡事，而是警戒人多行不義必自斃。

6.2 智慧的指引（七 19～22）

傳道者為 16 至 18 節的規勸，提供進一步的基礎——智慧幫助一個人如何把持適合的底線。有智慧的人具備一種能力，令生活管理的層面超越「十個官長」的能力。官長本身已經擁有治理的力量，可以進行規劃與管理的任務；而「十個官長」中的「十」含有完整的意義，也就是反映具備了更完美的治理條件。在這段經文裏，傳道者很有可能引用一種類比的手法，或引述一句當時熟悉的名言，來提倡智慧的能力。「能力」（*ʿāzaz*）在希伯來聖經其他書卷是指一種「得勝」的力量（士三 10；詩九 20〔「和修版」九 19〕；但十一 12）。詩人用同樣的動詞形容上帝的手「強而有力」（詩八十九 13）。在此，經文的重點是指出智慧有強處，且是不容忽視的。

即便智慧的強處不容忽視，但是有智慧的人依然面對一種局限——人不能確定每次行動都保證不會犯錯。雖然傳道者提倡智慧有強處，但這裏卻必須回到現實：「其實世上沒有行善而不犯罪的義人。」這句話呼應了 18 節對行義和行惡之間要取得平衡的描述。傳道者為行義和行惡提供一個如實的觀點：不要以為一個人有行義的目的就萬無一失。有些人可能自視過高，以為「義」絕對掌握在自己手裏，怎知人也有軟弱和私人動機，這些偶爾會混淆了神聖的目的。結果外表看起來是行義，那知其實自己在作惡。傳道者正視人這模糊的地帶，進而解說沒有一個人可以豁免犯罪——即使是義人也不能！

20 節與 21 至 22 節在思路上有所關聯。一些人或許不認為義人有犯錯的可能性，反而提出「這個義人怎麼可能會犯罪？」的想法。傳道者這裏接著說：「人所說的話，你不要都放在心上」。「所說的話」在原文是「一切話語」（*k̠ol-haddəb̠ārîm*），「思高譯本」作「一切閒話」，可說是具體地提出經文所關注的事。我們關心的或許是別人如何評估自己。其實別人一句話——無論是褒詞還是貶詞——都不能改變一個人的真正價值。經文給真實面對軟弱的人提供了安全感。一個誠實面對自己失敗的人，也必須受得住人言方面所帶來的困擾。

接下來經文說：「免得聽見你的僕人詛咒你」(21 節)，可見這也包括那些幫我們做事的人所說的話語。「你的僕人」(*ʿaḇdəḵā*)不一定指「奴隸」，也包括「下屬」和「工人」。經文預設了一個工作場景：當家的做了決策，工人就奉命執行任務；但是，工人或許不同意老闆的做法，他們只能在言談之間埋怨或控訴。「詛咒」(*qālal*)也可譯為「輕看」(例如：創世記十六章 4 節說到夏甲看見自己有孕就「輕看」撒萊)。其他有「輕看」意思的同樣字根亦見於撒母耳記上二章 30 節和以西結書二十二章 7 節等。所以，「免得聽見你的僕人詛咒你」可解作「免得你聽見你的僕人在貶低你」。

22 節也預設了在那個人之上還有上司的工作場景：「因為你心裏知道，自己也曾屢次詛咒別人。」同樣的原理用在自己身上，我們在意工人輕看自己，其實自己也在不同的時候討論上頭的長短，或指控老闆的不是。「你心裏知道」意思是不用說出來與心裏領會。之前 20 節已經說過，其實我們都知道沒有行善而不犯罪的義人。傳道者假定了這種輕看人或貶低人的惡性循環，並囑咐人要超越這種惡性循環。

信仰反省

筆者認為，以上討論的經文為我們提供了一個十分寶貴的指引。基督徒立志活出美好的生活見證，以彰顯上帝的榮耀。不過，有時候我們自己知道，行義不是那麼自然的。使徒保羅也說：「我也知道，住在我裏面的，就是我肉體之中，沒有善。因為立志為善由得我，只是行出來由不得我。我所願意的善，我不去做；我所不願意的惡，我反而去做」(羅七 18～19)。基督徒有時會在軟弱中跌倒，這幾乎是所有基督徒都有的經歷。不過懊悔和認罪過後，我們或許可以參考傳道者的智慧言論——沒有一個人可以豁免犯罪，即使是義人。所以，我們知道上帝饒恕了我們的過犯，我們也要曉得原諒自己的過失。一個人成熟與有智慧，包括誠實地面對自己軟弱的過去；對待別人其實也一樣。成為基督徒領袖或牧者都有可能會犯錯。在「世人都犯了罪」的基督教前提之下，我們都是罪人，不過我們也是蒙恩的罪人。我們可以把軟弱與失敗看為「經一事，長一智」的人生哲理，然後繼續向前展開榮神益人的路程。

溫習及思考問題

1. 本章是傳道者對活在變數中的第一項勸說。請以自己的方式，簡單地摘錄本章的重點。
2. 「義人在他的義中滅亡，惡人在他的惡中倒享長壽。」（七 15）你是否有見過可產生共鳴的生活實況？
3. 有關把持平衡與避免極端，你如何應用七章 16 至 18 節的詮釋教導？
4. 作為一個神學目的，「敬畏上帝」如何指引我們平衡生活中的行義及行惡？
5. 七章 19 節說：「智慧使擁有智慧的人比城中十個官長更有能力。」智慧如何使你在職場上有更強的表現？
6. 你如何在工作關係上應用七章 21 至 22 節所傳達的重點？

第七章

勸說二：避免愚昧(七 23～八 1)

- 追求智慧
- 避免愚昧
- 獲得智慧

傳道者的勸說二（七23～八1）涉及智慧的課題，提倡尋找智慧或追求智慧。動詞 *māṣāʾ* 在傳道書**共出現十七次**，而七章23節至八章1節這段只有八節經文的選段，則出現了八次，若再加上七章14節，在第七章共出現了九次（14、24、26、27〔x2〕、28〔x3〕、29節）。在這段經文中，「和修版」將 *māṣāʾ* 翻譯為下列意思：

動詞 māṣāʾ 出現其餘的八次是：三11，八17〔x3〕，九10、15，十一1，十二10。

- 「知」（14節）：以否定式語態表達——「不知」（*lōʾ māṣāʾ*）。
- 「測透」（24節）：以提問式語態表達——「誰能測透呢？」（*mî māṣāʾ*）。
- 「發現」（26節）。
- 「尋求」、「尋得」（27節）。
- 「找到」（28節）：以否定式語態表達——「找不到」（*lōʾ māṣāʾ*）。
- 「找到」、「尋出」（28、29節）。

故此，這個動詞所描述的不但是在表面行動上的「找」，也有思想上的「找」。顯而易見，傳道者努力追求認知，或嘗試明白某些事情。尋求智慧一向都是智慧傳統的教誨。箴言提倡追求智慧，也經常使用動詞形態的 *māṣāʾ*。例如：「得智慧，得聰明的，這人有福了。」（箴三13）箴言二章4至5節提到，如果有人像尋找銀子一樣去尋找智慧，他們就懂得敬畏耶和華，「得以認識上帝」（「得以認識上帝」直譯是「得著上帝的知識」）。箴言八章9節提到得著知識的人是正直的人。此外，擬人化的智慧女士（Lady Wisdom）跟我們說：「愛我的，我也愛他，懇切尋求我的，必尋見。」（箴八17）智慧女士也說：「因為尋得我的，就尋得生命，他必蒙耶和華的恩惠。」（箴八35）不過，她也警告那些恨惡知識與不敬畏上帝的人，在遭難的時候，即使他們「懇切尋求我，卻尋不見。」（箴一28）

總之，智者們總是教誨人如果愛惜生命，就要得著智慧，而持守聰明的人會尋得好處（箴十九8）。智者們甚至用 *māṣāʾ* 作為未婚男性「追求」配偶的目的：「得著妻子的，得著好處，他是蒙了耶和華的恩惠。」（箴十八22）箴言中最為人所熟悉的，莫過於三十一章10節：「才德的婦人誰能得著呢？她的價值遠勝過寶石。」所以，七章23節至八章1節這段經文單元是以「得著智慧」為題旨的。「追求智慧」與「得著智慧」是這段單元的框架（七23～25，八1）。中間部分則是「避免愚昧」的描述。

7.1 追求智慧（七23～25）

傳道者在二章1節曾經用「試驗」（*nāsāh*）這個動詞，他對他的心說：「來吧，讓我用喜樂試試你」（「試試」的原文是*nāsāh*）。在這裏，他則用智慧來「試驗」。不過，他所試驗的「一切事」，是指經文之前所説的（例如：行義和行惡），還是接下來經文要説的（例如：嘗試明白萬事）呢？學者們的意見不同，不過承接上下文思路的，是與智慧息息相關的概念。七章19節提到智慧使人比十個官長更有能力；接下來七章23節至八章1節的題旨也是提倡追求智慧。這樣看來，可能經文所述的「一切事」包括了之前和之後的內容。傳道者説：「我曾用智慧試驗這一切事」（七23上），包括之前他嘗試用智慧去平衡行義和行惡，也包括這裏他嘗試追求智慧的方法。

不過他這裏遇到的難題是，原來要得著智慧並非是一件容易的事。傳道者説：「我説：『要得智慧。』智慧卻離我遠。」（七23下）僅僅一節之中，就陳述了看來彼此矛盾的言論，傳道者説：「我曾用智慧試驗這一切事」，又説「智慧卻離我遠」。如果傳道者曾經用智慧試驗生活所遇見的一切事，智慧怎麼會離他遠呢？我們從七章16節的詮釋，可得一些指引。傳道者已經説過不要過於自逞智慧，也就是不要把智慧的好處看得太絕對。智者可能所面對的困境是，有時已經學到一些人生道理，不過所謂學無止境，人生功課好像永遠都學不完。難道智者在某些事上得到智慧，在其他事上就萬無一失嗎？傳道者覺得並非正如所願，所以他説智慧離開他很遠，也就是智慧令他感到陌生的意思——即使他是一名智慧人。

遙遠與陌生的概念繼續醞釀下去，經文接著説：「萬事之理遙不可及」（七24上）。「萬事之理」原文只是「所發生的事」（*mah-ššehāyāh*），在六章10節已經出現過這個形式，而且譯為「先前所有的」（參5.1「格言引句〔六10～12〕」，頁46～55）。24節上「萬事之理遙不可及」可翻譯作「所發生的事，甚遠」(*rāḥôq maʰ-ššehāyāʰ*)。「甚遠」在「和修版」譯為「遙不可及」，算是加重了強調，而且加添了「之理」的領悟範疇，可能為了對應下半節「太深奧，誰能測透呢？」(七 24 下)「太深奧」(*wəʿāmōq ʿāmōq*)在原文是疊詞，猶如「虛空的虛空」、「萬王之王」，以及「歌中之歌」一樣，有最高階段(superlative)之意。所以，「太深奧」的意思是「極之深奧」或「完全不能理解」的狀態。接著，傳道者又問一個修辭式提問：「誰能測透它呢？」(*mî yimṣāʾennû*)動詞「測透」的字根源自「尋求」(*māṣāʾ*)，這裏的意思是「有誰能夠理解它？」不過它既然是一個修辭式提問，傳道者要傳達是：「沒有人能夠理解它。」這樣一來，七章 24 節下肯定了上半節所說的「萬事之理遙不可及」。

25 節「我轉念」(*sabbôṯî*)和「心」(*lēḇ*)一起出現，表示心裏正在反覆思量。這兩個字眼的組合曾經出現於二章 20 節，顯示傳道者不斷尋索與思考。這節的「轉念」(*sāḇaḇ*)與四章 7 節說「轉而觀看」的「轉」(*šûḇ*)的原文是不同的。「轉念」(*sāḇaḇ*)的「轉」曾三次出現於一章 6 節，分別被譯為「向……轉」、「旋轉」和「繞回」。接著的 25 節有四個不定詞附屬形(infinitive construct)，包括「要知道」(*daʿaṯ*；出現兩次)、「要考察」(*ṯûr*)、「要尋求」(*ḇaqqēš*)。這幾個表達探求知識的字眼，反映箴言一章 2 至 6 節的宗旨——為要得著知識與明白哲理。「萬事的來由」原文是以一個名詞 *ḥešbôn* 表達，這名詞在傳道書共出現四次(七 25、27、29，九 10)，屬於一種經濟學的術語，意思是「帳目」或「數目」，這個字眼在 29 節譯為「詭計」、九章 10 節譯為「謀算」。它的字根亦見於公元前五世紀近東不同語言的文獻，其意義相近，也就是計算的數目。它的含義是扣除了所有支出後與結帳時所出現的盈餘。傳道者用 *ḥešbôn* 的經濟學術語來表達一個意思：如果他不看人生的負面體驗，誠實面對生活所帶出的真實寫照，那麼活著是否還會有所得著——即是否活著有所謂的「益處」? 而「和修版」譯為「萬事的來由」，「呂振中譯本」譯為「萬事的總和」，而「思高譯本」作「事理」。

傳道者在 25 節想要知道、考察和尋求的焦點，是智慧和事理。不過，他也要知道「邪惡為愚昧，愚昧為狂妄」。「邪惡」(*rešaʿ*)、「愚昧」(*kesel*)、「愚昧」(*hassiḵlûṯ*)、「狂妄」(*hôlēlôṯ*)四個不同的概念，都是智慧的相反。從原文看，第一個「愚昧」與第二個「愚昧」所用的詞是不同的；此外，四個名詞中只有第二個「愚昧」（*hassiḵlûṯ*）是有定冠詞的（參二13）。作者如此的表達，為了指出他所提及的兩個「愚昧」是不同的。傳道者想表達「愚昧」的時候，通常會使用 *siḵlûṯ* 這詞（一17，二3、12、13，七25，十1、13）。而這裏所謂的「愚昧」（*kesel*），只在傳道書出現一次，就是七章25節；而 *kesel* 在希伯來聖經共出現十四次，有兩次是指愚昧（參詩四十九13；耶十8），其他則指信靠（伯八14，三十一24；詩七十八7；箴三26）或腰部（利三4、10、15，四9，七4；伯十五27；詩三十八7）。七章25節的 *kesel* 與 *hassiḵlûṯ* 同樣是表達「愚昧」，傳道者在原文用了兩個不同的詞表達愚昧，筆者認為關鍵是 *hassiḵlûṯ* 的定冠詞：有定冠詞的「愚昧」（*hassiḵlûṯ*），是箴言九章13節提到的一種「愚昧女士」（*ʾēšeṯ kəsîlûṯ*）的影射，也與接下來26節的「那女人」（*hāʾiššāh*）有關聯。若從傳道書出現的「愚昧」（*siḵlûṯ*；一17，二3、12、13，七25，十1、13）來看，這詞是否有定冠詞，在意義上似乎沒有明顯的分別。不過，在25節有定冠詞的 *hassiḵlûṯ*，在意義上卻舉足輕重，因為在經文脈絡上，它影響了26節有定冠詞的「一種婦人」的理解。總而言之，在這裏傳道者想要尋求智慧以理解萬事。他也知道尋求智慧的人，要遠離邪惡、愚昧與狂傲。下一段經文單元，則道出了一個人要遠離愚昧的過程及所面對的具體掙扎。

7.2 避免愚昧（七26～29）

23至25節說要尋求智慧的人，就要遠離「邪惡」、「愚昧」、「愚昧」、「狂妄」。不過，傳道者接下來也誠實地描述所遇見的難題，包括其過程中之糾結與掙扎。在26節，傳道者說：「我發現有一種婦人比死還苦毒。」（七26上）讀者不禁要問：為何傳道者突然提起女人的課題呢？26節所說的「一種婦人」（*hāʾiššāh*）其實是有定冠詞，「和修版」譯作「一種女人」欠缺妥當，應譯為「那女人」。我們從上文下理獲悉智慧一直是傳道者的主題，而七章23節至八章1節的單元也是關乎智慧。「女人」與「智慧」的關聯，常常見於箴言。智者們引用女人的隱喻——特別是賢淑的女人來描繪智慧（參箴三13～18，四6～9，三十一10～31）。反過來說，智者們也引用邪惡的女人之隱喻，例如：淫婦、妓女和陌生女子來描繪愚昧（參箴五1～6，七6～27，九13～18）。傳道者出自於智慧傳統，他必然掌握智慧學派的知識庫，而他的聽眾與讀者，自然也是使用這些隱喻的智慧學人。傳道者在引用智慧學派有關桃色危機的教導，因為這乃當時讀者都能明白的詞彙與描述。「那女人」是指與智慧隱喻形成反比的愚昧的隱喻，也就是「愚昧女士」（Lady Folly）。更進一步，26節有定冠詞的「那女人」，與25節惟一有定冠詞的名詞「那愚昧」彼此呼應，屬於被指定的個體。所以，26節不是描述一般女人，或意指一位具體的女性如傳道者的「妻子」（「婦人」〔*ʾiššāʰ*〕原文也可以指「妻子」）。「那女人」（26節）其實就是25節的「那愚昧」。

傳道者指出「那女人比死還苦毒」。「比死還苦毒」（*mar mimmāweṯ*）原文有語法上的難題，因為主詞既然是陰性名詞（她），形容詞「苦」應該是陰性形容詞 *marāʰ* 而不是 *mar*。故此，有學者如達胡德（Mitchell Dahood）把這個形容詞與腓尼基語的另一個形容詞「強」（*mrr*）連上關係，這種關聯也見於當時的亞蘭語和烏加列文。❶ 按照這個理解，經文應該是「愚昧比死還強」。不過，按照智者們描繪，愚昧女士所朝往的結局是陰間和死亡（參箴五5，七27），那麼她怎會強於死亡呢？筆者覺得不太可能。

其實，「苦毒」與「死」的關聯是可以成立的，而且不只是出現於傳道書。撒母耳記上十五章32節有說過「死亡的苦難」（*mar-hammāweṯ*），約伯記二十一章25節也說：「有人至死心中痛苦」。此外，研究傳道書的學者亦察覺傳道書的文學風格有時候異於一般的文法。故在26節用 *mar* 而不是 *marāʰ*，只屬其中一個例子。簡言之，「愚昧比死還苦」的翻譯最接近，也最廣為接受。傳道者描繪這個女人：「本身是陷阱，她的心是羅網，手是鎖鏈。」（26節下）原文並沒有「本身」這個字眼，原文的意思其實是「她就是陷阱」（*hîʾ məṣôḏîm*）。「心」通常指動機所在，而「手」一般指行動。經文描述「那女人——也就是擬人化的愚昧」整個人裏裏外外都是危險的。「陷阱」、「羅網」和「鎖鏈」是抓住獵物和捆綁人的意象；加上「心」為動機所在，表示那是具有企圖的惡謀。所以，「她就是陷阱，她的心是羅網，手是鎖鏈」表示那女人（擬人化的愚昧）是一個伺機陷害人的蛇蠍女人，不得不躲開她。

智慧和愚昧——為何用陰性隱喻？

以色列的智慧傳統，經常引用擬人化的神學論述來表達智慧的概念。智慧本來是一抽象的概念，智者們透過一名女性的形象建構，來描述智慧的美善。「智慧」在希伯來文屬陰性名詞，於是智慧就被構思成一名女性——「愚昧女士」，而且是賢妻良母型的女性，是值得當時正學習智慧的青年男性去諸般追求的。相對的，愚昧被刻劃成一名淫蕩的女人「愚昧女士」，總是引人誤入歧途。智慧教師警戒以男性為多數的青年學生，要小心提防她們，而且要避開她們。可見，賢妻是智慧的隱喻，而淫婦是愚昧的隱喻。

箴言有四首智慧詩都介紹和提倡擬人化的智慧。箴言一章 20 至 33 節的智慧女士，出現於街市、廣場、街頭和城門。她責備傲慢人、愚昧人和無知的人。箴言三章 13 至 20 節刻劃智慧女士的右手有長壽，左手有富貴，她的價值在金銀和寶石之上。智者說：如果人得到她就蒙福，因為她可作生命樹。箴言八章 1 至 36 節是箴言中第三首擬人化智慧詩，這首內容豐富的智慧詩，把智慧女士的聲音推得更廣更遠。她的腳步走在街道城門，走進王室政權中心，還跨越時空回到創世之時。智慧人再次刻意地把智慧與創造相提並論，強調她與上帝的先存性與恆久性。在這首智慧詩裏，智慧女士涉入政治的領域，君王藉她治國，王子也藉她定公平。此外，她還使愛她的人得到財富和尊榮。

第四首智慧詩是箴言九章 1 至 18 節，這裏同時出現一名智慧女士和一名愚昧女士。智慧女士精心預備佳餚美酒，派女僕出去邀請愚昧無知的人來赴宴，好使他們得著明智和生命。而愚昧女士本身是愚蒙無知的，她也招呼愚昧無知的人去她那裏，去吃她偷來的水和暗藏的餅，跟從她的人惟有朝往陰間深處——死亡之路。明顯的，這首詩傳達選擇智慧得到生命與選擇愚昧朝向死亡的神學信息。

其實以色列的智慧傳統刻意建構一個健康女性的形象，來推崇和提倡智慧。為此他們也必須建構一個反面的女性形象，來警戒人提防愚昧。以色列的智者與先知其中一個共同點，就是以負面的女性隱喻來解說信仰。先知以淫婦的隱喻，傳達以色列人在宗教上因拜他神而犯姦淫，結果對上帝不忠。智者則以淫婦的隱喻，傳達以色列人在智性上容易受迷惑，偏離了上帝的公義和蒙福之道路。先知針對悖逆背道的以色列人，而智慧人則針對愚蒙人及愚昧人。兩者的共同目的，是要以色列人遵行上帝的訓誨，走在公義的正道上。

於是下文緊接說：「凡蒙上帝喜愛的人必能躲開她；有罪的人卻被她纏住了。」（26 節下）「凡蒙上帝喜愛的人」原文作「在上帝面前良好的人」。「良好」

（*ṭôḇ*）在傳道書至少出現四十五次，這裏用「在上帝面前」，與二章26節兩次用法一樣，說在上帝面前良好——也就是蒙上帝喜愛之意。因為二章26節說過：「上帝喜愛誰，就給誰智慧、知識和喜樂」，所以這裏「蒙上帝喜愛的人」也是有智慧的人。有智慧的人會避開愚昧，就好像聰明的人看到伺機害人的人就懂得躲開一樣。既然「蒙上帝喜愛的人」是有智慧的人，義人當然也被列為同一陣線。所以，義人的反比——也就是罪人——就在這裏的論述出現：「有罪的人卻被她纏住了。」照樣推理，有罪的人也是愚昧人；他們不能分辨是非真假，所以在以假亂真的時候就跌入愚昧女士的陷阱、羅網和鎖鏈裏——被她纏住了。

27節與一章2節及十二章8節一樣，用第三人稱來稱呼傳道者，因此可見傳道書的編輯痕迹。在此，傳道者用「你看」（*rəʾēh*）的命令式語氣（另參一10，七13、14、29，九9），呼應前兩節的「考察」（*māṣāʾṯî*；字根是*māṣāʾ*），同樣是為了要「尋求」（*limṣōʾ*；字根是*māṣāʾ*）萬事的「來由」（*ḥešbôn*）。詮釋25節的時候，筆者提過「來由」（*ḥešbôn*；參7.1「追求智慧〔七23～25〕」，頁165的分析）是經濟術語。在這裏，傳道者可是一件又一件地考察，就如人一項又一項地計算帳目。傳道者想搞清楚與弄明白事情的真相，他的態度周全與認真，可說是不遺餘力。

「和合本」將這句子譯成：「一千男子中，我找到一個正直人，但眾女子中，沒有找到一個。」原文是沒有「正直人」。明顯地，「和合本」是將原文意思改了。

傳道者說他繼續尋找與發現，這一節共用三次*māṣāʾ*這字根。根據上文，這個「尋找」的動詞在箴言裏是指尋找智慧。28節是難解的經文。首先，傳道者的論點模棱兩可，一時說「尋得」（*māṣāʾṯî*），但又說「未找到」（*lōʾ māṣāʾṯî*）。在同一節裏，他也具體重複「找到」和「找不到」的論點：「**一千當中，我找到一個男的，但在這一切當中，卻找不到一個女的**」（28節下）。這節經文與上下文的關連不太明顯，因為內容突然出現男人和女人的比較，使思路難以理解。傳道者在論述著智慧的題旨，如果是比較兩種女人——「智慧女士」與「愚昧女士」的話會比較直接；或者，傳道者若說「一千當中，我找到一個愚昧人，但在這一切當中，卻找不到一個智慧人」，也比較合乎條理。

不過，28節「男的」其實是 *ʾāḏām*，泛指「人」而不是單單指向「男人」而已。所以，經文的比較應該是廣義的「世人」（*ʾāḏām*）與狹義的「女人」（*ʾiššāh*）之間。如果 *ʾāḏām* 是指「男人」，難題就出現了，這與傳道者在全書一貫的作風非常不同。傳道書一共用了四十九次 *ʾāḏām*，意思都是「世人」而非「男人」。而且，如果28節的 *ʾāḏām* 指男人，我們需要解釋為何傳道者在這裏不用具體的名詞「男人」（*ʾîš*）？不僅如此，難題也出現在接下來一節「上帝造的人是正直的」（29節）。經文內的「人」也是 *ʾāḏām*，意思是廣義的「世人」。簡言之，28節的經文顯得有些混亂，異於傳道者一貫的文學手法。因此，有學者認為「一千當中，我找到一個男的，但在這一切當中，卻找不到一個女的」（28節上）整句很有可能是編者或手抄者的解釋筆記。它可能是編者或手抄者所穿插的個人意見，作為他對28上半節的理解。❷ 本來的經文乃是28上半節緊接29節的論述，思路就比較有延續性。其理由是，傳道者在這裏的用詞不符合他一貫的作風，28節下半節的思路因此產生不協調。蕭俊良認為後來手抄者把個人的大男人思想寫進編輯稿件裏，其實傳道者本來的看法並非大男人主義。

筆者認為28節的剖析角度十分重要。按照字面看28節「我繼續尋找，卻未找到；一千當中，我找到一個男的，但在這一切當中，卻找不到一個女的」的話，我們會以為傳道者在灌輸一種貶低女性價值的教導。其實28節的正確理解，是傳道者始終沒有找到智慧，智慧仍是難尋。他說在一千當中他找到一個人 *ʾāḏām*，但在這一切當中，他卻找不到「智慧女士」（*ʾiššāh*；Lady Wisdom）——也就是擬人化的智慧。意思是說，28節的女人 *ʾiššāh*，與26節的那女人 *hāʾiššāh* 不同；這裏28節的女人 *ʾiššāh* 是指智慧，26節的那女人 *hāʾiššāh* 是指愚昧；兩者是一個對比，所以傳道者在28節一直找不到的是智慧。智慧傳統經常鼓勵人尋找智慧，好像尋找貴重的財物（箴二4）；智慧女士也說過有些人會懇切尋求她卻尋不見（箴一28）。在茫茫人海當中，傳道者容易找到一個人，但他就是找不到智慧女士的蹤影！整段的經文想要傳達的信息是，傳道者一直尋找智慧但找不到，他反而體驗的是愚昧！

傳道者說「你看」（29節），跟27節的語氣一樣：「你看，我考察一件又一件……」，顯示上下文一氣呵成。繼28上半節所說的「我繼續尋找，卻未找到」；然後，傳道者又說：「你看，我所找到的只有一件」(29節)。「找到」(*māṣāʾ*)是延續之前經文重複出現八次的字根，顯示傳道者不斷尋找，然後在這裏尋見。傳道者尋見了甚麼呢？29節說：「就是上帝造的人是正直的，但他們卻尋出許多詭計。」這節所指「正直」(*yāšār*)的字面意思是「筆直」。「上帝造的人是正直的」為七章13節提供非常有指引性的註解。七章13節說：「你要觀看上帝的作為，誰能使他所彎曲的變直呢？」在29節則提出，其實上帝造的人是正直的，只是世人尋出許多詭計，結果歪曲了世事。「詭計」(*ḥiššəḇōnôṯ*)是複數名詞，它以單數的形式在25節及27節出現，但被譯為「來由」。在九章10節，同樣字眼被譯為「謀算」；在這裏則比較接近謀算的意思，代表處心積慮策劃著某些事情。

那麼，到底世人處心積慮要計劃甚麼呢？這肯定是一件與「正直」相反的事，也就是「彎曲」的事。在這裏蕭俊良巧妙地指出，世人的情形就是這樣——想要把上帝所彎曲的弄直(七13)，也嘗試把上帝所造的正直加以扭曲(七29)。❸ 傳道者想表達的，想必就是世人一種與上帝敵對的心態。世人既不安分守己做人，還妄想能夠像上帝一樣掌管一切。所以，在五章1至7節，他提醒人「上帝在天上，你在地上」，並說：「你只要敬畏上帝」。在第七章，他則進一步指出世人的普遍問題：違抗上帝的旨意。相信這也是促使傳道者深感虛空的其中一件事，他不能理解為甚麼世人——包括他自己在內——會有違抗上帝的心態。世人可能本想得著智慧，豈知陷入愚昧的光景裏。

7.3 獲得智慧(八1)

八章1節一般被視為新的經文單元開始，貫穿至八章9節。不過，筆者認為八章2節至9節的焦點都在政治的範疇之內，說到如何在王室的工作環境裏得到生存。八章1節的內容顯得與2至9節格格不入，不過卻與上文接續得貼切，也是以智慧作為主題。七章29節說到世人尋出許多詭計，在這裏，傳道者則以兩個反問句結束七章23節至八章1節的經文單元。

承接上文，傳道者說自己嘗試尋求理解萬事，不過他只找到一個解釋，就是「上帝造的人是正直的，但他們卻尋出許多詭計」（七 29）。看來，智慧的確難尋。所以，傳道者先問：「誰如智慧人呢？」既然沒有人能夠成為智慧人，那麼有沒有人能像智慧人呢？當然，他所預設的回答是：「沒有」。他接著也問：「誰知道事情的解釋呢？」這個反問句明顯是一個修辭式的提問，目的是確定一個否定的答案。「解釋」（*pēšer*）在希伯來聖經只出現在傳道書，就是這一節；它來自亞蘭文 *pišra*ʾ，有「解決」和「解釋」的意思。❹ 這個詞同樣的字根（*pšrh*）曾出現於經外文獻，意思是「對症下藥」或「解決方案」（《傳道經》38.14）。蕭俊良指出，古阿卡德文（Akkadian）也有名詞 *pišru*，意思相近，指「揭開神祕面紗」或「難題的解方」。❺ 古代語境的用法向我們顯示，八章 1 節的「解釋」（*pēšer*）反映傳道者在追尋智慧的過程當中，一直想解答不明之事。這樣看來，傳道者現在所尋找的，或許就是一個能夠解答他的難題之出路：如何使人刻意地與努力地追求智慧？

很自然的，經文接下來就談到智慧的好處：「人的智慧使他的臉發光，改變他臉上暴戾之氣。」按照民數記六章 25 節和詩篇四篇 6 節，「臉上發光」與上帝的臉光照耀有關。所以臉上發光乃是蒙福的描述，表示上帝的恩眷。一張蒙福與恩眷的臉色，通常如沐春風，笑臉迎人。很自然地，下一節就說到原本一個人臉上的「暴戾之氣」會被改變。「暴戾」（*ʿōz*）原本的意思是「力量」（參詩一三八 3，一四〇 7；箴二十四 5，三十一 17、25 等），有時譯成「嚴厲」（參箴十八 23）。「他臉上暴戾之氣」（*wəʿōz pānāyw*）直譯可作「他臉色嚴重」，申命記二十八章 50 節和但以理書八章 23 節有同樣的描述，譯為「面貌兇惡」（*ʿaz pānîm*），意思是他臉上不放鬆與沒有微笑，反而繃緊與嚴厲，甚至難看。經文的意思是，智慧能夠改變一個人的性情，態度上平易近人，臉色使人看來和藹可親。

信仰反省：不巧遇上了愚昧

這一章的標題是「避免愚昧」，但是不巧，人最終還是與愚昧碰面！作為一名智慧人，傳道者想作的就是追求智慧女士；怎知，在他的尋索當中，他偏偏發現了愚昧女士。似乎他越要得智慧、智慧就與他距離愈遠（七 23），而愚昧卻與他那麼靠近，只差沒有纏住他（七 26）。傳道者把擬人化的愚昧描述得很詳細——「她本身是陷阱，她的心是羅網，手是鎖鏈」；然而對於智慧，傳道者卻是感覺遙不可及——他揣摩不到！這真是一種矛盾，難怪他之前一直表達他的無力感、諷刺，以及難以捉摸的「虛空」心情。這反映了我們真實的生活體驗，有時候真的有「聰明反被聰明誤」之感。慣常的日子我們可以處處精打細算，卻不能每次都擔保不會出差錯；反觀一些人毫無計謀卻可以坐享其成，似乎傻人有傻福。又例如，商人可以疏通了所有買賣的管道，還是會因為某種客觀因素——貨物被騎劫、競爭者出價更高、被經商夥伴出賣等等而做不成生意、賺不到錢。以致我們感嘆，聰明的人不能擔保聰明會成事，有時候反會誤事。聖經人物所羅門是「聰明反被聰明誤」的智慧王，早年蒙耶和華賜予智慧，晚年卻愚昧地敬拜外邦神。不怪乎從教父耶柔米開始，教會解經就把傳道者的論點與所羅門扣上關係。所羅門似乎就是一位早年擁有智慧、晚年活出愚昧的人。

溫習及思考問題

1. 請解釋七章 23 節至八章 1 節之內的動詞「尋找」(*māṣāʾ*)。為何傳道者重複使用這個動詞？
2. 為甚麼傳道者說：他要得智慧，智慧卻離他甚遠（七 23）？
3. 在七章 26 節，傳道者說：「我發現有一種婦人比死還苦毒：她本身是陷阱，她的心是羅網，手是鎖鏈。」這個女人是指誰？你是否學到一種新的理解？
4. 傳道者其中一件深感虛空的事，就是即使身為智慧人也測不透一些事情的「來由」。根據七章 29 節，傳道者有甚麼發現？
5. 跟據八章 1 節，人明白一些事情之後，他本來嚴肅的面容會輕鬆下來，而笑逐顏開。這在我們的生活上給予甚麼指引呢？

短註

❶ 參 Choon-Leong Seow, *Ecclesiastes*, AB (New York, Donbleday, 1997), 261；另參 Mitchell Dahood, "Qoheleth and Recent Discoveries," *Biblica* 39 (1958): 302～318, esp. 308～310；Mitchell Dahood, "The Phoenician Background of Qoheleth," *Biblica* 47 (1966): 264～282, esp. 275～276。

❷ Seow, *Ecclesiastes,* 265.

❸ Seow, *Ecclesiastes*, 276.

❹ 參 Francis Brown, S. R. Driver and Charles Briggs, *New Brown-Driver-Briggs Hebrew and English Lexicon* (Peabody: Hendrickson, 1979, c1906), s.v. "*pišra* ' "。

❺ Seow, *Ecclesiastes*, 277.

第八章

勸說三：王室中適當的生存技巧（八2～9）

- 遵守君王的命令
- 擁有權力的局限

這段經文的單元分段經常被界定為八章1至9節，不過也不乏有學者把1節抽出來，經文單元被界定為八章2至9節。❶ 主要原因是八章1節乃一修辭式提問，總結上文（七23～八1）。這反映傳道者一貫的文學手法，他通常經過一番觀察過後，便會發出提問：「誰……？」（參二25，三21～22，六12，七13、24，八7，十14）。此外，八章2節的「我」（*ʾănî*）出現了一個自述之後，2至9節接下來的內容皆與王室有關。這個形式呼應一章12節至二章26節的做法。在那裏，經文也是傳道者以王室身分作自述。因此，就如一章12節那樣，八章2節開始一段新的段落單元。

「我」（*ʾănî*）在原文沒有一個動詞跟著，可能是一種省略手法，意味「我〔說〕……」。經文在2節提到「因上帝誓言的緣故，當遵守王的命令」，這與列王紀上二章43節「向耶和華起的誓與遵守王所吩咐的命令」的表達是相似的。這裏，傳道者似乎傳達一種君權神授的概念，認為上帝授權一位君王去執行其功能。在古代近東，人們普遍上對王權的尊敬，確實有賴於君權神授的確信。當時的政治權柄一般上都與宗教方面的屬靈力量結連。所以，我們可以想像在君王登基的儀式上，也會包含宗教儀式。在儀式當中，人民會一起起誓效忠君王。在這個基礎上，人民因有誓言在先，就有必要遵從君王的任何命令。這反映了2節所說的「因上帝誓言的緣故，當遵守王的命令」。何況，君王的「命令」（*pî meleḵ*），在原文直譯是「君王的口」。這與「耶和華的口」（*pî* YHWH）一樣，具有甚高的權威（民十四41，二十二18；王上十三21）。

8.1 遵守君王的命令（八2～5）

2至5節提到遵守君王的命令，以免惹禍上身。以亞蘭文寫成的一份古代近東智慧文獻《亞希加箴言》（*The Proverbs of Ahiqar*），也出現類似的勸勉。傳道者可能熟悉《亞希加箴言》的智慧學說，在這裏以同樣的口吻規勸王室中工作的猶太官員要懂得尊重外邦人君王的權柄。被擄歸回後時期的猶太人，要懂得應付王室生活，因此順從王命是要有智慧的。傳道者說出人民屬於弱勢的一羣，他們對於在上的權柄顯得無助，而君王則有至高無上的權柄。所以，傳道者有必要教誨在朝廷裏工作的猶太人，要曉得如何適應外族王室的環境。3

節「不要急躁離開王的面前，不要固執行惡，因為他凡事都隨自己心意而行」的「不要急躁」（*ʾal-ṯiḇḇāhēl*），亦可譯作「不要驚慌」，「馮象譯本」也作「驚慌」之解。3節說，人不應該在驚慌之下「離開王的面前」，也就是離開崗位或辭職不做，即使是有很好的理由。得以看見「王的面前」代表一個人很靠近權力的中心。靠近權力的位置，是有利於影響政治決策的。所以，傳道者說，有智慧的人不應草率辭去職分。

「不要固執行惡」（3節）的原文，可直譯為「不要站在惡事上」。「不要站立」（*ʾal-taʿămōḏ*）的原文是一個動詞，與詩篇一篇1節的動詞「不站罪人的道路」一致，都是阻止人作出錯誤的行為。此外，傳道者勸勉「不要固執行惡」的「惡事」（*dāḇār rāʿ*），可能是指「邪惡的計謀」。在經文的思路上，可能與政治有關，所以有可能是指參與政變之事。馮象把「固執」的動詞解作「堅持」，他將「不要固執行惡」譯為「莫頂撞」。馮象在八章3節的翻譯是：「在他面前，不可驚慌〔*ʾal-tibbāhēl*〕，事情不好即應退下，莫頂撞〔*ʾal taʿămōḏ*〕，因為人君會恣意專斷！」一個侍候在王身邊的人，若沒有與王共事的智慧，這可是一項危險的差事。

4節說：「王的話本有權力，誰能對他說：『你在做甚麼？』」經文中的「權力」（*šilṭôn*），原文只在這裏和8節出現，其他則出現於亞蘭文的文獻，例如：但以理書三章2節和3節；《便西拉智訓》（或稱《傳道經》、《德訓篇》）4.17。因此，「權力」的原文，是屬於晚期希伯來文，有學者也考慮其阿拉伯詞源的可能性。君王的命令，人是無可質疑的，更是無法挑戰的。這種絕對的君權其實容易被濫用，也容易引致敗壞。所謂伴君如伴虎，傳道者教誨人要遵守王命。

我們可以想像，當時管治以色列的君王身邊的智者們，是傳道者在八章2至5節所勸戒的對象。他們像但以理一樣，以哲理和學問來服事外邦君王。他們也可能像服事法老王的約瑟一樣，擔任某些行政和管理的工作。傳道者規勸他們，在朝廷工作最好避免與君權對峙。這樣，他們就可以避開「禍患」（*dāḇār rāʿ*）。3節和5節都有 *dāḇār rāʿ*，分別翻譯為「惡」和「禍患」；5節說：「凡遵守命令的，必不經歷禍患；智慧人的心知道適當的時機和必經的過程。」3節可能屬於主動式參與惡事，例如搞政變；5 節則屬於被動式遭受禍患，具體地說是被君王對付。可見，*dāḇār rāʿ* 是傳道者的重複修辭。他提醒人，主動也好、被動也好，智慧人不自找麻煩，也不輕易惹禍上身。識時務者會尊重權柄，這是上上之策。這一點反映傳道者是機會主義者。

8.2 擁有權力的局限（八 6～9）

5 節說到，智慧人的心知道適當的時機和必經的過程。接下來 6 節進一步鞏固這個思想：「各樣事務都有時機和過程」（6 節）。回到之前所說的「惡事」和「禍患」，傳道者警戒人要避免與政權發生正面的衝突。在一些地方，獨裁已經成為一種政治現實，且已對生活造成威脅，所以正面衝突是不恰當的。負面情緒和正面對峙，會使世人惹禍上身。面對專制體系，有智慧的人會聰明地應付——曉得分辨時機，也知道萬事都有一定的過程（5～6 節）。不過，傳道者也繼續說：「但人有苦難重壓在身。」（6 節下）「苦難」（*rāʿāh*）是重複了 *rāʿ*（意思是「惡」或者「禍患」的字眼）。經文一直重複「惡事」或者「禍患」（3、5、6、9 節）；傳道者藉著使用重複的字詞，來傳達暴政是一種政治禍患。我們亦心知肚明，政治權貴本身存有一定的剝削性和壓迫性。

傳道者緊接下來討論一項關鍵課題，他說沒有人能夠知道以後會發生甚麼麼事：「他不知道將來的事，其實將來如何，誰能告訴他呢？」（7 節）在此，傳道者發出一個修辭式的提問：「誰能告訴他將來會發生甚麼事？」這句提問，看起來反駁 4 節所說過的絕對王權；不過，在這裏傳達了傳道者的心聲，也就是沒有人——包括擁有絕對權柄和威望的君王——能知道所發生的事情。接下來，經文說：「沒有人能掌握生命，將生命留住；也沒有人有權力掌管死期。」（8 節）經文兩次出現有定冠詞的 *rûªḥ*，在接下來的「死期」（*bəyôm hammāweṯ*）對照之下，意思較為可能是「生命」，而非「風」或者「靈」；「思高譯本」和「呂振中譯本」皆譯為「生氣」。更重要的是，8 節有四次出現「沒有」（*ʾên*）和「不」（*lō*）的否定論述。這些否定論述強調人民的無助感，其實也在說明每個人（包括君王）的無助感，因為就連他們也不能掌管生命和死期！

如果連專制的君王都不能掌管生命與死期，對普羅大眾來說，這反而存有一個盼望，因為只要獨裁的君王一死，百姓就得自由。經文接下來說：「這場爭戰無人能免」（8 節）。「無人能免」亦作「免服兵役」。「免服兵役」（*mišlaḥaṯ*）與詩篇七十八篇 49 節的 *mišlaḥaṯ* 一樣，有受差遣之意。當一位君王差遣人民上戰場的時候，人民惟有遵行王命。所以，「這場爭戰無人能免」，也就是沒有人在戰爭的時候能夠免去服兵役的任務。「思高譯本」則譯為「戰場上沒有人能退役」。在古代社會，健全的百姓必須在戰爭發生的時候，根據法定制度去當兵。而現今一些國家，例如：台灣和新加坡，人民在國家指定之下，務必順從政府所定服兵役；這與 4 節所說君權的能力一樣。傳道者很快就重新強調，只要君王還在，百姓必須服從君權，這就是現實。

8 節下說：「邪惡也不能救那行邪惡的人。」這思路上有兩個向度，也就是提醒世人莫要自尋麻煩（呼應之前的 3 節），同時說明統治者可能也會面對不良後果（預告 9 節）。官長若濫用政治權柄，通常會禍殃百姓，但最後他也會自食其果。傳道者見過這一切在日光之下發生的事，所以，他在 9 節總結說：「有時這人管轄那人，令他受害。」「管轄」（*šālaṭ*）與 4 節的「權力」（*šilṭôn*）源自同樣的字根，有「權柄」的意思。它屬於晚期希伯來文詞彙，只出現在尼希米記五章 15 節、以斯帖記九章 1 節和這裏。

經文指出，管轄或權柄能帶來「害處」（*rāᶜ*）。這個字眼在 2 至 9 節一共重複了四次，「和修版」翻譯成「惡」（3 節）、「禍患」（5 節）、「苦難」（6 節）和「受害」（9 節）。「有時這人管轄那人，令他受害」的「他」，是指「管轄之人」。「馮象譯本」因此譯作：「一個人如何奴役別人一時，最後卻害了自己」；而「思高譯本」也譯作：「有時統治人的人，自受其害。」也就是說，這裏最後一次出現的「害處」（*rāᶜ*），諷刺地用在掌權者身上。傳道者這說法，給那些被專權壓制的百姓帶來一股盼望。就如傳道者早前的聲明：「各樣事務都有時機和過程，但人有苦難重壓在身」（6 節）；無論目前光景如何，掌權也好、受控也罷，總之是「各樣事務」都會有審判的時候。

總的來說，2 至 9 節可以這樣簡單概括：一般上，掌權者因為有君權在手，普羅大眾就顯得無助。人若處於這種社會的情況，就得用智慧去應付生

一代獨裁者的暴政與死亡

伊拉克前政治人物與獨裁者薩達姆・胡辛（Saddam Hussein；或譯薩達姆・侯賽因），從 1979 年至 2003 年曾經擔任最高軍事將領、伊拉克總理和伊拉克總統等職位。在他的領導之下，伊拉克和伊朗發生了持續八年之久的兩伊戰爭。在他的任職期間，他的鐵腕政策和武力鎮壓，是當時聞名於世的。其中最令人髮指的包括在 1988 年，伊拉克軍隊對庫爾德城鎮哈拉卜沙發動化學武器襲擊，一天之內超過五千名庫爾德人死亡，一萬多人受傷。根據美國報導，這是二戰後歷史上動用化學武器對付無辜平民的最大一次軍事行動。伊拉克國內的人民其實也一直活在壓迫與恐慌當中，反政府政治活動人士遭受暗殺，異議分子遭受非人道的對待。當時什葉派穆斯林也遭受他的鎮壓，有些什葉派的宗教領袖甚至被他處決。國內人民可謂活在水深火熱當中。當時他的政權強盛，似乎無人可敵。不過，在 2003 年的伊拉克戰爭中，薩達姆的政權被美國推翻，他本人也在逃亡半年後被美軍擄獲。經伊拉克法庭審判，他於 2006 年被處死刑。

筆者從八章 8 節思考傳道者所說的，邪惡不能救那行邪惡的人。2 至 9 節這段經文，若對應歷史上惡名昭彰的政治人物如薩達姆．胡辛，有很多思想的空間。在薩達姆活躍於政壇期間，他的確「凡事都隨自己心意而行」，沒有人能責問他：「你在做甚麼？」（3～4 節）筆者也相信當時在他周圍的人，除了一堆諂媚奉承的高官，可能有一小羣敢怒不敢言的小官。對這些有點良知但權柄有限的小官而言，傳道者的智慧言論是有幫助的。他們最好不要驚慌地辭官退隱，因為他們可能因為不肯共事而被拘留和虐待。他們也最好不要參與政變，或成為反政府激進人士，否則首當其衝會死於非命。他們最好的選擇是遵守命令，以免遭受禍患（5 節）。不過，傳道者並沒有提倡人苟合暴政或苟且偷生，他接下來說的是「智慧人的心知道適當的時機和必經的過程。」筆者相信，當時不乏有智慧的人不動聲色，等待時機來臨以改變國家的政治狀況。而衝動與鹵莽倒會累事。筆者也相信，他們等到了薩達姆的政權被推翻的時機，也見證薩達姆被處決的那天。「各樣事務都有時機和過程」（6 節），誰能告訴他（薩達姆）將來會如何（7 節）？所以，「邪惡也不能救那行邪惡的人」（8 節）。

我們可說是站在傳道者的角度，看見這些事的發展過程。「這一切我都見過，我專心考察日光之下所發生的一切事，有時這人管轄那人，令他受害。」（9 節）一代獨裁者終於在他的暴政當中，面對自己國家的法律制裁和公義正法。而一些因著衝動鹵莽的人死於非命，則實在惋惜，因為他們看不到這個結局。

存。特別是在國家機制內工作的人，需要適時順從政治體制。按傳道書的成書背景，當時猶太人是在波斯政府的管轄之下，故此傳道者提供的訓誨是合乎情理的。雖然波斯帝國採取溫和政策來對待殖民，且容許他們保留自己的文化習俗和本土慣例，只要殖民持續繳税與服役，並且以行動效忠波斯政府，他們大致上都會安全的。在這種殖民的場景，2至9節描述某些政治內的互動。傳道者規勸在朝廷工作的哲士們，盡可能以禮相待，且要避開不合情理的叛亂作為，因為在政府機關做工的，他們的舉動是帶有關鍵性的作用。而聰明的人會以大局著想，審慎行事。傳道者至終的關懷，是把當前的危險性減低。很有可能傳道者與讀者已有共識，知道所言何事與所指何人，在心照不宣的情況之下點到為止。當時大家都明白，傳道者要表達的是一種如何在政府體制下生存的智慧指引。

在這方面，傳道者所訓誨的政治智慧，可從三方面看得出來。首先，盡可能人人都順從君王的命令（2節），因為統治者有政治權柄（4節）。第二，若有突發事故，一個人不應輕易離開本身的職分，因為小不忍則亂大謀（3節）。第三，不要參與有敗壞行徑的計劃，以免遭致更大的禍患（3節）。此外，傳道者指出聰明人曉得審判的時機（5節）。同時，他也提醒聰明人，任何的苛政都需要面對審判（6節）。傳道者弔詭地指出，即使擁有絕對的政權，他們其實都很有限（7～8節），因為管轄人的人終有一天會給自己帶來禍害（9節）。

信仰反省：權柄的力量與局限

從積極的角度看來，一個人要有效地在職場上執行任務，需要正確運用職分所具備的權柄。論語説：「不在其位，不謀其政」《論語・泰伯》，所反映的道理也是一樣。無論是在職場領域還是宗教體系，上司因為職分比較高，權柄比較大，有時候即使我們私下質疑他們的能力，也知道他們所做的有幾分私心，我們身為下屬不能公開抵抗他們所做的錯事。傳道者給我們的指引是實用的——識時務、尊重權柄。我們不自找麻煩，也不隨便惹禍上身。看起來這好似機會主義者的做法，不過並非沒有智慧。筆者認為，傳道者在這裏提供我們與上司共事的生活指引，嚴重的濫權、舞弊和奸詐等事則另當別論。權柄是有力量的，特別是上帝被視為授權者，所以尊重權柄依然是基本應當有的態度。

另一方面，權柄著實有局限之處。一旦不在其位，人就不能謀其政。多少政客一朝退位，他們的權柄和勢力馬上就墮入谷底？馬來西亞在2018年五月九日的第十四屆全國大選引致政壇變天，執政了六十年的執政黨陣線敗落給反對黨陣線。那時，已經醜聞纏身的首相納吉馬上失去執政的權柄。他被新首相馬哈迪禁止出國，還因為涉嫌舞弊被調查。很快的，他的朋友下屬也紛紛與他劃清界限。當納吉在位有權勢時，民間老百姓只能夠在臉書上抨擊他。不知他身邊的官長或下屬有誰敢這樣質疑他的權力：「你在做甚麼？」如今，我們這些歷史見證人認同傳道者說的，「各樣事務都有時機和過程」，有權柄的人不知道將來的事如何，也沒有人能告訴他（八6～7）。傳道者也說：「這一切我都見過，我專心考察日光之下所發生的一切事，有時這人管轄那人，令他受害。」（八9）筆者贊同之際，也感嘆不已。

溫習及思考問題

1. 你如何從八章2至5節的論述，看到傳道者傳達「小不忍則亂大謀」的規勸？
2. 為甚麼傳道者規勸人要「遵守命令」？應用在你的職場，你是否認同？
3. 有時我們感覺工作的場景令人身不由己，但傳道者說「智慧人的心知道適當的時機和必經的過程。」（5節）這給我們帶來甚麼指引？
4. 傳道者說：「有時這人管轄那人，令他受害。」這裏所說的「受害者」居然是管轄的人而非受管轄的人。管轄者的權力，如何使他身受其害？你可看過甚麼真實的例子？
5. 八章2至9節傳達傳道者的政治智慧，請討論如何把它應用在你的職場生活上。

短註

❶ 霍克斯（Michael V. Fox）認為這段落是由1節下半節開始至9節，而蕭俊良則認為它屬於更大的經文單元，就是八章 1 至 17 節。參 Michael V. Fox, *A Time to Tear Down and a Time to Build Up*, A Rereading of Ecclesiastes (Grand Rapids. MI: William B. Eerdmans Publishing Co., 1990), 273；Choon-Leong Seow, *Ecclesiastes*, AB (New York, Doubleday, 1997), 276～277。羅得（J. A. Loader）則在極性結構（polar structure）的基礎上，界定八章 2 至 9 節是一段落，參 J. A. Loader, *Polar Structures in the Book of Qohelet*, Beihefte zur Zeitschrift für die alttestamentliche Wissenschaft 152 (Berlin / New York: Walter de Gruyter, 1979), 59, 69 ～ 70。蓋瑞特（Duane A. Garrett）同樣認為 2 節是整段經文的開始，並認為八章 1 節本身有承先啟後的作用。參 Duane A. Garrett, "Qoheleth on the Use and Abuse of Political Power," *Trinity Journal* 8 NS (1987): 159 ～ 177, esp. 168～169。

第九章

勸說四：論義人和惡人（八 10～九 10）

- 荒謬的結局
- 勸喻享樂人生
- 死期來臨的必然
- 勸喻享樂人生

八章10節至九章10節的內容是有關義人和惡人的描述。在八章10至14節，傳道者再次觀察惡人和義人相比之下的遭遇，兩者之間的下場顛倒，令傳道者感到荒謬，所以令他再次感嘆虛空。在接著的八章15至17節，傳道者建議，在日光之下的生活要懂得享樂，同時也感嘆智慧的有限。在九章1至6節，傳道者又著眼於義人和智慧人，雖然他覺得他們的作為都在上帝的手中，但是每一個人的際遇，包括義人和惡人，看來都是一樣的，因為他們同樣都將面對死亡。九章7至10節提到在死亡面前人人平等的感知之下，傳道者再次建議享樂，同時囑咐人凡事要盡力而為。這樣看來八章10節至九章10節的思路組織，呈現ABA'B'的結構，如下圖所示。八章10至17節和九章1至10節主題思路和結論一樣，都是關注義人和惡人的遭遇，承認世人的局限，以及建議人要把握當下。

A　荒謬的下場（八10～14）

　　B　建議享樂（八15～17）

A'　肯定的死期（九1～6）

　　B'　建議享樂（九7～10）

9.1 荒謬的結局（八10～14）

有一些電影描繪為富不仁的有錢人如何為非作歹而逍遙法外，正直人安分守己卻屢遭禍害；不過電影終歸電影，大多數的電影結局會讓正義得到平反，而壞人也會自食其果。但是，在現實生活中，我們大概不會這麼快看到完滿的結局，而是經常留駐在壞人得勢與好人抱屈的狀況之間。傳道者在10至14節所描繪的也是這麼的一幅圖畫；他看見惡人被埋葬，也就是得以善終之意。不過，以色列的智慧傳統卻相信，惡人會招致敗壞，甚至滅亡。例如，箴言一章18至19節、十章28節、二十九章16節等等的經文，皆灌輸和鞏固義人蒙福與惡人遭報的報應思想；因此，傳道者在這裏所描述的「例外情形」，是令人不安的。

八章10節與七章15節所論述有關義人和惡人的相對描述是有些相似的。不過，10節的經文在原文的理解有些困難，而且不同譯本皆有不同的詮釋。

「和修版」似乎直接地反映希伯來文版本：「我見惡人被埋葬；從前他們進出聖地，他們在城中的作為被人忘記。這也是虛空。」這也反映大多數譯本的立場（參「呂振中譯本」、「聖經新譯本」、*NRSV*、*KJV* 和 *NIV*）。不過，一些譯本卻出現「行義的人」或「正直人」，對比經文裏的惡人之下場。筆者將其中兩個譯本陳列以下：

- 「有時我看見惡人被抬去安葬，而行義的人卻離開聖處，而在城中被人遺忘：這也是虛幻。」（「思高譯本」）
- 「我見惡人埋葬，歸入墳墓；又見行正直事的離開聖地，在城中被人忘記。這也是虛空。」（「和合本」）

這不同的翻譯立場，主要原因是對 *kēn-ʿāśû* 這字眼的詮釋。因為 *kēn* 的意思，包括「所以」和「正直、誠實」。前者是比較普遍的譯法，經常可見於舊約經文。以這個理解的角度，*kēn-ʿāśû* 的意思是「所以他們作……」。不過根據另一個理解的角度，*kēn-ʿāśû* 的意思就是「作正直事的……」。筆者認為後者比較貼近 10 至 14 節所要表達的對比，也就是惡人和義人之間的對比。全文的重點是，作正直事的人之下場對比作惡的人之下場。所以，10 節的「作正直事的人」與 11 節的「作惡」是有對比呼應的。這個對比的思路延續到 12 至 13 節的「罪人」與「敬畏上帝的人」之間，以及 14 節的「義人」與「惡人」之間。故此，筆者認為 10 節可以這樣翻譯：「我見惡人被埋葬，從前他們進入聖地；正直的人卻在城中被人忘記。這也是虛空。」（10 節）

11 節的「判罪」（*pīṯgām*）是被公認的波斯詞源字眼，只出現在這裏和以斯帖記一章 20 節，以及亞蘭文的經卷之中（*piṯgāmāʾ*；拉四 17，五 7、11，六 11；但三 16〔*piṯgām*〕，四 14）。它的意思是「諭旨」或「旨意」。經文依然聯繫上一節所說有關惡人的作為，他們的惡行沒有立刻受到懲治，結果社會間接地接納了作惡的生活方式，以致「世人滿懷作惡的心思」。經文其實並沒有說惡人的惡行沒有受到懲治，而是惡人的懲治受到拖延。社會裏如果有人接受賄賂或助紂為虐，會暫時違反了公義與公正。這形成不良風氣，社會似乎認同了作惡的敗壞。大家心裏可能在想，反正作惡之事不會馬上得到懲治，於是有人

追問「為何義人遭受不義？」

「為何義人遭受不義？」是一種跨越時空的質詢。古往今來在敬虔人士當中，針對公義課題的發問是不絕於耳的。約伯是聖經中最佳例子。正直、敬畏上帝、遠離惡事的約伯，卻遭受接二連三的厄運。失去一切的他，不斷質疑上帝的良善與公義，他問：「你手所造的，你又欺壓，又藐視，卻光照惡人的計謀。這事你以為美嗎？」（伯十3）他自認自己在上帝面前是正直的，因此他問：「其實，你知道我沒有行惡，也無人能施行拯救，脫離你的手。」（伯十7）在這事上，約伯也知道所有一切都來自上帝，即使他不理解：「然而，你把這些事藏在你心裏，我知道這是你的旨意。」（伯十13）針對義人蒙福與惡人遭報的顛倒反常，約伯本身也處於理性與經驗的現實張力之間。

更早之前，亞伯拉罕也如此向上帝求情：「你真的要把義人和惡人一同剿滅嗎？」（創十八23）亞伯拉罕想知道上帝會否因為所多瑪和蛾摩拉城中有義人的存在，就不剿滅全城。結果他從五十個義人一直詢問到十個義人，上帝的答覆還是一樣的——祂可以考慮因義人的存在而不毀滅那城。不過重點是，亞伯拉罕是以「義人不應該受到懲治」的觀點來追問上帝。此外，我們也聽見哈巴谷先知的質詢：「你的眼目清潔，不看邪惡，也不看奸惡，為何你卻看著人行詭詐呢？惡人吞滅比自己公義的人，為何你保持沉默呢？」（哈一13）若要更多類似的追問，我們可閱讀詩篇裏的哀歌，例如詩篇十三篇，二十二篇，七十三篇，八十八篇等等。在新約聖經，即便主耶穌也在十字架上以詩人所質詢的問題追問：「我的上帝，我的上帝，為甚麼離棄我？」（詩二十二1；太二十七46）

值得注意的是，傳道者並非用質詢的方式來表達他的信仰關懷。傳道者用生活的觀察與神學的反思，例如：七章15節，八章10、14節，他說「我見過」或者「我看見」，來反思信仰。他知道一切來自上帝的作為，他也說明有智慧的人未必能理解祂這些作為。傳道書裏面沒有像約伯和詩篇的詩人那樣迫切地追問，也沒有像先知那種強烈的公義情操。不過，傳道者也為著同樣的課題而感到困擾。他表達的方式，是觀察與反思之後感嘆虛空（七15，八14），也就是傳達一種無可理解之意。不過，傳道者也提供生活的指引。他指示人要敬畏上帝，同時要曉得活在當下。由此可見，聖經裏面的敬虔人士對同樣的公義課題皆有不同的信仰表達。這反映人活出敬虔和實踐信仰方法的多面性。如果我們比較像傳道者那樣，注重生活觀察與神學反思，我們或許更可以對他感嘆虛空的弦音產生共鳴。

鋌而走險，偏行作惡。

承接上文，經文又提到「罪人雖然作惡百次，倒享長壽」。作惡「百次」（*məʾāh*）是指作惡多端。他們作惡多端的罪行沒有馬上得到懲治，這呼應了傳道者在八章10節所觀察的反常現象。不過，傳道者也直言說他「知道」——不只是理性的認知，也包括神學洞悉和經驗之談——「福樂必臨到敬畏上帝的人」。經文的「福樂」其實就是「好」（*ṭôḇ*），它的意義涵蓋了「好處」、「美善的事物」和「幸福的生活」。12至13節是傳道書第四次出現「敬畏上帝」的題旨，這個題旨在傳道書一共出現五次（三14，五7，七18，八12～13，十二13），是傳道書重要的神學指標。作為對智慧的一種追求，傳道者依然提倡義人的生活方式；而智慧人與義人的共同點就是敬畏上帝。值得注意的是，12節的原文並沒有「心存」的字眼，而只是說到「他們敬畏在他〔上帝〕面前」（*yîrʾû milləpānāyw*）。「和修版」譯為「心存敬畏」，相信是刻意傳達所謂的敬畏，包含外在態度和內在心態都要一致的神聖情操。

經文的論述回到行惡的惡人，他們「不得福樂」（13節）。他們的「日子好像影兒」（*yāmîm kaṣṣēl*），呼應六章12節提過的「如影兒經過」。「影兒」指日子短暫，所以說「不得長久」。惡人的日子不得長久，理由是他們不敬畏上帝。這與12節所說的「罪人雖然作惡百次，倒享長壽」看來似乎矛盾，不過卻與「福樂必臨到敬畏上帝的人」是一致的。那麼，到底惡人是長壽還是日子短暫？筆者相信這是廣義與狹義的觀點之分。廣義而言，每個人的人生都是短暫的；狹義來看，有些人在生活中長命享福。這裏，我們可看到傳道者嘗試應付他眼見的生活張力。不過，傳道者也有所領悟——惡人雖因公義延遲，活得長命一些，但是他們至終依然逃不過人生短暫的事實。換句話說，任由惡人百般作惡與暫時逍遙法外，他們也必須面對死亡。任憑惡人作威作福，他們也不能改變自己人生短暫的事實。

不過，傳道者所面對義人與惡人之間的生活張力，依然給他帶來持續性的困擾，以致他持續地感嘆虛空：「世上有一件虛空的事，就是義人所遭遇的，反而照惡人所做的；惡人所遭遇的，反而照義人所做的。」這其實呼應10節所說的，義人和惡人所遭遇的並沒有按照他們的行徑而得。不過，這裏更強調的是他們兩者的顛倒遭遇——義人得到惡人所當受的懲治，而惡人則得到義人所應當得到的福樂。傳道者在結語那裏惟有加重語氣地說：「我說，這也是虛空」。「虛空」這裏的意思最明顯不過，是荒謬的，是令人費解的，以及不可理喻。

9.2 勸喻享樂人生（八15～17）

生活中會遇到荒謬、令人費解和不可理喻，並不代表人就應該放棄生命。反之，人更要懂得把握現在，並且趁著生存的時日，適時吃喝與享受當下。傳道者在反思義人與惡人際遇顛倒的時候，也提倡人要享受生活。就如一般的敬虔人士般，作者沒有叫人索性放棄義人之道。他似乎陳明生活有難以理解的現實，這就是「日光之下」的人生。與其放棄，不如把握眼前的美好事物——適時吃喝與享受生活，同時選擇繼續持守義人之道。在「勞碌」中要「吃喝」和「快樂」的這類思想，亦見於二章24節、五章18節，以及八章15節。類似乘著時日短暫要「享受當下」的指示，也會在九章9節和十一章9節出現。就如筆者略略談過的，傳道者是在提倡一種活在當下與享受美好的生活智慧，而非鼓吹縱慾。而且在這些吃喝快樂與活在當下的生活指引當中，都不乏有「上帝賜予」的神學思想（二24，五18～19，八15，九9，十一9）。換句話說，傳道者在有神論的前提之下，提醒世人每一天的日子與美好的事物都是來自上帝的。人因此不應該在虛空的日子忘卻了上帝的賜予。反而在勞碌當中，世人要時常享受所得的。「享受所得」（*hûʾ yilwennû*）原文直譯乃「它必伴著他」，「它」應該是指「快樂的日子」。「呂振中譯本」把原文反映得比較明顯，譯為「這必在他的勞碌中時刻伴著他」。

傳道者又指出，人不需要搞清楚所有事情的來龍去脈，才能夠享受生活的美好。傳道者的生活哲學是人縱使生活在不能理解當中，但依然能夠享受生活的美好。16至17節就反映了人這個「不能」、「找不出」、「不明白」的時候。世人需要辨認人在認知上的有限，吃喝快樂的生活智慧存有「事情還未解決」的弦外之音。傳道者一直強調，雖然他專心想要明白智慧，要觀看世上所發生的事，不過有些事人是不能完全明白的。17節提到「做不到」的概念一共出現三次——「不能」、「找不出」、「不明白」。這三次的「不」，是一種否定修辭，強調人的有限。即使「有人晝夜不得闔眼睡覺」，也就是不休不眠地尋求智慧，他怎樣也不能理解。因為上文說到義人與惡人的遭遇顛倒，因此這裏是指人不能完全理解賞善罰惡的因果定律。智慧傳統的確有教誨因果論的思想，不過因果定律的例外情形是存在的，只是人不能完全明白箇中原因。傳道者在這裏所陳述的，亦是智慧的局限。身為智者，他並非明白所有事情，這呼應了七章23至24節所說過的萬事深奧，人不能測透。

9.3 死期來臨的必然（九1～6）

「放在心上」（*nāṯattî ʾel-libbî*）的表達，反映傳道者在一章13節、八章9節和16節的「專心」（*nāṯattî ʾeṯ-libbî*）。慣於反思的傳道者，即使說明自己不能理解，他依然繼續追尋與思量。他說：「我將這一切事放在心上」，並且「詳細研究這些」。「詳細研究」（*bûr*）的字根有古代近東的字眼對照，語義範圍包括「檢查」、「證明」或「核准」。這說明傳道者的「詳細研究」是經過一番嚴謹思辨之努力。

傳道者的課題回到義人身上，這次他把義人與智慧人放在一起講論，並說：「他們的作為都在上帝手中」（1節）。「在上帝手中」的類似表達方式亦見於二章24節「出於上帝的手」。1節說到義人和智慧人的作為都「在上帝手中」，意思是上帝掌管他們的作為。然而，人的作為豈不是來自人的意志與自由選擇嗎？為何這裏說上帝掌管他們的作為呢？如果上帝掌管人的作為，那麼義人行義引致福樂就不能讓人信服了。所以，筆者認為這經文的理解角度必須連繫至八章10至17節提及對義人和惡人的思索。人在有局限的時間之內選擇行義或行惡，這是人應該做的決定。不過，他們的行為將會引致甚麼際遇，則不在他們的掌控之內。1節進一步解釋說，義人和智慧人的作為所帶來的際遇，依然是掌握在上帝手中的。義人得不到善報與惡人也沒自食其果，這在人看來是一種失控的情況，但在上帝手中卻是祂在掌控一切。

「或是愛，或是恨」（*gam-ʾahăḇāʰ ḡam-śinʾāʰ*）的片語其實應該翻譯為「包括愛和恨」，意思是愛和恨也在上帝的手中。這裏所謂的愛與恨，並不單指情感方面。愛與恨其實是一種決定，它也反映一個人的心態與他或她會因而做出來的事情。另外，6 節也將會再次提到「他們的愛，他們的恨」（*gam ʾahăḇāṯām gam-śinʾāṯām*），而且還接下去說「他們的嫉妒」；這意味著當一個人決定要愛或者恨的時候，這個人會做出反映這個愛或恨的相關行動。而這些作為所引致的後果，他們將不得而知；不過卻也在上帝的手中。那麼，1 節接下來譯為「但人不能知道在他們面前〔的事〕」，就更加可以理解了。

在 2 至 3 節，傳道者再次提到死亡的課題，就如二章 14 至 16 節、三章 18 至 21 節和七章 15 至 18 節。這兩節提到死亡作為「臨到眾人的際遇」。雖然先說是眾人，不過傳道者接著也把眾人分為六組的二元組合（2～3 節）：

九章 2 節看來多出了單一的「好人」（2 節第一次出現的「好人」），相信也是本意與「壞人」成為對比的二元組合，不知何故「壞人」竟在經文之中被省略了。所以，2 節應該是一共有六組的二元對比。「好人和壞人」的對比在「七十士譯本」裏反映出來。

- 「義人和惡人」；
- 「潔淨的人和不潔淨的人」；
- 「獻祭的和不獻祭的」；
- 「好人」和「罪人」；
- 「起誓的」和「怕起誓的」的；
- **「好人」和「壞人」**。

不過無論如何，世人是好是壞似乎都有同一個際遇——經歷死亡的必然性。這種說法呼應二章 14 至 16 節，說到智慧人和愚昧人有相同的遭遇，都一樣會死亡；同時也呼應三章 19 至 20 節，說到世人和走獸所遭遇的都一樣。這裏 2 至 3 節則說，人人的際遇都一樣。死亡在這裏是一件「禍患」（*rāʿ*），不過，經文也有出現第二次的 *rāʿ*，它被譯為「惡」。這兩次的 *rāʿ*，都連繫至死亡的結局。兩次出現同樣的字眼，相信是傳道者的修辭，為要強調死亡實在是人生不幸的事。「世人的心充滿了惡；活著的時候心裏狂妄，後來就歸死人那裏去了」（3 節），意思是任憑一個人生前如何狂妄，以致加速造成了社會的惡，但是他後來還是朝往同樣的方向前進，一步一步地邁向死亡。

「與一切活人相連的」（4 節）意思是那些活著的人。惟有活著的人才會與活人建立關係或產生互動；也惟有活人才有「指望」——因為還有生命氣息，就可以擁有生活裏的種種機會與可能性。傳道者用「因為活著的狗勝過死了的獅子」的意象，來闡述為何活人有指望。獅子和狗是絕佳的對比，兩者在身分價值上有明顯的差距——獅子被人看為動物中的王者，狗卻是卑賤不潔的動物。希伯來聖經其他書卷也有提及對獅子的看重（參創四十九9；申三十三22；撒下十七10；代上十二8；何十一10；摩三8等等），而同時亦有鄙視狗的描述（參撒上十七43，二十四14；撒下三8，九8，十六9；詩二十二16等等）。而傳道書提及的是，儘管獅子如何孔武有力，只要一死就沒有生氣，它就不能發威。死了的獅子不能勝過活著的狗，即使狗如何被古代近東的人所歧視。

在九章5節，傳道者用「知道與否」的課題，繼續描述「活著」與「死了」的對比——活人因為知道必有一死，所以還可以選擇好好地活著；死了的人不單沒有生氣，也不再有知覺。後者因此不能知道生活裏存在許多可能性。對死了的人而言，一切都成為不可能了。因此，死了的人「也不再得賞賜」。「賞賜」原文亦作「工價」（*śāḵār*），有可能指因為死了的人不能做工，所以沒有能力賺取甚麼。傳道者似乎拒絕了一個人可以流芳百世與千古留名的看法，因為他也說死人的名字「被遺忘」。此外，傳道者繼續用否定式的描述，說：「他們的愛，他們的恨，他們的嫉妒，早就消滅了。」一切人在生前做過的，包括人在愛、恨與嫉妒當中所做的選擇與作為，都會終止。「在日光之下所發生的一切事，他們永不再有份了。」換句話說，生活裏所存在的種種條件、機會和可能性，死人是沒辦法去爭取和得著了。

9.4 勸喻享樂人生（九7～10）

有鑒於九章1至6節所涉及的死亡課題，那我們或許會問：難道面對死亡，人就應該束手無策與無法振作起來嗎？傳道者並不是鼓吹放棄生命，而是提倡應付生活挑戰。7至10節的經文回到吃喝快樂的題旨，傳道者以命令句的形式來指示人如何生活。首先，他囑咐人要「歡歡喜喜吃你的飯，心中快樂喝你的酒。」原文其實有三個命令式動詞：「去」（*lēḵ*），「吃」（*ʾĕḵōl*），以及「喝」（*ûšăṯēʰ*）。同時，傳道者不忘將經文連繫至上帝在人吃喝快樂中所扮演的角色——上帝其實悅納人這麼做。「衣服潔白」、「頭上有膏油」反映歡喜快樂之盛裝打扮。「衣服……潔白」不一定是白色，而是光鮮亮麗，而一個人在頭上塗油，反映他或她刻意打扮與梳妝。這一般是在喜事或節慶時的生活表現。傳道者指示人要以歡樂與期待的心情去過日子，而不是在死亡面前就顯得無可奈何或不能振作。

9節也是以命令式動詞開首的，直譯是「你要看生活」（*rəʾēh ḥayyîm*），「和修版」譯為「快活度日」。經文不忘兩次強調「日光之下」和「虛空的日子」，重溫全書之中傳道者對人生一貫的感嘆。但是在感嘆之中，我們卻也再次聽到傳道者提倡「把握當下」的呼聲。與前文提到吃喝快樂的經文一樣（二24，五18～19，八15），傳道者陳明上帝在吃喝快樂這種生活中作為賜予的角色，以及吃喝快樂作為一個人勞碌的報償。不過，這裏經文出現一個新的概念，就是「與你所愛的妻」去享受生活。換句話說，享受生活包括在婚姻的範圍之內。「與你所愛的妻」假定了男性作為傳道書的讀者，在古代以色列的智慧傳統的確無可厚非。傳道者說，一個人勞碌所得的報償，其實包括與所愛的妻子度過愉快的婚姻生活，活出二人世界的美好。很多研究傳道書的學者已經知道這裏的內容，像極了古代近東的另一份智慧文學《吉加墨史詩》（*Epic of Gilgamesh*）所歌頌的要吃喝、享樂、穿華衣、與妻女活得快樂高興之主題。

傳道者繼續以命令式動詞，指示人要「做」（*ʿăśēh*）。除了活出生活的美好，我們也要盡力去做工。其實，10節的原文只有一次「沒有」（*ʾên*）——「陰間」（*šĕʾôl*）是一個沒有「工作」、「謀算」、「知識」和「智慧」的地方。而那也是人最終必須去的地方。可見，經文依然環繞著九章1至6節的死亡課題。人生雖然是短暫的，但反過來看，即使人生短暫，死人卻不能擁有它。所以，我們應該說：「就是因為人生短暫，我們更應該曉得把握人生。」傳道者指示人要投入生活。總的來說，面對死亡的最好方法，就是乘著一個人還活著的時候，懂得享受生命。

信仰反省：感嘆之餘，把握當下

令人費解和感覺荒謬的事，是看到義人得到惡人所當受的懲治，惡人得到義人應當得到的福樂（八 14）。令人感到遺憾的事，包括看到義人和惡人的際遇都是一樣的（九 2～3）。在真實生活看到這些情形，我們不妨採納傳道者的指示——在生活中尋找值得開心的事，包括吃喝豐富和享受生活（八 15，九 7）。在政壇上，一名平庸的國家領袖會被國人歌功頌德，反而為救人而付上生命的凡夫俗子會被人遺忘。在職場上，不也常有小人當權、君子抱屈的事？即便如此，作為一名普通人，我們依然需要積極的看待生活，從吃喝得力量，從友誼、喜好、娛樂等等尋找解壓，以致鬱悶的心情找到出口。換句話說，我們在感嘆人生的種種費解事情之際，需要把持一種正確的態度——就是那種依然歡歡喜喜吃飯，衣服時時潔白，打扮整齊，快樂度日的態度，此外還要盡力做事（九 7～10）。這些都是生活裏頭會發生的美好事情。我們不為自己負面的遭遇尋找放棄的藉口，也不為費解之事找絕望的理由。我們正視真實生活的不順利，也須把握當下、珍惜生命。

溫習及思考問題

1. 傳道者看到義人得到惡人所當受的懲治，而惡人得到義人應當得到的福樂。在你的生活中，你對八章 10 至 14 節的內容可會產生共鳴？
2. 八章 15 至 17 節傳達把握當下的建議。談談你對這個建議的看法。
3. 在死亡面前，人人似乎平等。傳道者在九章 1 至 6 節所感觸的是甚麼呢？人在這方面的局限又是甚麼？
4. 九章 7 至 10 節與八章 15 至 17 節有甚麼相同的內容？九章 7 至 10 節有沒有出現新的概念？
5. 八章 10 節至九章 10 節是傳道者對如何活在變數生活中的第四個勸說。請稍微探討傳道者的主要關注與他所提供的具體指示。

第十章

勸說五：回應生活的荒謬（九11～十20）

- 掌握時機
- 智慧的價值
- 智慧的箴言
- 謹慎面對政權
- 職場無常的真實
- 智慧人對比愚昧人
- 治理的智慧與正確的態度

這一章的題旨是回應生活的荒謬，它涵蓋了九章11節至十章20節。針對生活中的變數，傳道者提出七項人如何應付生活的智慧指引。首先，九章11至12節提出時機的概念。傳道者看到一些具備先天條件的人未必獲得理想的成果，面對這種情形，人就要曉得隨遇而安。第二，九章13至16節藉著一件軼事，來陳明智慧的價值及局限。第三，九章17節至十章3節論述智慧與愚昧的課題，其描述的語氣類似箴言一書中的智者。第四，十章4至7節是傳道者針對政治權柄及社會亂序所說的智慧勸勉。第五，十章8至11節提及工作場景可能發生的意外與變數，因此人需要靠智慧而有所預備。第六，十章12至15節按照智慧人和愚昧人的主題，集中焦點述說愚昧人的狼狽光景。最後，十章16至20節包含傳道者的政治言論，當中不乏提供訓誨、警惕與傳達某種政治批判。

10.1 掌握時機（九 11～12）

傳道者觀看周圍的一些人，發現他們擁有優勝的條件，例如：「快跑」、「強壯」、「智慧」、「聰明」、「有學問」等等，不過他也發現雖然他們擁有這些條件，但也未必一定成功。原來一個人需要努力之外，還面對一些客觀因素。傳道者一口氣說五次的「未必」（*lōʾ*），原文直譯是「不」或者「沒有」。重複的「不」一再否定了「快跑」、「強壯」、「智慧」、「聰明」、「有學問」等等先決條件的必然性。外在的環境會導致一些先決條件發揮不到作用，例如：跑得快的固然具備了體能上的優勢，但是他未必能勝過體格弱小的人。龜兔賽跑的寓言故事正解說了這個道理。

同樣地，強大的軍隊不一定能戰勝弱旅，有智慧的不一定具備謀生的條件，聰明的人不一定就能賺大錢，而有學問的人也未必能得到人的喜悅。傳道者一針見血地指出，這個導致「未必」的因素，其實就是「時候」（*ʿēṯ*）和「機會」（*pegaʿ*）。「時候」就是時間，可分正確的時間（good timing）和錯誤的時間（bad timing）。而「機會」亦可作良機（opportunity）或危機（crisis）。一個人雖然擁有優勝條件，也未必能收到成果，導致這種情況，正是由於錯誤的時間（所以英文稱為 bad timing 是正確的），以及危機的出現。世人的局限就是不能掌控時候和機會，因為世人不能操縱它們依循自己的期望來成事。

比如說，箴言二十八章19節說：「耕種自己田地的，糧食充足。」不過，傳道書九章11節則說有智慧而曉得耕耘的人未必得糧食，因為盜賊會偷取了他的出產，或者有田鼠吃光了他所努力的成果，又或者發生旱災導致農作物受損等等。這些都是農耕的客觀因素或外在環境的變數。傳道者領悟，每個人都有可能被順境或逆境的機遇所左右。遇到順境，一個人付出努力後會有收成；遇見逆境，他的努力則達不到效應。「快跑」、「強壯」、「智慧」、「聰明」、「有學問」都有一定的價值，甚至應該成為人培育和鍛煉的目標。可惜因為時機的因素，它們不能與成果形成正比。所以，針對某些「必勝」的說法，傳道者這裏的回應是：「未必」。成功沒有一定的方程式，傳道者的言下之意是勸勉人不要過於樂觀，以為掌握了一些先決條件就必然成功。

「人不知道自己的定期」（12節）直譯是「人不知道自己的『時間』〔ʿēṯ〕」。傳道者進一步地闡述人所面對的局限——無可預料的事件可能發生。他引用魚被網圈住與鳥被羅網捉住的意象，來描述人忽然遇見禍患與陷在其中而不能自拔的光景。當魚被漁網圈住的時候，很快就成為餐桌上的食物；當鳥被獵人的羅網捕捉時，牠的死期也快到了。魚和鳥不知何時會遇上這些厄運，故無法擺脫危機。因此，在種種的時候與機會裏，死亡是人的最後局限。一場意外、一個錯誤的決定，或者一宗禍患，會導致上文所說「快跑」、「強壯」、「智慧」、「聰明」、「有學問」受困而不能前進。由此可見，外在的環境與客觀的因素會影響成敗。換個方式來表達，傳道者述說這些無可掌控的時機之時，其實也間接地提醒人要把握當下去作適當的事，以免危機出現時不能再做任何改變。

10.2 智慧的價值（九13～16）

13至16節所記載的是一件對智慧帶有諷喻的軼事，它原本很可能是影射幾件曾經發生的事情，過後被結合起來成為一份文學作品。所以，它並非一項特定的歷史事件，而只是影射某些歷史事件。一些學者把這段經文的人物與聖經上某件歷史事件關聯起來，但未能盡然令人滿意。這件軼事暗昧不明的歷史關聯，或許是刻意的文學技巧，為要達致更廣義、更普及的關懷。在這件軼事裏有三項對比。

一、大與小的對比（14 節）

這節經文提到一個小城。這座小城除了細小之外，還人口稀少，不過卻引來大費周章的攻擊。「大」（*gāḏôl*）在原文是一個形容詞，它在 13 至 14 節一共出現了三次，是形容智慧、君王和堡壘；後者明顯沒有直接在「和合本」或「和修版」反映出來。「營壘」（*məṣôḏîm*）這個字眼，在希伯來聖經其他地方是「羅網」（七 26；另參伯十九 6；箴十二 12〔「和修版」譯作「獵物」〕；結十二 13），或者「堡壘」（撒上二十二 4；撒下五 9；賽二十九 7）。這一章的 14 節 *məṣôḏîm*，有「狩獵」或「圍困」之意（參 *məṣûḏāʰ*；結十三 21，十九 9）。經文提到「修築營壘」，它的動詞是「修築」（*bānāʰ*），那麼，譯作「營壘」是理想的。總之，有一位大君王建設了大營壘來圍困這座小城。被圍困的小城惟有靠著大智慧，才能從大君王及其大營壘的進攻當中得到解救（參 15 節）。

二、君王與平民的對比（15 節）

第二項是在君王與平民的身分之間作出對比。這一節經文令我們聯想四章 13 至 16 節的老君王和少年人，他們的差別也在君王與平民的身分。這種社會身分的對比可能是宮廷所熟悉的智慧故事。九章 13 至 16 節裏，在小城的政治危機中，有一個平民以他的智慧解救了小城。文中沒有記載他跟執政者有任何瓜葛，然而卻很清楚地指出他是一個「貧窮……人」（*miskēn*），很可能他只是一個普通的平民百姓，換句話說他沒有王室或貴族的身分；有可能因著這個平民的身分，他受到藐視。即使他有智慧，而且他用智慧解救這座危城，但他至終卻沒有得到人任何的賞識。一般人都喜歡錦上添花，所以榮耀通常會歸給已經有社會地位的人。傳道者觀察到的就是這種社會地位因素所導致價值觀的偏差。

三、「智慧」與「勇力」的對比（16 節）

七章 19 節說過，智慧使人比城中的十個官長更有能力；而九章 18 節也說，智慧勝過打仗的武器。這裏16節說智慧勝過「勇力」(*gəḇûrāʰ*)，意思是平民的智慧勝過君王的大能。縱覽這幾節傳道書的經文，不難發現傳道者一直都認為如果智慧與力量比較起來，智慧其實略勝一籌。但在這裏，傳道者也觀察到「例外」的情況——智慧卻被藐視。文中沒有提及圍城如何得到解救，但是陳明它跟智慧有關。這個圍城得到解救是因為聰明的謀略或有效的防禦。但是，圍城得到解救過後，卻發生顛倒的後果——沒有人記得那位解救圍城的小人物。同時他用來解救圍城的智慧也被人輕看；他所說的話也沒有人聽從。這件軼事諷刺地展示智慧的有限，可見智慧未必能使一個人成功。因為智慧的運用也需要配合天時、地利與人和。在這件軼事之前，傳道者已經事先聲明：「快跑的未必能贏，強壯的未必戰勝，智慧的未必得糧食，聰明的未必得財富，有學問的未必得人喜悅，全在乎各人遇上的時候和機會。」(九11)

16節的「勇力」是與14節的大君王的排場和他那巨大營壘有關的。從圍城得以解救來看，智慧肯定勝過這些圍困小城的軍事力量。可見發揮智慧的無名小卒，是勝過大君王的大攻勢。只是他卻面對不應得的對待——受冷落與被忽略。所以，在這個小人物身上，我們看到智慧的有限。換句話說，傳道者藉著這件軼事對智慧的評價進行了批判。11節的「時候」與「機會」(*ʿēṯ wāp̄ēḡaʿ*；「新譯本」譯作「時機」和「際遇」)，幫助我們理解這件軼事。時機和際遇決定了每個人會得到怎麼樣的回報。縱然一個有智慧的人對國家作出貢獻，如果他生不逢時或際遇不好，他的智慧也不能給他帶來本該有的好處。

傳道者的諷喻可能是針對容易受社會地位或政權勢力所影響的市民。世人通常不會被一個人的真材實料所感動，例如：智慧的能力。他們往往會附和有地位和權勢的人，也常常為他們錦上添花，或把不屬於他們的功勞歸給他們，原因在於他們有身分和地位。小城裏有智慧的貧窮人則因為沒有政治權柄，他的貢獻也就沒有得到任何褒揚。

這件軼事會令我們想起四章13至16節所提到的那位年輕、有智慧，但後來也被另一個人取代的人，而這一章的13至16節似乎也對智慧有同樣的結語。智慧雖然勝過勇力(在四章13至16節是智慧勝過愚昧)，但智慧卻沒有使人勝券在握。在四章13至16節和本章13至16節裏，傳道者用了「是……

但是」（yes ... but）的修辭手法。在四章 13 至 16 節，智慧「是」勝過愚昧的，「但是」從智慧引致的受歡迎卻是短暫的。在本章 13 至 16 節，智慧「是」勝過武力的，「但是」智慧卻被藐視。不過，傳道者並非有意貶低智慧的價值，因為他常常說智慧更好，或智慧勝於某些事物。傳道者只是強調智慧並沒有絕對的功效。傳道者在這軼事的觀察，與他在全書的虛空感嘆是一致的。這值得我們深思，以免我們把智慧的價值過於理想化。

反思傳道書對政治的批判

以色列智者的思想與活動經常與王室有關。作為一本智慧書卷，傳道書因此也言說政治。對波斯政府的管理階層，傳道者有觀察與反思，同時也有政治勸說。傳道者似乎在人的許可權與責任範圍之內尋找一種秩序，只不過他所發現的卻有很多都是失序。傳道書似乎很常都在批判傳統智慧，而經文也不少描述權力架構所導致的社會壓迫（三 16～17，四 1～3，五 8～9）。傳統智慧教誨人運用政治權柄來治理，傳道者卻論述權力腐敗的現象。在傳道書的批判視野下，奸惡事件很諷刺地在司法程序中重複的發生（三 16～17）。傳道者也有描述壓制的情形（四 1～3，五 8～9），還有權貴階層的縱慾（十 16～20），以及專制極權的威脅性（八 2～9，十 4～7）。因此在傳道者的觀察之下，智慧傳統所提倡的價值，也不會顯得十分樂觀或有十足的把握。

10.3 智慧的箴言（九 17～十 3）

這部分由三段格言所組成。這三段格言主要是指出智慧與愚昧的關係。傳道者指出即使智慧有它的限制，但仍比愚昧的好。

分段大綱（九 17～十 3）

一、智慧的限制（九 17～18）

二、愚昧帶來的敗壞（十 1）

三、智慧的合法性（十 2～3）

10.3.1 智慧的限制（九 17～18）

人需要智慧去回應生活的荒謬，這裏傳道者引入智慧的箴言。就如箴言一書裏的格言，智者把智慧與愚昧形成對比，並描述兩者之間的差別。17 節所描述的角度是兩者聲音的差別——智慧人有「安靜的話語」，而愚昧人有「喊聲」。不過，17 節的愚昧人又與掌權者有關聯。「掌權者」（*môšēl*）是掌握某些政治權柄的人，地位高於一般平民和公務員，不過「掌權者」不同於「君王」（*meleḵ*）。「掌權者在愚昧人中」字面意思是指掌管愚昧人的人，不過弦外之音可能是指在愚昧人中，掌權者是最有代表性的愚昧人。因為掌權者的地位高，他出現的時候在民眾當中，要向他們講話，因此他的喊聲才可以被聽得見。「掌權者」的字眼不久亦出現於十章 4 節的政治言論裏面，這裏與下一個經文單元有相同的場景。

從更大的經文範圍看來，傳道者對掌權者的批判是明顯的。九章 13 至 16 節的軼事，內容與 17 節所說的剛好相反。16 節說沒有人聽從那拯救小城的智慧人所說的話，17 節就陳明「寧可聽智慧人安靜的話語」。這位掌權者是 17 節裏愚昧人當中的掌權者，也就是小城當中最具有代表性的愚昧人；雖然他的地位高，而且聲浪大，所有人都聽他的，但是他卻沒有直接幫助解救受圍困的小城。另外，17 節更正了九章 13 至 16 節的錯誤，陳明人需要聽從智慧人的話，即使後者的地位低微。故此，傳道者在此其實是進一步描述小城的居民愚昧不堪，他們理應聽取那位智慧人的話語才對。

進一步來說，小城的軼事也與 18 節的思路有關聯。首先，17 節說到掌權者是愚昧人，這裏提到的是「罪人」。掌權與打仗的概念是息息相關的，因此「愚昧人」與「罪人」的概念是傳道者刻意地與掌權者扣連的。再者，16 節說智慧勝過勇力，18 節說智慧勝過打仗的兵器。這兩節經文都提倡智慧的優勝，但是卻被客觀不利的條件所局限。16 節的客觀不利條件，是一般人的愚昧；他們對地位的盲目尊崇，抹殺了智慧的價值。18 節的客觀不利條件，是掌權者的愚昧；他們敗壞了城中許多美好的事。這也就是說，在某些場景之下，智慧可以被愚昧所勝，愚昧的因素能夠消解很多好事。這種對掌權者負面的評價延續到十章 4 至 7 節，經文的思路就更加明顯——傳道者對掌權者帶有一種批判的評語。

10.3.2 愚昧帶來的敗壞（十 1）

十章 1 節進一步陳明九章 18 節所提及的「一個罪人能敗壞許多善事」之言。全城人的好處會被一個人（掌管全城者）的愚昧所影響，這裏就用了蒼蠅的意象來表達這種情形。蒼蠅本身是令人討厭的害蟲，它不但骯髒、不衞生且危害人的健康，而死了的蒼蠅是會發臭的。作為一種香料，膏油的香氣會因為一隻死蒼蠅而受損，變成臭氣，香氣因此失去功能。同樣地，一點愚昧也能破壞智慧和尊榮。中文也有一句成語：「害羣之馬」，這說法更加貼近經文的場景——一個人的愚昧能夠敗壞整個羣體的共同好處。

10.3.3 智慧的合法性（十 2～3）

2 節反映當時流行的智愚對比之諺語。「智慧人的心居右；愚昧人的心居左」反映希伯來文化對「右」和「左」的評價。一般上，右和左代表一種方向或人生道路的選擇（參創十三 9，二十四 49；申五 32，十七 11；書一 7 等等），不過在許多希伯來聖經的經文中，「右」通常有合法性的地位，擁有尊榮而備受看好（參創四十八 17、18；出十五 6；詩十六 8、11，十七 7，二十 6 等等）。相比之下，「左」似乎傳達一種不正統的負面看法。傳道書在這裏對「左」都帶有負面評價，因為他將「左」與「愚昧人」關聯起來。「愚昧人的心居左」當然是一種圖像式的解說，並非按照字面意思說愚昧人的心臟處在人體的左邊；而智慧人的心臟則處在人體的右邊——否則世上真的沒有一個智慧人了。經文的重點是智慧與愚昧都源自人心。聖經常以左右之分作為一種比喻，這是一種修辭表達，例如：雅各伸出右手按在以法蓮的頭上，而左手按瑪拿西的頭，代表次子以法蓮將來比長子瑪拿西還要強大（創四十八 14～19）。新約書卷提到在末日，人子把萬民召集在他面前，會分別綿羊和山羊，得獎賞的綿羊在右邊，受責備的山羊則在左邊（太二十五 31～46）。傳道者的「智慧人的心居右；愚昧人的心居左」，反映古代以色列的智慧傳統喜歡用善與惡、義人與惡人等等作對比。因此，智慧人的心與「右」自然就相提並論。

3 節說到愚昧人的「行徑」（*derek̲*；直譯是「道路」）。在智慧文學的用法，「道路」經常是指一個人的生活方式與行事為人的取向。就如「右」與「左」的人生道路之選擇，這裏提到一些人選擇了愚昧人的「道路」，也就是 2 節剛剛說的「左」道，於是他就「顯出無知」。「無知」（*ḥāsēr*）的形容詞經常出現於智慧文學（參箴七 7，九 4、16，十 21，十五 21 等等），指缺乏思考、沒有理解能力，或不能與之理論的人。愚昧人所選擇的生活方式既然是無知，他的言談、行為與作風自然顯出自己的空洞，所以他的一言一語必「對眾人說，他是愚昧人」。只是很多時候愚昧人自己卻不知道自己是那麼地無知和愚昧。

10.4 謹慎面對政權（十 4～7）

繼九章 13 至 16 節的軼事，傳道者再次把話題帶到掌權者與愚昧之間的問題，這裏的焦點更具體地專注在掌權者身上。十章 4 節的規勸與八章 3 節所言似乎類似，八章 3 節說到不要因驚愕而離開君王的面前，也不要參與惡事；這裏傳道者再次勸說，若為有權勢的人工作，就要懂得一些生存技巧，特別是跟上頭的關係也要處理妥當，特別是當掌權者的怒氣向他們發出的時候。

值得注意的是，「掌權者」（*môšēl*）的原文不是 *melek̲*（即「君王」），表示他不是「君王」。君王的權力範圍涵蓋中央政府，也處在權力架構最高處，而「掌權者」則屬地方性，是波斯政府屬下的省長級官員。「掌權者」（*môšēl*）與「君王」（*melek̲*；八 2）不同之處，在於「掌權者」只有地方性或城省區域的管治權；在這個管治權上，「掌權者」是治理者。傳道者在八章 2 節針對君王及中央政府發出規勸，而十章 4 至 5 節卻是指向省長及地方政府而說話。地方官長的管轄權，就如在中央管治的體系一樣，如果鹵莽則會誤事。「不要離開你的本位」即保留在原位，也就是留在原來的職分或工作才是上策。這也可能有修正作用，以避免禍害的惡性循環持續地發展下去。衝動會冒犯官長的權柄，所以人需要有沉著的智慧。處事謹慎對我們本身有益處，也對大局有好處。一個盛怒的官長遇見一個因情緒失控而擅自離職的低級小官，會如火上添油，一發不可收拾。

「怒氣」（*rûaḥ*）按照原文的意思是「風」。4 節是傳道者的智言，規勸人在權力架構之下應持守合適的行為。遇見在上掌權的人怒氣發作，人需要多加謹慎。即使掌權者的怒氣咄咄逼人，下屬的冷靜能夠平息風波。多數人認為「冷靜」是對傳道者的聽眾而說的，他們若能冷靜就能避免對「掌權者」更大的冒犯。馮象則認為「冷靜」是指在上掌權的人，所以譯為「待長官的怒氣平息」，在下的人即使犯了大錯也會得到寬恕。

「統治者」(haššallîṭ)這詞的原文在希伯來聖經共出現四次：創世記四十二章6節；傳道書七章19節，八章8節，十章5節。

「**統治者**」(*šallîṭ*)這個字眼再次在5節出現，按上文下理看，這詞與4節的「掌權者」息息相關。傳道者在日光之下所看見的禍患，可能是來自4節的衝動所導致的不良後果。如果一個人草率地離開職分，可能會導致愚昧人來填補，以致平庸之輩平步青雲，有能之士卻懷才不遇。只是這種憾事是出自「統治者」，而非離職者的錯誤。傳道者似乎暗示那是因為「掌權者」的怒氣(4節)所導致。在七章9節有提到「惱怒存在愚昧人的懷中」，掌權者之怒氣可能反映他的做法就是愚昧人，他的怒氣使他失去賢能之士。結果「禍患」(*rāʿāʰ*)就在社會滋長——愚昧的人身居社會高位，富貴的人卻屈就卑微。「僕人騎馬」(7節)在原文裏沒有動詞「騎」字，直譯是「僕人在馬上面」。經文所描繪的，是本來是奴僕身分的人卻在馬的上面，身分尊貴的卻在地上步行。

6節的「愚昧人」(*seḵel*)的原文在希伯來聖經只出現一次，而比較普遍使用來指「愚昧人」的原文是*sāḵāl*(參二19，七17，十3)。愚昧人是缺乏理智能力的人，而僕人也並非本有條件做決定的人，這兩者皆影射能力不足之輩。不過，他們卻佔據了政府機關的重要崗位，這是社會秩序顛倒的亂象。這個亂象並非有關公平與否的課題，而是人的選擇所導致的禍患。這個禍患來自掌權者而非下屬的錯誤。社會秩序顛倒的亂象也反映在箴言三十章22節，那裏提到奴僕作王與愚頑人吃得飽。為了避免社會秩序顛倒的情況更加嚴重，冷靜是一種政治生存之道，所以不可輕易離開本職，特別是當掌權者怒氣發作時。這是傳道者向掌權者的屬下所傳達的智慧勸說，同時他也明示掌權者可能會犯錯，而聰明的人不會繼續誤事。傳道者也似乎認為靠近權力架構的人，應該是賢能之士，因為他們可以運用他們的能力來影響權力操作。

10.5 職場無常的真實（十 8～11）

英文有一句 occupational hazards（「職業風險」）的描述，說明工作場所會有意外發生，因為變數和危機不會只在掌權者、有錢人、王子的階級當中（4至 7 節），也在普羅大眾的生活裏出現（8 至 11 節）。日光之下的生活是充滿挑戰的，一方面人人必須處於社會與政治風氣的變化之下，另一方面在平日的生活也會不時有突變的事件發生。回應生活的荒謬，傳道者繼續描述生活中一些的情形，嘗試指引人要隨時預備面對意外。

8 至 9 節所記述的是四項不同的工作場景：「挖陷坑的」、「拆城牆的」、「開鑿石頭的」、「劈開木頭的」。「挖陷坑的」是一種捕捉動物的覓食方式，因此是獵人的工作。「拆城牆的」與「開鑿石頭的」與建築業有關，而「劈開木頭的」可能是從事有關建築業或製造傢俱的工匠，甚至是作烹飪用途的砍柴工作。一些人有另外一種看法，認為以上的活動並非關乎工作場景，而是純粹一般的生活寫照。例如：「挖陷坑的」是惡人張羅陷阱的計謀，目的是為了謀財害命。「拆城牆的」是兵士在打仗的時候所做的事，方便攻打敵軍；同時，古時的人自己建築屋子，所以他們必須在以色列的沙石上「開鑿石頭」。而「劈開木頭」是家庭主婦每天為了生火煮食的活動。這些生活場景的解讀其實無可厚非，因為經文重點是陳明一般人的生活當中會有意外發生，這些情況不能完全由人控制。

獵人要獵取動物，有時不小心會踩到自己所暗藏的陷阱。同樣，要設置陰險陷阱來陷害人的人，也可能自食其果。以色列一帶造屋子的人，都會用原有的或被棄置的房屋的泥土和石頭來建牆，而爬蟲類總是在已經建好的牆壁之內築巢；拆牆的人會干擾巢中的蛇蟲之類，以致蛇出來攻擊人類。採石場的工人則會被採石工具所傷，劈開木頭的人也會被利器傷及自己，這些情況類似現今的建築意外一樣。總而言之，人所策劃的工作不能按照本來的計劃進行，反而可能會招來麻煩、損害或死亡。

接下來 10 至 11 節其實與 8 至 9 節的工作場景是有所關聯的，經文依然環繞工作時所使用的鐵器，以及蛇的描述。我們可以說，10 至 11 節是傳道者於 8 至 9 節針對職場危機這課題所做出的結語。在開鑿石頭和劈開木頭的工作當中，工人會被工具所傷；傳道者的勸勉是，工作還沒有開始之前，工人就要把工具預備好。具體地說，他們必須把刀刃磨好，這樣工作的效率才會被提升，否則就是事倍功半。經文進一步陳明，行駛智慧會減低職場危機。這個普遍的原理運用在職場上，就是指引人運用智慧，未雨綢繆，考慮可能會發生的變數，為此做好準備。雖然這未必能夠防治意外發生，但是可以減低風險，因此不失為一種智慧之舉。「智慧的益處在於使人成功」，運用知識的力量與計劃的能力會給人帶來好處，以致人所計劃的事情發展得比較順利。

同樣的原理用在「行法術」和「弄蛇」的事上。行法術的人事先預備妥善才抓蛇或弄蛇，畢竟蛇是危險的動物。預備不夠完善（也就是智慧不足），以致蛇已經出洞傷人，那麼自己所具備的工作知識就沒有功效，工作的工具也派不上用場。倘若人運用智慧做好策劃與準備，那麼弄蛇的時候，蛇咬人的機會就被減低。總而言之，經文提倡智慧的好處。雖然上文說明在工作場景中會有意外發生，使人防不勝防；不過人仍然可以運用智慧去策劃，以及做好事先的準備，以獲取接近理想的效果。回應生活的荒謬，例如：應付生活的變數，人還是做出充分的準備比較好。當然人依然需要明白，謀事在人，成事在天的道理。

10.6 智慧人對比愚昧人（十 12～15）

這段經文與九章 17 至 18 節類似，是屬於箴言式的智慧言說，也是把智慧人與愚昧人並列作比較，而 12 至 15 節的焦點在口舌和話語上的智慧。智慧文學看重智慧言語，並警惕人留心愚昧的說話方式（參箴十 13、14，十二 18，十四 3 等等）。「智慧人的口說出恩言；愚昧人的嘴吞滅自己」是同義平行句，「口」與「嘴」都是指「說話」，「說出」與「吞滅」的動作向度卻是相反的（前者是說出去，後者是吞進去），正如智慧人與愚昧人的說話作風相反一樣。13 至 15 節的焦點都在於愚昧人，說明他們由始至終都如一——愚昧。愚昧人的口所說的「起頭」（*təḥillāh*）是「愚昧」，「終局」（*ʾaḥărîṯ*）是「邪惡的狂妄」。「起頭」與「終局」是指開始與結束，這一前一後的呼應總括了中間所有一切，意思是愚昧人說了很多話的意思，而 14 節接下來就提到「愚昧人多有話語」。出自愚昧人口中的話語很多，但都是「邪惡的狂妄」。「狂妄」（***hôlēlûṯ***）在傳道書一共出現五次（一17，二12，七25，九3，十13），這裏「狂妄」還加上「邪惡」（*rāʿāh*）的形容詞，可見雙重負面的描繪。人因此不得不留意自己的話語所帶給人的負面印象，以免變成一種愚昧。

13節提及愚昧人的話語很多，這裏明確地指出事實的確如此。他們經常喋喋不休地說話，但因為話語毫無知識，所以往往言之無物，這反映他們其實一無所知。結果旁人從他們的言談當中獲取不到有用的信息和指引，所以「不知將來會發生甚麼事」。就連他自己也不知道所言何物，所以「他身後的事誰能告訴他呢？」（14節）是諷刺愚昧人的修辭問題，所預料的回答明顯是否定的。愚昧人所說的話，既幫不到別人，也幫不到自己，只能使自己困乏或疲累而已（15節）。而傳道者諷刺地說，那些話語卻是他的「勞碌」（*ʿāmal*）——一個很頻密地在傳道書出現的字眼，傳達辛勤工作和勞累（參二18、21、22，三9，四4、6、8，六7，九9等等）。

至於「連進城的路他也不知道」該作何解是有趣的。作為一般解釋，它可作愚昧人的努力和勞碌，除了使自己疲乏之外，甚至還達不到目的，所以一無是處。另一方面，古時候的道路有限，不過進城的路是主要通道，因此是眾所周知的。這裏說愚昧人連進城的路也不知道，意思是簡單如眾人皆知的事，他卻不知道，所以說愚昧人是無知的。不過，這裏的「城」若連繫至九章13至16節的「小城」，我們則可以把九章17至18節的掌權者和愚昧人之關聯，作另外一番解讀。這個小城的愚昧掌權者，盡可大聲地發表其政治言論，不過他的言論對解救小城派不上用場，就連進城的路其實他尚且不知道。

10.7 治理的智慧與正確的態度（十16～20）

16至17節是兩行平行句，也是禍福並論的一種政治式修辭表達。16節提到君王「年少」（*naʿar*）或作「少年」，也可理解為「僕人」（參創二十二3），不過也可能語帶雙關。若以「少年」來理解的話，經文是在強調君王過於年幼，缺乏經驗，也不夠成熟（參王上三7）。若以「僕人」來理解的話，經文是在強調君王的身分低微且不稱職，就如箴言三十章22節「就是僕人作王，愚頑人吃得飽足」說所的，出現「僕人」（*ʿeḇeḏ*）作王的反常狀況。兩個意思各有精義之處，總之是指統治者不理想與不合適的身分。「少年」也好，「僕人」也罷，總之是與 17 節的「貴族」成對比，組成兩行反義平行句。傳道者用這兩行平行句間接地批評政治上層，也就是君王和權貴。

在古代近東，如果有人説某個君王是個「少年」，一般上是反映這位君王稚齡無知，缺乏理想的標準與合法性，所以客觀來說「少年」是一個貶詞。不過，當古代近東的君王自稱「少年」時，意思就不同了，因為那是謙卑的用語，反映年紀輕輕已經能夠獨挑大樑，同時亦傳達君權神授的合法性，因此主觀來説「少年」是一個褒詞。可見「少年」作為當時一個政治術語，可以是自我褒揚或貶損他人。

如果君王是「僕人」，16 至 17 節就成為一個政治評論。僕人在身分與條件上並不符合君王的職分。僕人沒有出身王室的背景，也沒有接受過治理國家的政治培育。僕人因此不符合成為一國之君的標準。那麼經文的意思就是指，一個沒有真正政治能力的人，反而擁有政治領袖的權力。這個不稱職的身分，在任何一個國家都是不理想的。

一個不稱職的政治領袖，遇見一班在不適當時候吃喝玩樂的官員，這個國家就離滅亡或災禍不遠了。經文提到在早上「宴樂」(*yōʾḵēlû*)，直譯是「他們吃」，但應該作宴飲之解。基本上羣臣在早上吃喝是不成問題的，反而早上宴飲則不合適。17 節的平行句就襯托出其反義，君王被描述為「貴族之子」，羣臣也「按時吃喝」。「強身」(*bigḇûrā*^{h})原文指「力量」，因此被翻譯為「為要得力」(「新譯本」)和「為要補力」(「和合本」)。但「力量」的字根(*giḇôr*)往往指向男性的精力，例如：耶利米書五十一章 30 節說：「他們的力氣耗盡，他們變成與婦女一樣。」(另參賽三 25；王上十五 23；十六 5；王下十 34；二十 20）更進一步看，這章的 17 節還提出「不為酒醉」的目的，對比 16 節的設宴喝酒。設宴的目的是為了吃喝與填飽肚子，而不是為了醉酒。「酒醉」(*šəṯî*)在希伯來聖經只在這裏出現，在以斯帖記一章 8 節的「喝酒」原文卻是(*šəṯiyyā*^{h})，也只出現過一次。

這段經文的主題是宴席，因此關乎喝酒及醉酒。早上即是工作時間，就不適合設宴歡樂。在早上設宴會耽誤國事，經文因此反映一種昏庸的治理。「酒醉」是指在宴會中過度喝酒，有縱慾之嫌。政治領袖需要負責任和有自制力。一個國家的君王不稱職，內臣也不善於管理，這必定禍國殃民（16節）。相反地，如果君王有貴族的涵養，加上適時吃喝，又擁有成熟穩重的稱職羣臣，這個國家就有昌盛強大的指望（17節）。可見除了君王之外，影響一國盛衰的還有國家的大臣。

這段經文似乎有顛覆政權的諷喻傾向。兩行的平行體主要是做對比，這個對比置放在一個管理糟透的治理場景，就顯得生動傳神。腐敗欠失的庸才，在應該工作的時間放縱私慾，在應該清醒的時候反而醉酒，結果誤國誤民又荒廢朝政。換句話説，16至17節語帶雙關，可按正面解讀（作為兩行智慧格言），亦可作批判解讀（作位一種政治諷喻），這可以延續至接下來的18至19節。

18節「懶惰」（*ʿăṣaltayim*）是陰性雙數形式（feminine dual form），希伯來聖經只出現於此。其陰性單數形式也只出現在箴言十九章15節（*ʿaṣlā*^{h}），意思同樣是「懶惰」。18至19節看來跟一般箴言沒兩樣，不過也是兩行智慧格言式的政治諷喻。18節本身是平行句：「因人懶惰，房頂塌下；因人手懶，房屋滴漏。」一般來説，智者勸人殷勤不可偷懶，否則便會坐食山崩。經文看來也鼓勵人在工作之後要享樂，用勞碌而得的金錢使自己快活，正如二章24至25節、五章18至19節，以及九章7節一樣。不過，這兩節經文其實也帶有政治批判。文中的「房頂」應該是指房屋結構的一部分，也可以是指政府運作組織的意象。「房屋」或「家」的語意範圍，其實包括更大範疇的父家、宗族和支派。在世襲王室之內，家是指「朝代」，就如「大衛之家」（王上十二16）。有一個公元前九世紀的碑文在以色列的但古城廢丘（Tel Dan）出土，是亞蘭王抵抗以色列後的勝利碑文，它提到「大衛之家」，意思是大衛王朝。在聖經出現的「大衛之家」（王上十二19；王下十七21；代下十19；賽七2，二十二22；耶二十一12），也指大衛王室世襲的南國猶大。此外，考古學發現「暗利之家」的稱號，也指北國暗利王的朝代，而並非只是他的家庭而已。考古學者相信，即使有關暗利的記載，聖經只用列王紀上十六章21至28節稍稍帶過，不過相信北國以色列的暗利王也就是亞哈王的父親，在古代近東的影響力是不小的。因此，「暗利之家」就是暗利及他的兒子亞哈王在北國的政權。這裏經文的「房屋」，如果用政治解讀角度的話，有王朝之意。引用中國人的字眼，就是「江山」。「房頂塌下」與「房屋滴漏」，是因為懶惰與游手好閒。這兩行同義平行句言下之意，是一個王朝會傾覆，江山會斷送，是由於治理者的怠惰。由此可見，18 至 19 節與 16 至 17 節一樣語帶雙關。正面來看，這兩行平行句提倡殷勤建立家室；但從政治批判角度來看，它諷喻統治階層的腐敗。

「擺設宴席是為歡樂。酒能使人快活，錢能叫萬事應心」（19 節）這一節帶出宴會、喝酒及金錢的課題。「擺設宴席」（*leḥem*）原文乃「麵包」或「糧食」，但因為有酒的出現，它的意思就不再只是指為了補充體力和生存糊口而吃喝。「擺設宴席」和「酒」呼應 16 至 17 的宴飲，因此在思路上是延續的，講論的對象依然是君王與羣臣。16 至 17 節已經指出，他們在不適當的時候設宴和醉酒。這裏「錢能叫萬事應心」，反映他們的貪婪，甚至貪污。整體上這是一句批判貴族的話。我們似乎看見一幅尋歡宴席的圖畫，加上文中出現金錢的字眼，增加了縱慾和利益的動機。19 節是針對政治權貴而言的，因為他們宴飲及為金錢著迷。傳道者不單是教誨有關治理的智慧，提倡盡責治理與適時吃喝，排斥縱慾、宴飲和貪婪。實際上，傳道者是在批判當權者的失職，因為他們疏懶公務。傳道者也在批判他們揮霍的生活方式，只顧設宴喝酒。換句話説，整段經文離不開對尋歡設宴和財迷心竅的批判。傳道者透過智慧格言來作出一番警告：這種疏懶縱慾之道，會把大好江山白白斷送。

接下來 20 節的政治勸戒也有弦外之音。傳道者勸戒人不要在意念裏咒罵政治領袖和經濟權貴。這句規勸跟上文顯得格格不入，因為在 16 至 19 節傳道者自己也正在批判君王與羣臣。因此，與其把 20 節看為一句規勸，筆者認為應該看為一種「政治正確」的修辭。傳道者並非阻止人批評政治領袖和經濟權貴，而是警告人批評這些有權有勢的人時要特別謹慎，例如：要看地點和對象。腦海浮現的批評會脱口而出，只是在家裏發表批判言論有時也不安全，因為隔牆有耳。傳道者用「空中的飛鳥」和「有翅膀的」之意象，來表示人的言論會被傳開。這兩個意象，在古代近東的文獻也有共同之處，如在波斯時期的一份文獻《亞希加箴言》（*The Proverbs of Ahiqar*）中，對王室也有類似的規勸。

古代近東的王室政權，也有所謂的「眼睛」或「耳朵」，向君王報告任何反叛之密謀。波斯帝國也藉著王室線人來掌控其統治版圖，以穩固政治局勢。有趣的是，一些文獻也有記錄王室探子的活動。於1929年在拉斯珊拉（Ras Shamra）出土的烏加列信件之內，有一份王室探子的密告。其中一封由君王的女婿寫給烏加列王的信件中提及：「我在拉瓦三達以眼目跟隨王，察看四周動態……王啊！我的主人，請得知這事。」❶ 另外一些信件也向君王告發一些人名，看來像極是小報告，密告當時的君王需要深入調查某件事。❷ 這些額外資料，幫助我們理解20節的「不可詛咒君王，連起意也不可，在臥室裏也不可詛咒富人；因為空中的飛鳥必傳揚這聲音，有翅膀的必述說這事。」傳道者也似乎曉得這種政治文化。

傳道書有關政治的提醒

傳道書有幾處牽涉到政治的課題。八章2至5節描繪平民懼怕統治者的圖畫。傳道者論及君王的至高權柄，並說君王可以隨己意作任何事。他提到人民在最高統治權柄的淫威之下，似乎有點無助。因此，傳道者勸戒人要順服在上掌權的，因為這樣才不致遭受災禍。可見當時，一般老百姓在當權者面前顯得脆弱和畏懼。人民必須懂得時務，運用判斷力來行動和說話，才能得安全。

此外，八章2至9節也顯明統治者和平民之間的鴻溝。政治權貴階層似乎與平民對立，而這些政治權貴是影響著國家的政治、社會、經濟發展，因而影響了普羅大眾生活的一羣人。他們在政治和經濟上支配、管轄別人。今天很多國家也一樣，人民在政治勢力與階級權力當中受到衝擊，很多時候顯得無助與無奈。

再者，統治層的階級化和制度化情形，引致不公義事件。三章16節提及在審判的地方有奸惡，在維護公義的地方也有奸惡。傳道者因此感嘆虛空，那也反映普羅大眾無法掌控的無助感嘆。十章16至20節明顯的是一番政治勸勉，論及君王、羣臣的治理與指引百姓如何生活。傳道者傳達的政治諷喻，對當時的外邦政權具有高度的批判性。

牽涉政治的言論是敏感的，批判政權的言論會一傳十、十傳百，容易惹禍上身，人因此不可冒失鹵莽。20節所謂「不要批評當權者」其實是一句用智慧文學色彩裝飾的政治警告。它不是教導人不可批評當權者，而是指引人要謹慎說話，要辨識地利人和，這樣就可以減少政治風險。總而言之，16 至 20 節是一段批判政府的言論。

信仰反省：政治生活的公共反思

傳道書在政治上的忠告在現今的一些處境是適用的。不少國家有腐敗奢侈的官長，過著無度揮霍的生活。這些官長榨乾國庫，還在政績上交白卷。在一些地方，政治有時也變成一種致富的手段，不少財迷心竅的政客紛紛趨之若鶩，而他們的能力未必使他們能稱職，有些甚至在教育、知識、涵養與品格方面都備受質疑。另外，一些年輕政客可能因為裙帶關係得享高職，不過他們輕浮、平庸與財迷心竅。

一國之內擁有一羣沒有實際處理國務能力、卻不斷揮霍國庫的人，國家是會後退的。因此一些非政府組織發出良知的抗議，他們有些是尖鋭的思想家或虔誠的信仰人士，有些則是社會的激進派人物。他們按照時事狀況和國情紛紛發出批判之聲。16 至 20 節的政治言論可作為一番指引。

因著民意醒覺，近年不少國家在政治上出現民主式的突破。有良知的政客會醒悟，知道「*房頂塌下*」是因為懶惰，「*房屋滴漏*」是因為手懶（18 節）。一些有良知的國家領袖開始改變國家的治理政策，以致局勢出現轉機。可惜有些國家的政治領袖依然執迷不悟。一些弄權者為了繼續掌控政權，就向民眾施壓，強行管制言論自由。因此，20 節的政治忠告顯得格外傳神。由於一些敢於發言的人曾經惹上官司，他們的政治批判言論被看為危及國家安全，就被當權者取締。憤憤不平的民眾面對高壓式的統治體系，有些顯得無助和無奈，不過有些透過報館社評、面書和部落格來發表不滿。在相當自由的網路世界，他們暫且找到可以發出抗議的空間。然而，這些行徑依然有冒險的成分，就連有人在面書上的言論，也會遭受當權者的對付。所以，在互聯網的世界，到處也佈滿當權者的「眼睛」與「耳朵」。就如 20 節說：「*空中的飛鳥必傳揚這聲音，有翅膀的必述說這事。*」不過，傳道者的指引也值得參考——批判和抗議的言論，可以小心、謹慎修辭。言語的力量與影響，依然可以透過有智慧的表達，有效地傳遞出去。

溫習及思考問題

1. 世人的局限就是不能掌控時候和機會。九章 11 至 12 節帶給我們甚麼重要的提醒？
2. 談談小城的軼事（九 13 ～ 16）如何說明智慧的價值不能過於理想化。
3. 談談九章 17 節至十章 3 節與小城軼事在內容上的關聯。
4. 十章 1 節說，一點愚昧能夠顛倒智慧和尊榮。試試分享你所體驗過或者看過的生活例子。
5. 十章 4 至 7 節如何描述在權貴之下工作的一些生存技巧？
6. 談談傳道書十章 8 至 11 節有關職場危機之描述。我們如何可以防止意外？
7. 人的口舌會彰顯自己的愚昧，因為講多錯多。十章 12 至 15 節如何描述這種情形？我們應該如何避免？
8. 傳道者在十章 16 至 20 節的政治言論，有甚麼是你有所共鳴與採納的？

短註

❶ William W. Hallo and K. Lawson Younger, Jr. eds., *The Context of Scripture: Archival Documents from the Biblical World*, vol. 3 (Leiden: Brill, 2002), 104.

❷ Hallo et al., *The Context of Scripture*, 114.

第十一章
勸說六：把握時機（十一 1～6）

- 多不嫌多
- 勇於冒險
- 耕耘與收割都有時

十一章1至6節是回應日光之下荒謬生活的第六項勸說，主要的題旨是「把握時機」。傳道者在這一章指出有關勤勞的工作倫理。雖然世事有時無可測度，人們依然會看到傳道者積極提倡「及時耕耘」的重要理念。上文已經說過，在各種各樣的經濟作息中，人會面對意外與風險（十8～11）。不過機會當前之際，人不能迴避努力耕耘的責任。

城市化的歷史背景與經濟面貌

傳道書的背景處於波斯時代，是一個經濟蓬勃的年代，當代國際貿易和人口流動的情形，就好比今天許多都市化的城市生活。❶ 城市充滿著就業和賺錢的機會，只要人願意嘗試，付出力量與幹勁，他們眼前就有無數的機會與可能性；於是很多人努力耕耘，累積財富。波斯統管之下，小鎮也紛紛被城市化，波斯政府因其高效率的行政系統，以至於當時的金融制度也能夠發展蓬勃。這種管理的優勢，使波斯政權在鞏固之後，能夠開展古代近東地區的經濟發展。

「錢」的概念在波斯帝國統治時期是相當重要和盛行的，根據當代社會的文獻，金錢常以不同的字眼出現，例如：稅收、硬幣、工資、租金、貸款、罰款、產業、標價等等，反映出當時經濟活動的蓬勃程度。❷「錢」亦透過不同的字眼在傳道書出現：「資產」（*ʔosher*；五19，六1）、「金子和銀子」（*kesep̄ wəzāhāḇ*；二8）。與金錢有關的概念也是不少的：財富（六2）、酬勞（九5）、賞賜（五19）、產業（七11）、勒索和賄賂（七7）等等。由此可見，傳道書對經濟領域之關注是明顯的。在這樣的背景下，傳道書五章10節所說「喜愛銀子的，不因得銀子滿足；喜愛財富的，也不因得利益知足」，也讓我們得以一瞥當時的生活寫照。我們可以想像，當時有不少人從事買賣和創業的活動，並同時努力掙錢。所以，傳道者也說「因為智慧庇護人，好像金錢庇護人一樣」（七12），以及「錢能叫萬事應心」（十19）。我們從這些經文，可揣摩到當時是以金錢掛帥的社會。跟今天的社會相似，當時在不少人的眼裏，經濟有至上的地位。在這樣的場景下，提倡努力耕耘的說法就顯得貼切和實用。

11.1 多不嫌多（十一1～2）

十一章1節令人費解，因為前半段與後半段的內容在思路上看似不太合邏輯。例如：為甚麼人要把糧食(或者麵包)撒在水面上呢？撒在水面上的糧食，日子久了應該已經腐爛，又怎麼會得著它呢？有學者指出，這段經文全句在《安設善訓誨集》(*The Instructions of Ankhsheshonqy*)裏出現過，也為傳道書提供一個慈惠善工的解讀參考。傳道者說：「將你所擁有的分給七人，或八人。」這句子的原文是沒有「人」，它可直譯為「將你所擁有的分給七分，或八分」。「七」或「八」是希伯來詩歌體經常出現的「x，x+1」的數字序列(參箴六16，三十15、18、21；摩一～二；彌五5等)。七分可說是很多，那麼，八分就是更多了。整句的意思是慈惠的工作不止要多做，還要更多的去做。這也就是說，滋潤人、祝福人的事情要做多一些，因為我們不知道即將會有甚麼樣的天災人禍臨到人身上。總之，2節的大意是勸告人要多做慈惠的工作。這樣，即使有不幸的事發生在別人身上，我們的慈惠工作也幫助那些不幸的人。同樣，假如壞事發生在我們身上，我們也許從曾經受我們幫助過的人得著支援，或者間接地得到其他人的幫助。

十一章1至2節還有另外一種理解。社會的處境有時是充滿機會，有時卻是危機四伏的。由於1至6節整體描述的活動都是經濟操作，而1至2節也牽涉經濟領域，因此這兩節有可能指向一種投資層面的冒險精神。在這方面的意義上，1節的意思是要懂得投資，歷時一段日子後人會看到它的效益。同時，從這個角度理解，2節的「災禍」(*rāʿāʰ*)意味著投資存在的風險。傳道者勸告人，不要把所有的投資本金都注入在一種投資而已，而是可分別投資在七個或八個不同的投資項目。以現今的情況而言，它們可以是信託基金、股票、保險、定期存款、房屋地產、貸款、生意……等等，重點是人可以把風險分散。這樣，即使人面臨經濟風暴，亦不會全盤皆輸，落得失去一切。古往今來，投資的人都面對類似的經濟風險，因此需要懂得分散投資。

此外，如果經文應用在工作態度上，2節就有「多多耕耘」之意。在工作上付出多一些努力，起初看起來可能毫無意義。有時，工作上事務繁多，卻又不得不硬著頭皮將工作趕完。不過，向來努力付出的，到了逆境發生的時候，一個人之前的辛勤工作，說不定就會適時地產生效果。換句話說，工作事務有時不要嫌多，因為多做就有多一份得著效益的機會。

11.2 勇於冒險（十一 3～4）

接下來 3 至 4 節的內容依然涉及經濟操作，但背景是一個農耕的場景。傳道者從自然界的運作，談到從事農耕者所可能面對的風險。農耕者會面對暴風雨和旱季的天然威脅，也面對田鼠和害蟲侵襲農作物的可能性。此外，盜賊會偷取農產，土壤有時也會變質。因此，農夫需要盡量避開風險，但有時卻需要懂得冒險一搏，因為當時機成熟時，人所做的努力就有收成，所以「雲若滿了雨，就必傾倒在地上。樹向南倒，或向北倒，樹倒在何處，就留在何處」，正是描述時機成熟之際，事必發生的自然原理。當時機成熟的時候，事情必然會跟著發生；當土產成熟的時機一到，農夫必然有所收成。

所以，農夫要適時耕耘，即使害怕天災人禍之發生，他也必須開始撒種耕田。有人等候最好的時機，透過看風和觀雲來探測何時才是適合耕種，結果就錯失努力當前的機會，不能及時撒種，亦無法到時收割。所以，4 節說「看風的，必不撒種；望雲的，必不收割。」如果，現時是撒種的時候，就應當動手撒種！雖然人無法掌握變數的走向，但還是能建設性地付出努力。因為，多一分努力，就多一分成功的機會；眼前有機可乘之時，應好好耕耘，這樣我們必然增加收成的可能性。

信仰反省：默默耕耘，苦盡甘來

我們或許都聽過很多成功人士，娓娓道來自己苦盡甘來的成功故事。他們努力地付出，默默耕耘。就如蘋果公司的前行政總裁司提夫．喬布斯（Steve Jobs）有過人的聰慧，也有努力的付出和剛毅的精神。當蘋果電腦計劃的起步時期，他已經有出眾的辛勤和付出，這為他在後來被蘋果公司排擠出來的那段艱辛時期，鋪了一條後路。因著他之前已經努力耕耘，並自己的實力，加上其樂於嘗試的精神，使他能夠繼續在科技界和影業界的舞台上大展拳腳。喬布斯的努力和成就得到其他人的肯定和賞識；後來，當蘋果業務一落千丈之際，一些人請他回來主持大局，結果他真的把蘋果電腦起死回生，讓蘋果公司的業績蒸蒸日上，所推展的產品也都得到大眾的喜愛。喬布斯之前所豁出去的「七分」、或「八分」，在他遭遇逆境的日子，讓他得到一定的回報。

11.3 耕耘與收割都有時（十一 5～6）

十一章 5 至 6 節中重複「你不曉得」、「你不知道」的概念；這與前面 2 節的「你不知道」關聯起來，形成完整的經文單元 ABA' 的結構，如以下：

A　你不知道（2 節）

　B　你不知道……你也無從得知（5 節）

A'　你不知道（6 節）

整段經文所要陳明的是，人所知的其實十分有限，因此有時我們所需要的乃是憑信心行事。傳道者說：「你不知道氣息如何進入孕婦的骨頭裏；照樣，造萬物之上帝的作為，你也無從得知」（5 節）。一個胚胎如何在母腹中逐漸形成生命，以至於有呼吸「氣息」（*rûᵃḥ*），這已經超越人的認知範圍了。人所不知道的事還有很多，所以有時需要勇敢的豁出去；或許這位成就一切事的上帝，會在人所不知道之時，用人所不知道的方法，賞賜人手所曾經付出的努力。

接著傳道者說，要努力做工：「早晨要撒種，晚上也不要歇手，因為你不知道哪一樣發旺；前者或後者，或兩者都一樣好」（6 節）。這是說，做工的人早晨要付出努力，黃昏也付出努力；無論熱天雨天，只要是工作天，我們都應努力工作。這一句是指引人培養殷勤態度的工作倫理，就如中文有句諺語：「一分耕耘、一分收穫。」人如何能肯定自己所付出的心血、時間、精神，必會帶來升職、加薪或成功的回報呢？其實，人無法肯定，因為世事總有變數，而且還有外在的天災人禍的威脅，都可能使人的努力瞬間化為烏有。不過，這不代表人就可以懶散起來或失去鬥志。雙手都勤勞耕耘的話，在收成之日可能有一半的耕耘有果效，但也可能所有的付出都修成正果。

總而言之，人需要努力地工作。有時，上班族在無可避免的情況下需要超時工作，因為經文說「到黃昏也不要歇手。」但黃昏一般上是人開始收工，預備回家的時間，但傳道者卻說黃昏時不要停止做工，主要原因是因為撒種有時、收割有時。到了應該撒種的季節，無論早上或黃昏人都必須努力地把種子撒出去。但是在非撒種的季節之時，人不能再撒種了，就只能澆灌、施肥並等待收成。所以傳道者不是鼓吹人要成為工作狂，也不是勸人從早到晚不停地做工，若是，則與他在傳道書其他經文，所提倡的生活哲學產生不一致的情況。所以經文的理解應該是指示人在耕耘的季節，要落力動手做事；因為收成之時已經不是撒種的時候；若到那時才努力撒種已經不適時，這樣的做法也不明智。

信仰反省：勤勞的工作態度

傳道書十一章 1 至 6 節為我們提供一個貼切的指引，例如：剛剛大學畢業的年輕人，需要學習勤勞的工作態度。經濟蓬勃時，很多求職的年輕人還沒有付出努力，也還沒有機會展示自己的實力，就對工作給予的福利存有過度理想化的要求。因此，在加班、義務服務或超時工作方面，往往顯得斤斤計較。當應徵一份工作的時候，有些年輕人還沒考慮如何擁有發揮實力的機會，也還沒考慮這份工作是否自己所擅長或有興趣的，卻反而十分在意薪金和福利是否合乎自己的要求。在千挑萬選之下可以一事無成，結果浪費了不少時間。經濟發展中的時期，或許人暫且可以這樣選擇工作；就如傳道書十一章 1 至 6 節般，讓我們知道人要有正確的工作態度，建設性地投入工作。我們開始時的確需要「冒險」地付出學識、技術、專業知識和時間，因為傳道者強調「你不知道」的層面——一個人辛辛苦苦付出的同時，他不知道到底值不值得。這些付出未必有成果，但是愈有努力就愈有機會。因為沒有冒險，就肯定沒有成果。我們愈努力耕耘，就愈接近理想。我們需要把握耕耘的時機！人不要只看到短暫的經濟效益，而要放遠目光，預備長期的收穫。來日方長，把握耕耘的機會；會讓我們有機會獲得始料不及的驚喜。

換個角度來說，一些人似乎能掌控一切，彷彿讓人覺得成功是有一定的方程式。不過，傳道者繼續強調「你不知道」的層面，他經常提到突發性的事件，就如九章 11 至 12 節的「未必」所帶來的可能性。對一些尋求成功的年輕人來說，這是多麼重要的提醒啊！他們相信機會是無限的，而且一直想爭取出人頭地，於是日以繼夜地奮鬥。不過，傳道書經常性地提醒我們「你不知道」的層面，是需要我們認真考慮的。努力耕耘是好的，但是人毋須為此而成為工作狂。其實，很多事情並不在人所掌控的範圍之內，例如：經濟發展的指數是暴升還是驟跌，國家突發地改變幾個經濟政策，或對國外投資方針有變，或自己的健康出現狀況等等。傳道者並非擔保努力之後一定有成果，而是強調多一分努力就有多一分的機會。「人雖要努力；但毋須成為奴隸！」傳道者指引人們尋求一個適中的工作態度。

傳道書的內容亦可以應用在工作倫理上。以經濟脈絡的維度來理解，傳道書所呈現的是一生動又積極的工作倫理觀。與其人自我癱瘓了工作能力，倒不如採取主動的方式先努力耕耘；這給顧慮過多的人擁有一個實際的指引，我們總不能在各種機會當前卻裹足不前。此外，與其斤斤計較後來的得失，傳道者倒鼓勵人們應該先付出努力；這對精打細算的人而言，可說是一項重要的提醒。其實，人數算不到甚麼時候最適合豁出去，亦數算不到天災人禍會否發生。最終，時機真正只掌握在上帝的手中。因此，傳道者的指引是可取的，人需要持有正確的工作態度與生活智慧，也就是勤勞並及時耕耘。

溫習及思考問題

1. 談談十一章 1 至 2 節中三個不同的解讀範疇：第一，慈惠工作；第二，經濟投資；第三，工作態度。
2. 這一章顯示傳道書寫作時經濟蓬勃的面貌，這是否你從未曾想過的呢？傳道書裏有甚麼字眼、詞彙或概念，是與經濟範疇有關的？
3. 為何十一章 3 至 4 節說工作有時是一項「冒險」的事情？
4. 談談十一章 6 節所傳達的工作倫理，這給你帶來甚麼具體的提醒？
5. 傳道書十一章 1 至 6 節一直重複的「你不知道」，給我們帶來甚麼雙向的提醒？我們如何應用於目前手頭上所進行的工作？

短註

❶ 如導論所述，主要出於傳道書的語文考慮，筆者把傳道書的成書時期，放置於波斯帝國的統治時期，是以色列被擄歸回後的時期（參 1.2「傳道書的歷史背景」，頁 4～5）。當時經濟蓬勃的迹象，大量反映在考古出土的文獻裏，包括一些波斯文件。

❷ Choon-Leong Seow, *Ecclesiastes*, AB (New York, Doubleday, 1997), 21.

第十二章

勸說七：善用青春（十一 7～十二 7）

- 年少可貴
- 把握時日
- 年老光景

十一章 7 節至十二章 7 節的內容是傳道者的勸說七。傳道者勸告世人要乘著年輕的時日發揮青春的活力。繼上一章「把握時機」(十一 1～6)的勸說之後，這一章傳道者勸告人要把握年輕的時日。本章可分為三個段落。第一，傳道者先稱讚少年的可貴，因為年少亦代表快樂的機會比較多(十一 7～8)。第二，傳道者接著勸告年輕人要把握時日，乘著年少的時日要活得好，人生當中可嘗試的事情就應當去嘗試，這樣的生活其實才是負責任的生活，人可以預備面對上帝的審問(十一 9～十二 2)。第三，傳道者把視線轉移到年老光景的想像，那是一段不再青春、體力有限，以及人老衰敗的日子；年輕人不要等到那時才後悔沒有發揮青春時日的活力(十二 3～7)。此外，經文的結構是 ABA'，因此經文的重點是把握時日。換句話說，傳道者勸告世人莫等閒白了少年頭。

A　年少可貴(十一 7～8)

　B　把握時日(十一 9～十二 2)

A'　年老光景(十二 3～7)

12.1 年少可貴(十一 7～8)

「光」(*ʾôr*)通常用來比喻「生機」和「希望」(參詩十八 29〔「和修版」十八 28〕，三十六 9)，有時也用以表達「公義」與「公平」(參詩三十七 6)。以色列大祭司的祝福文中說：「願耶和華使他的臉光照你」(民六 25)，而上帝也用光來指引以色列人的曠野之路(出十三 21；詩七十八 14)。詩篇二十七篇 1 節上就說：「耶和華是我的亮光，是我的拯救，我還怕誰呢？」此外，當約伯自嘆遭遇不幸的時候，他也述說光明的失去及黑暗的到來(參伯三 9，十二 22)。「光」(*ʾôr*)在傳道書只出現四次(二 13，八 1，十一 7，十二 2)，不過「日光」(*šemeš*)就出現了三十五次，而單是「日光之下」的片語就出現了二十九次。

傳道者在這裏所論述的「光」和「日光」是正面與積極的，他說「光是甜美的，眼見日光是多麼好啊！」(7 節)「光是甜美」是直譯，並非說人可以品嚐光還是感受光的甜度，而是給人一種歡愉之感，就如五章 12 節說人睡得「香甜」(*māṯôq*)。「眼見日光」的意思是「人還活著」，人多活著一些時日就代表他看見光的機會多一些，傳道者認為這是「好」(*ṭôḇ*)的，所以與 8 節「就當快樂」（*yiśmāḥ*）有關。不過，活得久一點也代表人看見黑暗的日子多一些，因此作為一種平衡且如實的觀點，傳道者也勸告人「當想到」（*yizkōr*）黑暗的日子。雖然「眼見日光」的意思是人還活著，「黑暗的日子」卻未必相對地指死亡的日子，因為經文接下來說黑暗的日子必多，所以這「黑暗」不可能指死亡。

從更大的經文脈絡來看，很明顯地傳道者將要描述一段人老衰敗、力量大不如前的日子。所以「黑暗的日子」（*ʾeṯ-yəmê haḥōšeḵ*）是指一種充滿負面寫照與沒有喜樂的日子，就如傳道書五章16節說的那一段「在黑暗中吃喝，多有煩惱、病痛和怒氣」的日子，意即黑暗的日子有可能在一個人還沒有死亡之前就臨到。「黑暗的日子」就是沒有喜樂的日子，而傳道者說這樣的日子必多。所要來臨的——無論是快樂的日子或是黑暗的日子，「全是虛空」的，換句話說都是短暫、無常的。短暫與無常的日子會讓人體驗良多，因此不如把握當下好好地生活。如果黑暗的日子發生在晚年，亦影射一個人死亡之日可能不遠了。一個人若從死亡的終點來看自己的生存，那麼人的生活及待人的態度就會有所不同。「當快樂」和「當想到」是屬於一種呼籲式的動詞（jussive），帶有鼓勵人去做某一件事之意。既然黑暗的日子可能在一個人還沒有死亡之前就臨到，傳道者在此鼓勵人趕緊在有生之年快樂度日，這才不會辜負光陰。

信仰反省：冬天裏可貴的日光

筆者生長於熱帶雨林國家，長年都經歷炎熱的陽光和豐富的雨水。日光對熱帶國家的人來說是普遍得令人忽略，午時的炎日甚至令人厭惡。筆者在美國留學的日子，經歷了幾個月的幽暗冬天——那是一個酷寒與黯淡的冬季。當陽光偶爾在冬天出現的時候，總會為人帶來莫名的喜樂與生氣，而我們這羣海外留學生甚至還學美國人說：「今天有陽光，天氣真好！」日光在長久的寒冬突然顯得極其可貴。當陽光普照大地，白雪融化，驅走陰暗的時候，我們看到人們紛紛從室內步出戶外享受陽光，同時也看到一張張的笑臉和一陣陣的談笑聲；球場開始熱鬧起來，路上行人與坐著閒談的人也陸續增加起來。就連動物——松鼠、鳥兒和貓狗也出來享受自然的暖氣。那時，筆者忙於摘寫有關傳道書的博士論文，與傳道者在十一章7節所說的產生共鳴：「光是甜美的，眼見日光是多麼好啊！」

12.2 把握時日（十一 9～十二 2）

9 節是指示與警戒並存的智慧勸說，年輕人受鼓勵把握光陰做自己喜歡做且應該做的事，同時也受警惕要為自己所做的負責任。年輕人有很多理想與抱負，同時吸收力強，可以放眼四方。對於自己所看到及所愛的一切，年輕人應該正面地、隨心所欲地勇敢嘗試。不過，經文並非傳達紙醉金迷的縱慾思想，因為 9 節的下半節強調「上帝必審問」（*yəḇîʾăḵā hāʾĕlōhîm bammišpāṭ*）人所做的一切。另外，「當快樂」、「使……心歡暢」、「做你心所願做的，看你眼所愛看的」，以及「要知道」是命令式動詞，由此可見傳道者不失平衡地提醒人，上帝會審問世人所做的事。值得一提的是，有關上帝審問的時日並非指最後審判之日，而是指人在世的日子，上帝按照人有生之年的行為來施行審判。所以，一個人如何生活與如何抉擇——包括他如何隨心所欲地行動，是必須向上帝負責的。換個角度而言，活在當下與快樂度日不只是被允許的，更是要受到上帝問責的。

傳道者在 10 節更進一步地指出，年輕人要在內心和肉體方面都向上帝負責：要從內心除掉「愁煩」（*kaʿas*），從肉體除去「痛苦」（*rāʿāh*；原文如「和合本」應譯為「邪惡」）。「愁煩」在傳道書出現七次，這裏是最後一次（一 18，二 23，五 17，七 3、9〔x2〕，十一 10），它是指煩惱與愁苦的內心不安的狀態。用在年輕人身上，它可能指血氣方剛、浮躁、衝動或彼此競爭而引起的種種煩惱和愁苦，年輕人應該去除內心這些不良的狀態。肉體上的「邪惡」是指損害身體的不良行為，例如暴食暴飲與醉生夢死的生活方式，年輕人也要除去這些做在身體上的惡事。理由是「年少」（*yalḏûṯ*）和「年輕」（*šaḥărûṯ*）的日子是「虛空」的，也就是短暫的意思。「年輕」原文字根的意思是「黑色」，在希伯來聖經只出現一次而已，就是在這裏；它的字根意思是指「年輕時期頭髮烏黑的精壯狀態」。然而，頭髮再烏黑也有長出白髮的一天，所以轉眼之間年輕人的青春就會成為過去，年少的日子也不再屬於他們了。傳道者在這裏勸勉人乘著短暫的壯年時日，要積極振作去做有意義的事，千萬不要浪費光陰。

十二章 1 節開始的語氣與十一章 9 節是相似的，其對象也是年輕人，所討論的主題也一樣是年少的日子。十一章 9 節說「當快樂」（*śəmaḥ*），這裏也是命令式語氣說「當記念」（*ûzəḵōr*）。「當記念」的命令式動詞之前其實還有連接詞「以及」（*û*；中文譯本沒有翻譯出來），顯示十二章1節的思路緊接十一章9至10節。就如十一章9節那樣，十二章1節再次出現「年輕……的日子」（*bîmê bəḥûrōṯeʸḵā*；原文這句片語在整本希伯來聖經也只出現兩次），同時提到上帝或創造主。可見十一章9至10節與十二章1至2節其實原本應該成為一個經文單元而不是分而置之。從題旨與內容更進一步地看來，我們可以說這四節經文的單元具備一個ABA'B'的平行結構：

A　當快樂、使心歡暢、當知道上帝審問（十一9）

　　B　年少年輕之虛空的日子（十一10）

A'　當記念創造你的主（十二1）

　　B'　年老時日之黑暗的日子（十二2）

從更大的經文脈絡來看，1節「年輕……的日子」應該是指「盛年的日子」，也就是指還未衰老的日子。傳道者順著上文所說年少和年輕的日子純屬短暫，這裏就進一步指示人當趁著年輕的日子，也就是衰老的日子尚未來到之前，要記念創造主。「造你的主」（*bôrʾeʸḵā*）在原文是複數形態，因而引發詮釋上的困難。筆者覺得合理的解釋是傳道書全書有一些不太按照希伯來文文法常規的書寫，可能也包括這裏單數與複數的混淆。這位創造主理當就是傳道書全書一致出現的上帝，也是接下來在7節所說那位賜氣息的上帝。另外，「衰老的日子」原文是「邪惡或困苦的日子」（*yəmê hārāʿāʰ*），這裏包括用來描述年老的日子，言下之意似乎說年老代表困苦和衰殘。不過，傳道者並非貶低衰老，而是真實地指出，年老意味著力氣衰退、幹勁漸失與體能虛弱的光景。至於「我毫無喜悅的那些歲月」應當在1節用引號來標點，經文就成為：「你趁著年輕、衰老的日子尚未來到，就是你所說『我毫無喜悅的那些歲月』來臨之前，當記念造你的主。」這「毫無喜悅的那些歲月」就是指衰老的日子。

2節提到「不要等到太陽、光明、月亮、星宿變為黑暗，雨後雲又返回」，重提十一章7至8節的光與暗的主題。不過2節這裏加上新的成分：「月亮」、「星宿」、「雨」和「雲」，反映自然界變化迴繞的圖畫。經文的「雲」（*heʿāḇîm*）

是帶雨的烏雲，其複數形態意指一堆烏雲；這些烏雲遮蓋了天上的發光體，所以天空依然呈現黯淡的光景。「雨後雲又返回」是在描述下雨之後未必就一定會雨過天晴的，反而有時依然會烏雲密佈。這是說光明燦爛的日子可能一直都不會出現，與其等白了少年頭，不如把握少年的時機，認真地生活。

12.3 年老光景（十二 3～7）

按照早期猶太人典籍如「米大示」（Midrash）和「他勒目」（Talmud）的理解，3 至 6 節經文所描述的情景與年老的寓意有關。「他爾根」（Targum）的亞蘭文譯本也理解為年老時生理產生變化與體能逐漸虛弱的狀態。這個詮釋角度一直主導著教會的傳統，直到今天。

3 節提到「看守房屋的發顫」，是指老人家的手腳不再靈活反而時常發抖，而「強壯的屈身」指本來健壯的身體逐漸駝背彎腰。「推磨的婦女」是把牙齒擬人化的表達，人老的時候牙齒逐漸脱落不能咬嚼食物，因此作「推磨的婦女因人少而停工」。「從窗戶往外看的眼光變為昏暗」是描述一個人的視線因年老的緣故，視力大不如前。接著 4 節説「街門關閉」的「街門」（*ḏəlāṯayim*）在原文是雙數，可能是指兩耳重聽或耳聾，聽不到自己咬嚼的聲音；兩扇「街門關閉」也可能指雙唇，因為牙齒脱落而雙唇緊閉，咬嚼的聲音因此變得微小。此外，人年老的時候容易被雀鳥的叫聲驚醒，然後不能再入眠；「唱歌女子的聲音」乃指聲帶，意思是聲音變得微弱沙啞，也不再洪亮。因此，我們從經文看到一幅圖畫——人因年老而出現機能衰退的寫照。

5 節以「而且」（*gam*）開首（「和修版」沒有翻譯出來），説明 5 節接著 4 節的描述。「人怕高處」指年老者逐漸畏高，走在街上時會感到步步驚心，所以「路上有驚慌」。「杏樹開花」反映白髮逐漸佈滿頭上，「蚱蜢成為重擔」或指男人的性器官因年老而難以勃起，因此「慾望不再挑起」乃是指性無能。「杏樹」（*haššāqēḏ*）、「蚱蜢」（*heḥāgāḇ*）、「慾望」（*hāʾăḇiyyônāʰ*）在原文也可能是三種不同的植物，也就是杏樹、角豆樹和催情果。在寓意的層面，它們比喻一個男人年老的時候會產生的狀況——頭髮轉白、陽痿和性慾不振。年老的日子也就是接近死亡的日子，經文接下來提到「人歸他永遠的家」，是指他的墳墓。

經文也描述「弔喪的在街上往來」，指的就是有人為他奔喪哀苦。接著6節就形容一幅生命完結與肉身腐化的景象：「銀鏈折斷」是指脊椎骨折斷，「金罐破裂」指頭顱破裂，「瓶子在泉旁損壞」是指心臟與血液循環系統的破壞，而「水輪在井口斷裂」是指肺腑五臟與帶動血液循環的功能也停頓。經文所示因此是一幅具體又生動的意象描繪。值得一提的是「不要等到」（*ʿaḏ ʾăšer lōʾ*）在經文一共出現三次（十二1、2、6），強調人不需要等到死亡到來，人在當下就可以積極地行動與活出生存意義。

不過，3至6節的經文亦有另外一種文學角度的解釋，學者們認為經文是描寫房屋傾覆的意象，為要傳達一座原本華麗堅固的房屋，後來因為家道衰落而被廢棄的淒涼光景。這個說法是無可厚非的，因為智慧文學常常把智慧的追求比喻為經營一個豐盛的家庭，而把愚昧的光景比喻為房屋傾覆(參箴十二7，十四1、11)。按照文學的理解角度，3至6節的詮釋就從大戶人家的人丁衰落開始說起，一直描述到房屋的敗落。「看守房屋的發顫」就是指僕人與看管的工人都離開了，「強壯的屈身」是說有力、有能或有錢之人變成「歪曲」——也就是「偏離」的意思。「推磨的婦女因人少而停工」是指推磨的婢女逐漸減少，最後也不再推磨來預備食物。「從窗戶往外看的」通常是指女主人或妻子的動作，例如：西西拉將軍的母親（士五28）、米甲（撒下六16），及耶洗別（王下九30），都有從窗戶裏往外觀看的描述。她「眼光變為昏暗」是指她所看到的都是陰暗不好的場景，就如西西拉將軍的母親即將知道兒子的死訊，米甲看到赤身的大衛令她深感藐視，耶洗別也看到自己的死期，這也表明她們很快失去了之前所擁有的地位。

經文描寫今非昔比和人事變遷的事故，令人觸景傷情。根據大戶人家衰敗的描述情景，經文接下去是描繪門可羅雀的冷清，連推磨做食物的活動也減少。以前鬧哄哄的家門，現在連一隻鳥叫聲都驚動人；以前熱鬧的時候有歌唱的女子作樂，現在她們的聲音卻也衰微了。若根據「七十士譯本」，「人怕高處」可翻譯為「雀鳥從高處看見」，牠看見一片荒涼的情景。「杏樹開花」並非傳達花兒綻放的喜悅，而是表示雖然杏樹依然開花，屋子的庭院卻再也無人打理，四周日漸荒廢之意。蚊蟲繁殖眾多，野草也叢生，故作「蚱蜢成為重擔」。根據這種文學詮釋的進路，「慾望不再挑起」應作某種植物「雖結果累累但已經失去功效」（古譯本把「慾望」〔*ʾăḇiyyônāʰ*〕都解成一種有催情功用的植物）。❶經文繼續描述人在沒落當中的自然結果——死亡，以及大戶人家家裏貴重的器皿與設備不能再用，反而遭受損壞與失去作用。

另一方面，按照傳道書學者如霍克斯和蕭俊良的看法，3 至 6 節的經文有末世的詮釋角度。按照這個理解的角度，經文所描述的威脅已超越了一個人年老與死亡，以及一個家族的沒落，這個威脅是包含宇宙性及普世性的滅亡。按照這個詮釋角度，傳道者在這章 1 節先引述上帝為創造主，然後 2 節引介「不要等到太陽、光明、月亮、星宿變為黑暗，雨後雲又返回」的宇宙性層面描述。3 至 6 節的經文也關乎年老的描述，例如：老人的身體機能衰退，引致手腳發顫等等的狀況；不過經文也逐漸淡化有關年老的描述，死亡的論述卻逐漸顯明。經文把昏暗的景象醞釀得愈來愈濃厚，連杏樹、角豆樹和催情果等等的植物都枯萎了，5 節下也明確指出人歸他永遠的家，以及弔喪在街頭的出現。學者相信那是一個宇宙性毀滅的臨近，人不知道它幾時到來；不過這毀滅的日子一到，萬物的作息都將停頓，這反映在 3 至 5 節所說的情景之中——包括街道上的商店紛紛關閉門戶，顯示一切社交與商業的作息停頓。6 節提到幾種器皿的破裂和斷裂，也反映墓碑的場景；這些與上文一樣，一直描述廣義上生命的終結。❷學者們提出這個詮釋的角度，其中一個理由是考古文獻載有類似的宇宙性災難，都會提到天空昏暗、鳥兒鳴叫的場景，以及使用「永恆的家」（「墳墓」之意）的字眼。

筆者認為以上所述的傳統寓意、文學進路和末世宇宙性毀滅的三個不同詮釋角度，都脫離不了年老和死亡的負面寫照。如果傳道書經過編修的過程，可能是傳道者本來的意圖是描述年老和死亡，他引用當時盛行的意象去描述它，不過編者還穿插了隱喻的綜合詮釋，結果產生 2 至 6 節富於想像又多元角度的剖析。這些眾說紛紜的解說各有長處，所以不能貿然取一；不過我們依然需要記得重點仍然是與年少時日的短暫、年老的光景和死亡的來臨息息相關。

7 節是總結上文所述說的年老光景，也是總結勸說七的內容；傳道者勸勉年輕人要把握時機。時光寶貴，因此人不能白白浪費掉；生活有變數，人會經歷時過境遷的光景；而最後死亡將會臨到，人的生命也將終結。人出自於塵土，自然亦歸回土地，人口中的氣息最終回到上帝那裏去。傳道者在 7 節提到上帝，是有意與 1 節的創造主聯繫起來，所以刻意用創造的語言 —— 人用塵土所造與氣息來自上帝。「氣息」(*rûaḥ*) 這字眼也令人想起全書一直出現的「虛空」，提醒人生命如氣息一樣短暫。所以，人要把握年輕力壯的時機，發揮青春與活力，這樣才對得起創造主所賜予的生命機會。

溫習及思考問題

1. 談談本章勸說七主要的題旨和中心思想。本章的經文（十一 7 ～十二 7）如何形成 ABA' 的結構與思路？
2. 在十一章 7 至 8 節所描述的光與黑暗之對照中，為何傳道者會推崇光的存在？
3. 討論十一章 9 至 10 節與十二章 1 至 2 節的 ABA'B' 之平行結構。這幾節經文如何彼此關聯而屬於同一個單元？
4. 嘗試比較本章經文對年少與年老的描述。為何傳道者對年老的日子帶著一種比較消極的描繪？
5. 按照傳統上對十二章 3 至 6 節所描述的理解，解釋經文所說的種種年老的寓意。
6. 討論十二章 3 至 6 節所描述的大戶人家的家道中落之文學詮釋。我們如何從經文的生動描繪學習到意象和隱喻的文學力量？
7. 學者們對十二章 3 至 6 節的經文有更廣義的看法，也就是宇宙性角度的理解。討論他們如何解釋這幾節經文。
8. 傳道者在 7 節的結論如何與 1 節和傳道書全書產生聯繫？整體上，你如何理解這一章的內容與重要的信息？

短註

❶ 李熾昌、周聯華：《傳道書、雅歌》，中文聖經註釋第十七卷（香港：基督教文藝出版社，1990），頁 137。

❷ Choon-Leong Seow, *Ecclesiastes*, AB (New York, Doubleday, 1997), 374～382.

第十三章
結語（十二 8～14）

- 仍是感嘆虛空
- 對傳道者的按語
- 最後的勸勉

我們已經來到傳道書的尾聲，然而研究傳道書的學者似乎都達成共識，認為十二章 9 至 14 節是處於傳道書整體框架之外的附加段落，因此稱之為「後記」(postscript)。根據這種看法，一章 2 節和十二章 8 節是書卷的框架，而一章 1 節和十二章 9 至 14 節則是後期編者附加的篇幅，它們本來不屬於傳道書的一部分。筆者則採納書卷最終成形的面貌，作為處理傳道書整體信息的架構，並認為十二章 8 至 14 節是傳道書的「結語」，與傳道書的「序」(一 2～11)形成一個前後呼應。當然，筆者並不排除編者存在的說法，因為經文中的確顯示有以第三人稱的口吻在對傳道者做出評析的痕迹。不過，書卷經過編修及擁有前後框架的事實，其實並不影響書卷的整體信息及其合法性。因此，由編者所著墨的內容也為筆者的考慮之內，編者(或智慧學派的智者們)也是傳道書之作者之一。特別在傳道書，智者的編輯對傳道書而言，實在扮演了重要的角色。

傳道書的序和結語的經文，都以「傳道者說：『虛空的虛空，全是虛空。』」作為開始(一 2，十二 8)。從本書的大綱可見，一章 2 節和十二章 8 節的經文內容各把傳道書分為上下兩篇。第一篇說到因為生活無常，而感嘆虛空(一 1～六 9)；第二篇是面對虛空的生活，因而追求意義的生存(七 15～十二 14)。中間有一段六章 10 節至七章 14 節，是上下兩篇的思路橋樑，也是傳道者的智慧格言。在這本書最後一章裏，我們再次重溫傳道書的主題：「虛空的虛空」(十二 8)，然後琢磨編者如何為傳道書作總結(十二 9～11)，並聆聽這位智者最後的勸勉(十二 12～14)。

13.1 仍是感嘆虛空(十二 8)

正如本書第二章說過，十二章 8 節與一章 2 節是前後呼應的，傳道者在書卷的開首與結束皆以感嘆虛空為主調。這裏以第三人稱稱呼傳道者(參一 1、2，七 27，十二 9、10)，在字眼、語氣和內容上，這兩節經文並沒有太大的分別。因為「虛空的虛空，全是虛空」重複出現，讓十二章 8 節與一章 2 節一樣成為傳道書中最廣為人知的經文。此節經文在希伯來文只有短短五個字，卻重複了三次「虛空」一詞。「虛空」頻密地出現，成為傳道書結論部分(十二 8～

14)的開首宣告。在傳道書的引言部分(一2~11),「虛空」更重複了五次(一2):「虛空的虛空,虛空的虛空,全是虛空」。而「虛空」在全書共出現三十八次,它貫穿全書亦出現在結語的部分,以致很多學者都認為「虛空」是傳道書的主題。在一章2節的開場語中,傳道者藉此引領聆聽者一窺他對人生經歷的不解與無奈——就是使他感嘆「虛空」的人生經歷;在十二章8節,傳道者更為聆聽者提供語境相似的結語,反映出他對人生的經驗依然感到不解與無助。

前文已談及「虛空」(*heḇel*)擁有多方面的意義——虛浮、短暫、徒勞、諷刺、荒謬和無法掌控。而「虛空的虛空」是一種極致形態(superlative form)的表達,就如一章2節的情形一樣,經文引用單數和複數的重疊詞句,以表達「最」、「至」或者「十分」之意。所以,「虛空的虛空」直譯是「虛空中的虛空」,顯示極致的虛空之意。傳道者所宣告的「極致虛空」,還加上「全是虛空」的覆蓋性用語。這十二章8節的「虛空的虛空,全是虛空」的結語,與「虛空的虛空,虛空的虛空,全是虛空」的序言,彼此呼應。傳道者之前以之作為掀開「極之虛空」的序言,走過日光之下生活的探索之旅後(一12~十二7),現在於十二章8節再次引申「極之虛空」的感嘆,作為總結他在全書所論述的人生百態。

傳道者作為一位智慧人,他所深思的人生經驗亦成為人應當如何生活的指示。他為了追求理解與探明世事,從多方角度探討生活不同層面的問題,其中包括日常生活、智慧、勞碌、公義、政治、死亡、工作、宗教、財富、年少、年老、人生百態及上帝的奧祕等等。不過,他對人生的總結卻依然是重複「虛空的虛空」還加上「全是虛空」,他所看的世事給他的反思始終如一。我們跟隨傳道者的腳蹤,一同檢視日光之下的事情,走過這趟探索之旅後,我們對生活的變數以及日子的無常,是否也一樣產生共鳴而感慨萬千?

13.2 對傳道者的按語(十二9~11)

這段經文的講論與全書的語氣和形式有些不同。此前,傳道者以第一人稱的形式來説話;十二章9節開始則是第三人稱的形式來述説傳道者的身分和作為。這個轉變顯示傳道書被編輯過的痕迹。為著作增添引言和結語,是古代近東的智慧文學裏相當普遍的編輯手法。而且，書卷的流傳過程跨越了不少歲月，因此舊約書卷經過編者編輯這觀念並不是陌生的課題。9 節一開始就說「再者」(*wəyōṯēr*)，顯示「還有未了的話要說」，它可理解為編者補充文稿時的助語詞。12 節「還有一點」也有「還有未了的話要說」之意。因此筆者把 9 節與 12 節分劃為皆以「再者」開首的兩小段：首三節談到有關傳道者(9～11 節)，後三節則是最後的勸勉(12～14 節)。

9 至 11 節乃是肯定傳道者的身分與職責，也流露出對傳道者的稱讚與推崇。首先，經文肯定他在智慧傳統上的地位，說他是一名「智慧人」(*ḥāḵām*)，也與智慧傳統的智者一樣把所學到的知識教導眾人。9 節下說：「他思量，考察，並列舉出許多箴言。」這些動詞濃縮了傳道者在全書的觀察與思考之活動，也反映過程中傳道者所教誨的智慧言論。「思量」(*ʾizzē*)的字根與「耳朵」有關，故此意思包括「聆聽」，而且是一種認真聆聽的態度。「考察」(*ḥāqar*)所指的也不只是尋求知識，而是一種謹慎巡察以致求得理解的態度，它甚至還包括深入調查某件事是否屬實的舉動。而「列舉」(*tiqqēn*)這個動詞在一章 15 節和七章 13 節都出現過，意思是傳道者當時在質疑誰能夠把上帝所彎曲的事情「弄直」。有鑒於此，「列舉」(*tiqqēn*)的意思應該是「修正」或「編修」，這也反映智者一般從事的書寫與編修工作。

簡言之，經文為傳道者在思考能力、研究功夫與治學態度上提供正面的評價。編者界定傳道者的身分為智慧人是有其目的的，因為以色列教導傳統的形成，主要有三大派的代表人物：祭司、先知和智者(根據耶十八 18)。這三派的人物在以色列人中形成不同維度的影響，亦在他們的精神世界和宗教文獻及各方面都留下千古不朽的遺產。在傳道書裏，智慧學派就刻意強調傳道者在智慧傳統上的貢獻，尤其反映在 11 節中所說的智慧人之話語好像「刺棒」。

10 節繼續肯定傳道者在傳授知識方面的治學態度：「傳道者專心尋求可喜悅的言語，是憑正直寫的誠實話。」在這一節，「可喜悅的言語」(*diḇrê-ḥēpeṣ*)與「誠實話」(*diḇrê ʾěmeṯ*)互相呼應。10 節也提出傳道者所牽涉的編輯與整理的書寫工作，他的態度是「正直」(*yōšer*)的，所寫的話也是「誠實」(*ʾěmeṯ*)的。我們會察覺出 9 至 11 節似乎乃為傳道者所作的見證，目的是推崇智者的話語所帶來的功效和完滿。我們也看見，編者也嘗試為傳道書經文的可信度提供支持。

接著的一節運用了「刺棒」和「釘子」的意象，這兩個意象有助於鞏固智慧傳統的地位。11 節說：「智慧人的話語如同刺棒；這些嘉言好像釘穩的釘子，都是一個牧者所賜的。」其中的「刺棒」是一種使用尖銳鐵釘所製成的趕牛棍，趕牛的人用來刺痛牛隻，使牠們不得不前進。在教導與學習的層面，雖然智慧人的教誨有時刺耳，但智慧人的訓誨就如刺棒，能夠激發思辨的能力，使人得以進步並思想日趨成熟。此外，「釘子」被釘穩之後，人就可依靠它來掛衣物或傢俱。智慧人的話語被搜集起來就成為一個彙集（collection），也就是經文所謂的「嘉言」（*baʿălê ʾăsuppôṯ*）；這些智慧彙集像「釘穩的釘子」一樣可靠，使人在人生道路上得以步步穩妥。不過，「和修版」譯為「嘉言」的，在「和合本」是譯作「會中之師」；也有學者持守相同的立場，認為它的意思是聚會中的導師們（也就是智者們）而不是彙集成書的箴言彙集。

再者，「刺棒」與「釘子」是彼此呼應的平行句，共同傳達智慧傳統的價值。「刺棒」與「釘子」都是尖銳的硬物，會令人感到刺痛；因此智慧人的訓誨以及他們所寫下的教導，有時會令人感到難過或傷痛。畢竟，有些生命功課是需要痛楚才能學到的；即便智者的話語有智慧，有些人聽了卻會覺得刺耳。這麼說來，經文似乎有意提及傳道者令人感到刺耳的論述，例如：他對死亡的看法（四 2～3），以及他質疑智慧的價值（二 15～16）。縱然傳道者所言令人感到不安，但他所說的話是「刺棒」與「釘子」，可以激發思考，也指引人繼續前進。編者繼續以「牧者」（*rōʿeh*）的意象來肯定智慧傳統具備指引、管教與導向的功能；這被視為內容叛逆、富有爭議性，以及令人抗拒的傳道書，確立了正統地位與合法性。

13.3 最後的勸勉（十二 12～14）

在最後的勸勉，我們看到有如箴言一書那股熟悉的智者口吻：「我兒，還有一點，你當受勸戒」（參箴一 8、10，二 1，三 1、11，四 1、10 等等）。「我兒」的稱呼在智慧傳統上，不只顯示家庭中父母與孩子的關係，也反映智慧學派老師與學生之間的關係。這讓我們現代讀者能一瞥古代以色列智者的羣體生活，他們以教導為使命，志在把以色列信仰與生命的教導傳承給下一代。故此，年長的有義務教誨年少的人，而年少的人有必要聽從智慧長者的「勸戒」（*hizzāhēr*），其意也包含「警告」。

智慧傳統與「我兒」

箴言二至七章的開首皆以「我兒」為説話的對象，間中也不時提到有關父親及母親的教導（參十 1，十五 20，二十 20，二十三 22、25，三十 11、17 等等），這反映箴言其中一個重要的生活場景是家庭教育。家庭的背景是以色列主要的教導場景，以色列的父母身兼教師的角色，要把上帝的訓誨，以及生活技巧傳承給孩子。「智慧」基本上乃是關乎生活的藝術，這包括學習掌握一門求生手藝以維持家庭生計，還有學習待人處事的生活態度。以色列父母的責任就是傳授孩子們一技之長，以及正確的生活態度。箴言當中多處提及教誨的目標都在於個人而非社會羣體；因此，箴言所傳達的教誨，最有可能是取自以色列家庭中普遍性的教導。

不過，一些學者也提出，箴言中的「我兒」也是老師對學生的稱呼。現代人有時也如此呼喚後輩，表示彼此的關係是親密的，對方也可從自己身上學到功課。雖然，智慧學校的存在缺乏考古證據的證明，但智慧學校在埃及和美索不達米亞卻很普遍。很有可能，以色列智者們在傳授教導時，就像中國的孔子開辦學府一樣；孔子教學的場景可能就是孔子的家居，或孔子跟學生們周遊列國的旅程及落腳處。可見，以色列智者們的學生後來想必也當起教師，按照所學習及所領悟的，把智慧思想傳承給下一代。

12 節與 9 節一樣以「再者」（*wəyōṯēr*）開首，顯示「還有未了的話要説」，並再次顯明是編者還有話要補充的助語詞；這字眼在 12 節被翻譯為「還有一點」。筆者根據這個字眼的重複，把 12 至 14 節作為與 9 至 11 節平行的另一段經文段落。12 至 14 節也是編者的最後一段話，作為總結傳道書整體資訊的結語。在這最後的環節中，編者乃呼籲學習智慧的人應當受勸戒。

「著書多，沒有窮盡；讀書多，身體疲倦」的論述並非是智慧人消極地否定讀書和書寫的活動，也不是讀書人疲累交加之後所發出的投訴。一般來說，當我們讀到這一節，就會誤解為傳道者對學問和知識永無止境的追求之後，覺得這些活動純屬虛空，在得不償失的前提之下才作此結語。不過，這說法與上文下理的脈絡是不符合的；上文才說智慧傳統的重要性，這裏不可能馬上就轉變為傳達智慧活動是虛空的。不過，傳道者之前有說過「智慧人和愚昧人一樣」（二15～16）、「智慧沒有絕對好處」（四13～16）、「『要得智慧。』智慧卻離我遠」（七23）、「要明白智慧卻仍找不出來」（八16～17）的感嘆，因此這裏「著書多，沒有窮盡；讀書多，身體疲倦」的意思，是傳達他即使作了許多的觀察，即使他建議了許多的智慧指引，但至終他所寫下的也算不得甚麼，因為還未被發掘的智慧仍然很多，要寫也寫不完，這樣的探索做多了，他也會疲累。所以他感嘆愈讀書愈覺無知，愈要尋找愈是累。這聽起來似乎很沮喪，不過下一節是轉捩點，傳道者接著勸戒人無論做甚麼都好，都要「敬畏上帝」。

13節是整卷傳道書備受好評的一節經文，有學者甚至認為傳道書整體偏向負面的論述，但是因為13節而被扭轉乾坤，不再帶有消極的面向。「這些事都已聽見了」（*sôp̄ dāḇār hakkōl nišmāᶜ*）的語句反映亞蘭文的用法特徵，表示書卷已經到了總結的部分，所以是一種結語句形式。原文「聽」（*nišmāᶜ*）的動詞形態也可能是指「我們要聽」；這個「聽」的動詞是以色列人所熟悉的「示瑪」（*Shema*）指示，這為傳道書蓋上了權威的印章。加上下一句「敬畏上帝，謹守他的誡命，這是人當盡的本分。」編者為傳道書作了一個完滿的交代，也提供一個合乎以色列信仰處境的總結。

不過，有不少人認為「謹守他的誡命」之命令在傳道書只出現於此處，因此與傳道書整體的信息取向顯得格格不入。不過，內容與全書顯得格格不入，並不代表它顛覆了傳道書整體的思想和主題。筆者反而認為它增添了一層信仰的維度，也反映出傳道者的神學思維。「敬畏上帝」本來就是智慧傳統所探求知識的終極目的和信仰宗旨，而傳道書整卷也一共出現了五次有關「敬畏上帝」的論述。在這裏最後一次出現「敬畏上帝」的經文加上「謹守上帝的誡命」並非不妥善的組合。也就是說，無論傳道者在書中重複了多少次的「虛空」感嘆，以及無數次的質疑，編者肯定他的智言是承載以色列信仰一個重要的過程——探求意義、追求認知、探真信仰，以致於最終敬畏上帝。人之為人，就是要謹守上帝的誡命；所以說：「這是人當盡的本分。」

14 節是傳道書的最後一節，這節為上文提供了「敬畏上帝和謹守誡命」的原因：「因為人所做的事，連一切隱藏的事，無論是善是惡，上帝都必審問。」善與惡的選擇，顯示一個人決定自己的生活方式與處事態度。「上帝都必審問」的告誡已經在十一章 9 節出現過，編者在這裏重申傳道者所說，人必須為自己的選擇負責任，並向上帝作出交代。有學者指出 14 節這裏有終末的維度，那是學者承繼上一章 3 至 6 節所提到的宇宙式毀滅之理解角度，也因為這裏經文說「連一切隱藏的事，無論是善是惡」都會被揭發出來。❶ 作為傳道書最後的勸勉，14 節在「敬畏上帝」的指示之餘，智者還附加了「上帝都必審判」的神學指標。

整體來說，9 至 14 節有四個重點。第一，智慧學派的編者肯定傳道者在智慧傳統方面的身分與貢獻，也就是說傳道者是智慧人、教師以及智慧文學的搜集者。第二，智慧人的貢獻乃在於話語方面的傳遞與生命方面的訓誨，同時亦不失為一名牧者。第三，智慧文學的彙集與成書有一定的功用，而且達到智慧傳統的教育目的。第四，智慧人最終的目的——也就是傳道書最終的目的——是指引人敬畏上帝。

總而言之，上文穿插了編者的整理和評語，對傳道者以及智慧的課題作了一番交代。編者在最後這六節的經文，平衡了傳道書中有關質疑的角度與智慧的價值。雖然，傳道書質疑智慧的價值，他也肯定世人的局限；但是在智慧傳統當中，他的智慧言論依然帶有教誨的功能，也符合敬畏上帝的宗旨。

信仰反省：結論是敬畏上帝

傳道書的結論是重要的提醒，尤其是「這些事都已聽見了，結論就是：敬畏上帝，謹守他的誡命，這是人當盡的本分。」（十二 13），這總結了之前所有提到「敬畏上帝」的經文（三 14，五 7，七 18，八 12～13）。傳道書的結論提醒基督徒無論做甚麼事都要敬畏上帝，這包括工作和休息、求學和就業、結婚與成家、親子關係和家庭生活等等。人所不懂的事情很多，而人也希望解決自己不懂的事，所以很多人上網查詢「如何？」（How to?）——如何做企業管理，如何建立人際關係，如何快速致富，如何促進經濟效益，如何作出正確決策，如何保健青春，如何處理張力等等。筆者遇到電腦科技的難題時，也會上網諮詢「谷歌」（Google）——如何將 pdf 轉換為 jpeg，如何設置自動輸入字詞，如何設立個人網站，如何遙控另一部電腦等等。然而，我們所尋索到的指引，是否盡都可行？傳道書就好像一本告訴人「如何？」（How to?）的智慧書卷，不過本意是以「敬畏上帝」的心態來處理人生的難題。例如，傳道書提醒我們，因為上帝超越人的限制，人必須對上帝存有敬畏（三 4）。傳道書也提醒我們，「敬畏上帝」比空有外表的宗教活動來得重要（五 1～7）。它也指引我們，當我們看到現實世界裏義人和惡人的下場並不顯得公平的時候，他說他知道「福樂必臨到敬畏上帝的人」（八 12）。甚麼是「敬畏上帝」？「敬畏上帝」是對上帝的臨在存有高度的敏銳，它是一種刻意自我提醒的意識，因為一個相信上帝的人的生活未必敬畏上帝。基督徒的悲哀就是相信上帝、卻在生活中沒有敬畏上帝。會不會我們口裏會說很多宗教術語，不過動機是以自己的好處來著想，或為自己的將來做打算？傳道書「敬畏上帝」的結論，提醒我們不單要做相信上帝的人（God believer），也要做敬畏上帝的人（God fearer）。即使是智慧到了盡頭，人也不能愚蠢到要違反上帝的誡命。故此，傳道書這裏最後幾句話對人生的意義探索提供了最佳的結論，「因為人所做的事，連一切隱藏的事，無論是善是惡，上帝都必審問。」（十二 14）原來人所做的一切，並非只是對自己負責而已，上帝必問責我們所做的一切看得見、看不見的事。所以，在生活的難處或不解之處，我們應該選擇「敬畏上帝」來活在當下。

溫習及思考問題

1.　我們跟著傳道者所檢視的日光之下所發生的事，走過這趟探索之旅之後，我們是否也一樣感嘆虛空？
2.　談談傳道書的結語（十二 8～14）與序（一 2～11）如何形成前後呼應？
3.　在 9 至 11 節中，編者如何肯定傳道者的身分與職責，也流露對傳道者的稱讚與推崇？
4.　在 12 節「著書多，沒有窮盡；讀書多，身體疲倦」這一節經文，與我們一般所理解的有甚麼不同？我們學到甚麼新的解讀？
5.　談談 13 節「這些事都已聽見了，結論就是：敬畏上帝，謹守他的誡命，這是人當盡的本分」在傳道書的重要性。這一節的課題涉及甚麼方面的討論？

6. 請簡略地概括 8 至 14 節所論述的要點。這些要點如何把傳道書整體的信息規劃出來？

短註

❶ Choon Leong Seow, *Ecclesiastes*, AB (New York, Doubleday, 1997), 395.

附錄：傳道書的神學思想

* 這附錄修訂自筆者的拙作：《變數中的生活智慧：傳道書研讀》（新加坡：Genesis Books／芙蓉：馬來西亞神學院，2013），頁 25～35。

我們今天活在不確定的時代，除了平常的日子會有很多突發事件之外，世界政治與經濟的狀況也不斷地對我們造成影響。近年來全球更有令人始料不及的趨勢，例如：許多人都沒有預料美國會選出特朗普（Donald Trump）為總統。當時很多政治和經濟分析員都認為這位總統上任之後的世界，將會是一個風雲未測的世界。此外，中美的外交關係與「一中」立場、人工智能與資訊革命所宣導的經濟市場趨勢，以及愈來愈普及化的性別觀念之顛覆，都預告了將來許多未知之數。簡言之，在充滿變數的生活當中，我們如何從傳道書——一本充滿著生活變數與為此深感不解的智慧書卷——尋得神學指引，來應付不確定的生活？

傳道書與箴言、約伯記都屬於聖經的智慧文學，這三卷作品所論述的神學思想，卻有一定層度的不同。傳道書不像箴言一般對上帝持有一種比較積極和樂觀的信念；傳道書也不像約伯記一樣醞釀著一種期盼與上帝對話的張力關係。即使傳道書在反思性智慧的維度與約伯記相似，我們在傳道書看不到像約伯那種與上帝對峙的局面；甚至傳道者從來不向上帝禱告！❶ 在傳道書的結尾，我們不會一瞥上帝顯現向人說話的局面。在某個程度上，傳道書猶如省略了「上帝顯現」部分的約伯記。❷ 它論述著一位在信仰邊緣徘徊的人士，不斷發出質疑和感嘆，卻久久沒有等到上帝發言。因此，當我們想嚴肅地探討傳道書的神學信息時，我們或許會開始隱隱然有所憂慮。因為我們彷彿來到一個幽暗的小徑，開始摸索傳道者的信仰底牌。我們可能會問：到底傳道書傳達怎麼樣的信仰告白？

1 傳道書與普遍啟示觀點

傳道者的神學論述裏，缺乏典型以色列信仰的標誌，例如：「耶和華」、「以色列」、「揀選的子民」、「出埃及事件」的回顧、「妥拉」（*Torah*；「訓誨」之意，一般翻譯為「律法」）的字眼、西奈山的神顯經歷，以及先知對毀約之責備與呼籲悔改；甚至，傳道書也甚少提及舊約信仰的核心人物，如亞伯拉罕和摩西等。

這是因為傳道書的視野取自普遍啟示的觀點，而非特殊啟示的觀點。「耶和華」的名稱、以色列、揀選概念、出埃及事件、妥拉以及西奈山的神顯等等是屬於「以色列信仰系統」或「耶和華信仰系統」的特殊啟示範疇。從創世記十二章開始，因為上帝介入人類歷史，呼召亞伯拉罕，並應許賜福給他的後裔使之成為大國（創十二 1～3），聖經所傳達的信仰從此便沿著特殊啟示的論述而展開。普遍啟示的視野則比較廣泛，像聖經在創世記一至十一章裏論述全人類（而非揀選子民）的範圍。在這個全人類的範圍，聖經論述上帝如何進行祂對宇宙萬物的創造、開創人類始源、主動挽回犯罪的人類、引導洪水事件，以及導致人類從巴別開始因語言的問題分散等。

傳道書的認知論、所運用的普通字詞與信仰關懷顯示它是以普遍啟示的視野探討生活的問題。這間接地解釋了為甚麼傳道書一方面與經外文獻含有不少吻合的概念，以及經文互涉的關聯，另一方面卻很少與聖經之內其他書卷，特別是與新約聖經，存有彼此關聯的現象。在新約聖經，福音書作者和使徒保羅沒有刻意引述傳道書，不過傳道書的信仰論述卻經常出現在兩約之間的著作，例如著名的《便西拉智訓》（*Ben Sirach*；拉丁文武加大譯本稱為《傳道經》〔*Ecclesiasticus*〕）。我們的結論是，聖經的神學論述主要是以特殊啟示為前提，因此舊約有揀選和妥拉等特殊啟示的觀點，新約有十字架和基督事件等特殊啟示的觀點。在這樣的信仰論述之下，傳道書因為以普遍啟示的觀點出發，很自然就在舊約神學的論述中被放在一個屬於邊緣的位置上。

有鑒於此，當我們閱讀傳道書時，需要用比較廣闊的視野，也就是採取普遍啟示的觀點範圍。普遍啟示是上帝透過自然界之存在來向人顯示自己，使人有所領悟。例如：詩篇十九篇 1 至 2 節說到「諸天」和「穹蒼」以及「日」和「夜」

都在述說上帝是造物主。畢竟傳道者所關心的是「日光之下」的生活，他探討的是世人勞碌的意義、人生道路正確的選擇、應付變數的生活態度，以及把握當下的生活智慧等等。我們需要熟悉這個視野的角度，以致理解傳道書時不會有太多的張力。有些基督徒閱讀傳道書（以及雅歌）的時候，可能因為書卷脱離一般熟悉的以色列信仰系統，感到陌生和抗拒。但是，我們深信創造宇宙萬物的上帝是全人類的主宰，而上帝也活躍地介入祂所創造的世界當中。傳道書所論述的上帝，也是一位在日光之下存在、行動，並且掌管的上帝。

2 傳道者所論述的上帝

傳道者所論述的信仰是一種普遍的宗教意識。這種宗教意識是古往今來有信仰的人士都會明白的。傳道書有多處讓人一瞥傳道者對上帝的描述，但他的描述是客觀的，而且不能給我們感受到他與上帝持有親密的關係。傳道者口中的上帝，就是 *ʾĕlōhîm*（一般中文譯音是「以羅欣」），而本書的中文翻譯一致用「上帝」，這個字眼在全書出現一共四十次。傳道者一直用 *ʾĕlōhîm* 來稱呼上帝，卻從來沒有用過 YHWH——也就是中文譯本所用的「耶和華」（一些近代的中文譯本譯為「上主」）。「耶和華」或「上主」的稱號通常出現在舊約律法書和先知書裏，這個稱號帶有立約關係之前提。「耶和華」或「上主」就是揀選以色列、與以色列人立約，並引領他們進入應許地的上帝——而傳道者不用這個稱號。筆者認為這在傳道書是可圈可點的，因為這正表明了傳道者的普遍關懷，以及他的全人類的視野，而並非只是聚焦在以色列身上。下文嘗試舉出傳道書一些經文，作為思考和討論。

a. 上帝有祂的行動和主權

傳道書提及的上帝，是有作為與有主權的上帝。傳道者認為世界的萬有，是因為上帝而存有的。比如傳道者在三章 11 節說：「上帝造萬物，各按其時成為美好」。他也說：「上帝所做的都必存到永遠」（三 14），以及「上帝使已過的事重新再來」（三 15）。從這幾節經文，我們可以看見上帝是有行動的。不過，傳道者在三章 11 節又說：「上帝從始至終的作為，人不能測透。」

傳道者筆下的上帝，似乎任憑人對祂的行徑、動機和方法無知。可見一方面傳道者肯定上帝乃萬有之源頭和動力；另一方面，他也指明上帝是與人有別的。人是有限的，所以世人不能揣摩上帝所做的事，或上帝如何行事，以及上帝何時會行動。雖然上帝掌管人類的存在，但是祂卻刻意跟人類保持一段距離。❸

b. 親近上帝應有的態度

五章 1 至 7 節提到不少宗教活動，同時也充滿以色列信仰的普遍詞彙。傳道書的宗教精神似乎都在這裏濃縮地發揮出來。傳道者在這裏先勸解人對上帝要有順服和敬畏，然後他才提及公義和壓迫的問題（五 8～9）。五章 1 節的「上帝的殿」（*bêṯ hāʾĕlōhîm*）在希伯來文是「上帝的家」，同樣的原文如果指異教的敬拜場所，在中文就會被翻譯成「神廟」（參但一 2）。在「上帝的家」之前提下，傳道者論述獻祭、禱告和許願的宗教活動（五 2～5）。此外，在九章 2 節，傳道者把一個人的敬虔與否，與他是否有獻祭連上關係。這些宗教論述的背後，我們看得出傳道者所關注的，並非在於宗教活動有否進行，而是參與宗教活動的態度。

在這方面，傳道者清楚提供三樣指示：第一，參與敬拜活動的人，進入敬拜場所（也就是上帝的家）時的態度要謹慎。第二，既然身臨敬拜場所，人也要有謹慎的言辭；所以有人藉著開口——比如說大聲地禱告——來顯出敬虔，那是一種偽裝的敬虔，對上帝而言是一種冒失的行為。第三，人如果向上帝許過願就要償還，否則就是對上帝不敬。最後，傳道者還總括說，宗教人士所做的一切，最終的關懷還是敬畏上帝：「你只要敬畏上帝」（五 7）。在敬拜的活動當中，只有這個看不見的內心態度是最重要的。由此可見，傳道者嘗試提供一種真誠的宗教精神指引。他所關心的是人有否在進行宗教活動時，持有一種對上帝敬畏的內心態度。

c. 要敬畏上帝

傳道書一共有五次提到「敬畏上帝」的概念（三 14，五 7，七 18，八 12～

13，十二 13），在某種程度上，這消解了傳道書的懷疑論調和灰黯色彩。這幾節「敬畏上帝」的經文所處的文本處境是屬於關鍵性的位置，因為傳道者在一番冗長的感嘆之後，會把焦點鎖定於上帝，並以「敬畏上帝」作為小結。筆者把這幾節經文陳列以下：

- 「我知道上帝所做的都必存到永遠；無所增添，無所減少。上帝這樣做，是要人在他面前存敬畏的心。」（三 14）
- 「多夢多言，其中多有虛空，你只要敬畏上帝。」（五 7）
- 「你持守這個，那個也不要鬆手才好。敬畏上帝的人，這一切都能兼得。」（七 18）
- 「罪人雖然作惡百次，倒享長壽；然而我也知道，福樂必臨到敬畏上帝的人，就是在他面前心存敬畏的人。惡人卻不得福樂，他的日子好像影兒不得長久，因為他不敬畏上帝。」（八 12～13）
- 「這些事都已聽見了，結論就是：敬畏上帝，謹守他的誡命，這是人當盡的本分。」（十二 13）

i 第一次提及敬畏上帝

在第三章，傳道者論述世人的一切活動皆有定期和定時之後，把上帝引進他的話題裏，他說這些活動是上帝叫世人所勞苦的擔子（三 10）。傳道者接著便認為，在「生有時，死有時」等等的時間與事件背後，有「上帝造萬物，各按其時成為美好」的定論（三 11）。他也說，世人吃喝並在一切的勞碌中享福「是上帝的賞賜」（三 13）。在傳道者所描述的時間與事件背後，他知道惟有上帝所做的必存到永遠（三 14）。換句話說，上帝超越這一切人的勞碌和活動，不被「生有時，死有時」等等的時間與事件所局限。傳道書在第三章的結論是，上帝這樣做是要人在祂面前「存敬畏的心」（三 14）。整段經文很明顯地向人傳達，上帝與人之間具有決然不同層次的活動範疇。上帝在永恆的空間動工，而人在地上的範圍存活；五章 2 節亦說過：「上帝在天上，你在地上」一句界限分明的論述。上帝親自按定時期而有所作為，而世人就在這個上帝所定的時期內活動（或不活動）。上帝的作為是存到永遠的，而人的活動是暫時性的。沒有人可以界定上帝所做的，但是上帝為人界定了其活動的空間和時間。總而言之，人要清楚自己的範圍與界限，因為上帝主導、命定和超越整個人類的範圍與界限，人也因此必須對上帝存有敬畏的心。

ii 第二次提及敬畏上帝

上文說過五章 1 至 7 節是傳道書少有的有關宗教精神之指引（參 2b.「人親近上帝的態度」，頁 250）。傳道者認為宗教活動裏至終為上的是「敬畏上帝」的態度，這個態度比空有外在表現的宗教活動還重要。如果失去對上帝的敬畏，只有空洞的獻祭、說話（包括禱告）和許願，人就顯得愚昧不堪，就如五章 1、3、4 節所重複的。

iii 第三次提及敬畏上帝

七章 18 節也論及「敬畏上帝」。在這之前有兩節平行句，說到不要行義過分，也不要過於自逞智慧；不要行惡過分，也不要為人愚昧（七 16～17）。然後，傳道者說：「你持守這個，那個也不要鬆手才好。敬畏上帝的人，這一切都能兼得。」16 至 17 節這兩句平行體是為「行義和行惡」、「智慧和愚昧」作對比。然而，我們知道有時智慧和愚昧的確只屬一念之差；智慧人也有愚昧的時刻（參十 1），智慧也未必時時生效（參九 13～16）。然而，傳道書論及智慧的時候，一般都肯定智慧是好的。但是，他也一再強調，智慧並非絕對的好，而只是相對地比愚昧好。所以，傳道者在這段經文指明在「行義和行惡」與「智慧和愚昧」模糊不清的時候，人抉擇的時候最好還是以「敬畏上帝」為最終的目的。原因在於即使有時人不小心愚昧行事，但因為原本出自於「敬畏上帝」的動機，他的行為還是可以體諒的。生活中犯錯是人性皆有之事，我們不能苛求自己達致完全，或不會犯錯；只要及時回轉就是上策，而不是一直錯下去！畢竟，我們是以敬畏上帝為終極關懷。況且一個人若行義過於火熱，容易變成律法主義或成為宗教極端分子。敬畏上帝的人因為有敬畏的心志，他就能夠避開律法主義和極端主義。

iv 第四次提及敬畏上帝

「敬畏上帝」的要旨亦在八章12至13節出現，這段經文的上下文提到惡人（10～14節）。在世人眼中，惡人若是得以安葬而義人被人遺忘，是件令人費解的事，因為按照摩西五經的訓誨，惡人應該有敗壞的下場才合理。傳道者找不到答案，所以他直接說，這是虛空的（八10）；「虛空」在這裏的意思是令人費解或荒謬。而八章12節繼續說：「罪人雖然作惡百次，倒享長壽。」只不過接下來傳道者的筆鋒一轉，便說：「然而我也知道，福樂必臨到敬畏上帝的人，就是在他面前心存敬畏的人。」傳道者還是把他終極所關注的「敬畏上帝」，引進不平的心境和荒謬的感覺之中。傳道者還加一句：「惡人卻不得福樂，他的日子好像影兒不得長久，因為他不敬畏上帝。」他用三次「敬畏上帝」，目的為要總結這一段惡人暫時得勢，但長久不得福樂的論述。

v 第五次提及敬畏上帝

最後一次「敬畏上帝」的概念出現，是在全書的結論部分（十二13）。它總結之前所有提到「敬畏上帝」的經文，還給予關聯訓誨書「謹守誡命」的權威引述。很多學者認為這句「敬畏上帝，謹守他的誡命」為傳道書奠定了正典的地位，也是全書令人感到合乎傳統與充滿盼望的結語。作為傳道書的結語，這一節「敬畏上帝」的經文，成為符合以色列正統信仰的概括。

在以上經文的基礎上，傳道書可以被視為是一卷重複提醒人要敬畏上帝的智慧書卷，同時這也反映傳道書的神學基礎。傳道者論述上帝和信仰的方式，在舊約當中——甚至在聖經智慧文學當中——是別具一格的。即使傳道者從來沒有用第一人稱向上帝說話，也沒有向上帝禱告或控訴，他依然一直指示人要敬畏上帝。即使傳道者對上帝的描述充滿著不解與疑惑，他還是指向聖經智慧文學的終極關懷——敬畏上帝。簡言之，傳道者所剖析的信仰歷程與宗教情懷，依然是真誠的和可信的。

3 上帝高深莫測

眾所周知，以斯帖記全書沒有出現一個「上帝」的字眼。在以斯帖記，上帝似乎隱藏起來，並且只在幕後工作。然而，傳道書與以斯帖記不同，因為「上帝」的字眼在全書出現了四十次。傳道者所論述的上帝，是一位活躍的上帝。上帝經常成為傳道書不少動詞的主語(subject)，例如經常被翻譯成「給」、「使」或「將」的字眼(*nāṯan*；參一13，二26，三10、11，五18～19，六2，八15，十二7等等)。在傳道書，上帝經常「給」予世人勞苦的擔子，或「使」事情在某些時候發生，或「將」世人置於某個環境或時機之運作中。除此之外，還有「造」或「做」的動詞(*ʿāśāh*；參三11、14，七14、29，八17，十一5)，也經常與上帝的主導和作為關聯。再者，在人所進行的種種活動和決定之中，上帝會「審判」(三17)及「審問」(十一9)；而且在傳道書中的上帝是會發怒的(五6)。傳道書肯定了上帝在主導、掌權和審判世間的一切事情，也強調世人要心存敬畏(三14，五6，七18，八12～13，十二13)。

即便如此，傳道書所論述的上帝似乎也很遙遠。他在世人生活的範疇，有一種全然臨在卻又全然缺席的現象。人不能理解或揣摩上帝的作為，人也不能確定他如何動工：「上帝從始至終的作為，人不能測透」(三11)。八章17節解說得最有力度：「我觀看上帝一切的作為，知道人不能探求日光之下所發生的事；任憑他費多少力探索，都找不出來，智慧人雖說他明白，仍不能找出來。」在人看來，上帝的動向和動機都充滿著神祕。由此可見，其實傳道書是在傳達一種有神論的宗教觀；有一位人所不能測透的上帝，以祂充滿奧祕的行事方式，主導著世人的存留與作息。人不能完全理解這位上帝的行事方式或明白祂的動機。不過，傳道者一再強調，人還是可以按照世人的局限與能力，有智慧且敬虔地過日子。

4 人是活在秩序之下

傳道書與摩西五經和先知書有所不同，因為傳道者傳達一種以人類學的神學(anthropological theology)。從人的觀點來看，傳道者辨識日光之下的生活充滿變數，因此出現反常和無常的亂序現象。他也把這些反常現象歸咎於人類活動各方面的選擇與態度。換句話說，是人的問題導致日光之下的變相生活百態。例如：民間失去公義的現象是來自社會的階級化與壓迫(三16～17，四

1～3)，人不能享受財富的好處是因為他們對財富的態度失當(五10～17)，還有一時鹵莽而衝動行事會導致愚昧人成為當權者(十4～7)等等。傳道者嘗試在這些亂序中強調神學秩序；所以他一再把上帝引進他的描述當中，也一再指出敬畏上帝的必要。

傳道者所強調的神學秩序，與古埃及的秩序概念 *maʾaṯ* 是一致的。古代近東的人相信宇宙秩序的背後有一位設立天地的創造主，而智慧思想源流也反映這種前歷史的宇宙秩序，進而解說人的行為對宇宙秩序會造成一定的影響。例如：社會出現失序狀況時，就與這個宇宙的秩序產生對峙，並且導致人類世界與宇宙出現張力。智慧傳統的目的，就是要辨識一種世間可循的秩序，來協調宇宙的秩序。換句話說，智慧人希望尋得世間的某種生活秩序，來配合(而非對峙)宇宙的秩序，以確保兩者處於一種和諧的狀態。藉著智慧人的教誨，世人可以在生活上藉著負責任的行為與態度，對應宇宙的秩序。簡言之，好的行為可以協助建設宇宙的秩序；壞的行為則繼續破壞這個秩序。這是一個從下而上的神學；它與摩西五經和先知書不同的是，它從人的生活作為出發點，而不是從上帝的啟示或話語作為出發點。在這個基礎上，傳道書從人的勞碌活動來思想上帝，從日光之下的生活範疇來論述上帝。

神聖秩序能夠引導人類社會的秩序和功能，因此傳道者確定神聖主權(參三11～18，七13～14，八16～九1，十一5)，並以這個主權來建構秩序。他重複強調，上帝主導人的活動(二24，五18～20，八12～13，九1、9)，上帝也審判人的行為(三16～17，九1，十一9，十二13～14)。既然上帝的方法與行徑讓人未能探測，傳道者就把焦點投注在人的決定之上，因此人需要自己決定如何過活。與其渾渾噩噩地活著，不如有意義地活著。換句話說，人如何活在世上，人如何工作和糊口，都是十分重要的抉擇。「敬畏上帝」的意識在引導著我們，無論如何都要活出一個與神聖秩序產生和諧的生活方式。

5 結語：傳道者的信仰告白

傳道者的信仰告白，是在一個出現亂序的日子中進行的。有時候世人的日子並非有如想像中正常，信仰也沒有想像中理想。也有時候上帝似乎沒有我們想像中那麼臨近。可是傳道者提醒我們，人在日光之下的生活依然有上帝在主導，而我們依然需要藉著敬畏上帝為目的來過每一天，這包括勞碌與作樂。當上帝顯得遙不可及時，我們要知道祂的手還是引導著世人的生活。當人們活著感覺每一天汲汲營營與重複不息時，他們活著的態度依然需要向上帝交代。在更大的社會生活層面，世界級的政治關係肯定會影響全球市民的生活。也就是說，我們持續還會朝向不確定和充滿變數的生活前進，不過我們卻可從傳道書瞥見那可確定的信仰精神。無論生活前景如何，我們可以從傳道書的神學論述，學習到一個安穩實際、有智慧和敬虔的生活方式。

短註

❶ James L. Crenshaw, *Old Testament Wisdom: An Introduction* (Louisville, KY: Westminster John Knox Press, 1998), 124.

❷ John Goldingay, *Theological Diversity and the Authority of the Old Testament* (Grand Rapids, MI: William B. Eerdmans, 1987), 209.

❸ Michael V. Fox, *The JPS Bible Commentary: Ecclesiastes* (Philadelphia, PA: The Jewish Pablishing Society. 2004), xxxi.

其他出版
讓您多方、多向，更完整地研讀聖經

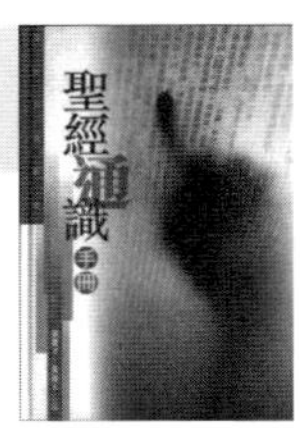

憑祢恩言——實用基督徒生活手冊 郭鴻標、黃錫木 主編／HK$108

聖經通識手冊 羅慶才、黃錫木 主編／HK$188

聖經研究叢書

探索與鑽研神的話語，傳承真理。

提多書註釋

馮蔭坤 著／HK$188

雅各書註釋

張略 著／HK$148

馬可福音：敍事鑑別與神學註釋

Mark: A Narrative-Theological Commentary

曾思瀚、鄧紹光 合著／曾景恒 譯（曾思瀚部分）／HK$168

壞鬼釋經——糾正新約金句的常見詮釋

Commonly Misinterpreted Texts: Exegetical Fallacies in the New Testament

曾思瀚 著／曾景恒 譯／HK$88

壞鬼釋經：舊約敍事篇——糾正舊約金句的常見詮釋

Commonly Misinterpreted Texts II: Exegetical Fallacies in the Old Testament Narratives

曾思瀚 著／李梅 譯／HK$83

壞鬼釋經：舊約詩歌篇——糾正舊約金句的常見詮釋

Commonly Misinterpreted Texts III: Exegetical Fallacies in the Old Testament Poetry

曾思瀚 著／李梅、倪勤生 譯／HK$93

壞鬼比喻：馬太福音篇——糾正新約比喻的常見詮釋

Right Kingdom, Wrong Stories: A Backward Reading of Matthew's Parables

曾思瀚 著／曾景恒 譯／HK$93

壞鬼比喻：路加福音篇——糾正新約比喻的常見詮釋

Right Parables, Wrong Perspectives: A Diverse Reading of Luke's Parables

曾思瀚 著／曾景恒 譯／HK$98

聖經導論叢書

一套高質素的原著作品，適合華人神學院和資深信徒使用的教材！

新約歷史與宗教文化導論

黃錫木、孫寶玲、張略 合撰／HK$108

在學習聖經的過程中，一般人都只專注於經卷的內容，而忽略了「聖經背景」的重要性，甚至認為它是可有可無的。然而，若要正確理解聖經經文所傳達的內容，我們必須從它們的處境出發。要成功地進入經文的世界，對經文的歷史和文化背景的認識是不可缺少的。全書分兩大部分：歷史篇遠溯至希羅文明的源頭，並介紹「兩約之間歷史」、「新約歷史」及「猶太散居地」。至於，宗教文化篇則分別介紹「新約世界的希羅宗教」和「猶太人的基本信念與實踐」，主要論及有關的宗教文化概念與神學思想。

福音書總論與馬可福音導論

黃錫木 編著／HK$98

使徒行傳導論

袁天佑 著／HK$83

加拉太書導論

郭漢成 著／HK$63

啟示錄導論

吳獻章 著／HK$88

讀者意見表

緊扣時代 服事教會

以文字傳揚基督真道

衷心多謝你購買本社書籍。本社一直致力以出版事工服事教會，幫助信徒扎根於神的話語，促進靈命增長。為使我們的出版更能滿足你的需要，請填寫下列各項資料，並寄回或傳真予本社。

所購書籍：________________

本書最吸引你的地方：

□作者 □適切性 □文筆 □設計 □實用性

□其他：________________

購買本書地點：

□基道書樓 □基督教書店 □非基督教書店

性別：□男 □女 職業：________________

信仰：□基督徒 □非基督徒

年齡：□ 16 歲或以下 □ 17～25 歲 □ 26～35 歲

□ 36～55 歲 □ 56 歲或以上

學歷：□中三或以下 □中五 □預科

□大學 □研究院

□我欲更多了解基道出版社的事工及考慮支持，請寄給我下列資料：

□機構簡介 □新書資料 □基道會員通訊

□《基道文字事工通訊》

姓名：________________ 電話：________________

地址：________________

____

傳真：________________ 電子郵件：________________

其他意見：________________

____

多謝賜教！

意見表可以傳真（2687-0281）或直接郵寄以下地址：

香港沙田火炭坳背灣街26號富騰工業中心1011室

基道出版社編輯部收